Margit Ostertag / Michael Bayer (Hg.)

Themenzentrierte Interaktion (TZI) im Gespräch

Gesellschaft mitgestalten

Vandenhoeck & Ruprecht

Mit 5 Abbildungen

Bibliografische Information der Deutschen Nationalbibliothek:
Die Deutsche Nationalbibliothek verzeichnet diese Publikation in der
Deutschen Nationalbibliografie; detaillierte bibliografische Daten sind
im Internet über https://dnb.de abrufbar.

© 2022 Vandenhoeck & Ruprecht, Theaterstraße 13, D-37073 Göttingen,
ein Imprint der Brill-Gruppe
(Koninklijke Brill NV, Leiden, Niederlande; Brill USA Inc., Boston MA, USA;
Brill Asia Pte Ltd, Singapore; Brill Deutschland GmbH, Paderborn, Deutschland; Brill Österreich GmbH, Wien, Österreich)
Koninklijke Brill NV umfasst die Imprints Brill, Brill Nijhoff, Brill Hotei,
Brill Schöningh, Brill Fink, Brill mentis, Vandenhoeck & Ruprecht, Böhlau,
V&R unipress.

Alle Rechte vorbehalten. Das Werk und seine Teile sind urheberrechtlich
geschützt. Jede Verwertung in anderen als den gesetzlich zugelassenen Fällen
bedarf der vorherigen schriftlichen Einwilligung des Verlages.

Umschlagabbildung: melitas/shutterstock.com

Satz: SchwabScantechnik, Göttingen
Druck und Bindung: ⊕ Hubert und Co. BuchPartner, Göttingen
Printed in the EU

Vandenhoeck & Ruprecht Verlage | www.vandenhoeck-ruprecht-verlage.com

ISBN 978-3-525-46289-8

Inhalt

MICHAEL BAYER UND MARGIT OSTERTAG
Themenzentrierte Interaktion heute. Ein Prolog 7

1 ZUR EINFÜHRUNG

MARGIT OSTERTAG
Themenzentrierte Interaktion als Theorie und Praxis der Verständigung. Mit Hoffnung leben in einer konfliktreichen Welt 15

2 THEORETISCHE GRUNDLAGEN UND PERSPEKTIVEN

MARGIT OSTERTAG
Bildungstheoretische Zugänge zur Themenzentrierten Interaktion. Eine Pädagogik der Verständigung 41

MARGIT OSTERTAG UND MICHAEL BAYER
Resonanzräume gestalten mit Themenzentrierter Interaktion. Reflexionen zur Verbindung der Ansätze von Ruth C. Cohn und Hartmut Rosa 59

MICHAEL BAYER UND MARGIT OSTERTAG
Perspektiven der empirischen Bildungsforschung auf die Themenzentrierte Interaktion. Eine kritische Diskussion 81

3 THEMENZENTRIERTE INTERAKTION IN WISSENSCHAFTLICHEN UND GESELLSCHAFTLICHEN DISKURSEN

KRISTINA BERGLER
Lebenslanges Lernen wird lebendig. Begründung einer ethischen Erweiterung Lebenslangen Lernens auf Basis der Themenzentrierten Interaktion 101

ANDREA NICKEL-SCHWÄBISCH
Die Themenzentrierte Interaktion im Gespräch mit der anthropologischen Grundlegung Martin Bubers. Impulse für eine von Entfremdung und Resonanzarmut geprägte Zeit ... 117

INA VON SECKENDORFF
»Ich sehe was, was Du nicht siehst!« Was ein antidiskriminierender Sprachgebrauch mit der Themenzentrierten Interaktion zu tun hat 133

UWE KRANENPOHL
Woran uns die Themenzentrierte Interaktion politisch erinnern kann. Möglichkeiten und Grenzen ihrer politischen Wirksamkeit 153

JULIA RAAB
Bewusstheit und Verantwortlichkeit leben. Eine Verknüpfung von Theorie und Praxis intentionaler Gemeinschaften mit der Themenzentrierten Interaktion 165

LEOPOLD WANNINGER
Störung Konsum? Mit Themenzentrierter Interaktion vom kritischen Konsum zum lebensdienlichen Wirtschaften 179

Verzeichnis der Autor*innen 197

MICHAEL BAYER UND MARGIT OSTERTAG
Themenzentrierte Interaktion heute
Ein Prolog

Die Themenzentrierte Interaktion (TZI) wurde in den 50er und 60er Jahren des 20. Jahrhunderts von Ruth C. Cohn (1912–2010) im Kontext der humanistischen Psychologie in den USA entwickelt. Kennzeichnend für die TZI als praxisorientierte Handlungstheorie ist ein dynamisches Zusammenwirken von Person- und Aufgabenorientierung. In der Gestaltung von Lebens-, Lern- und Arbeitssituationen werden die beteiligten Personen und die anstehenden Aufgaben als gleichermaßen wichtig wahr- und ernstgenommen, was wesentlich zu einem achtsamen und verständigungsorientierten Miteinander beiträgt. Den werteorientierten Kern der TZI zeichnet eine Vision aus, welche die Mitwirkung an der Gestaltung einer solidarischen und humanen Gesellschaft zu einem zentralen Merkmal dieses Ansatzes macht. Anwendung findet die TZI heute in vielfältigen Bereichen von Lehre, Leitung und Beratung: (Fach-) Schulen, Hochschulen, Fort- und Weiterbildung, Leitung von Gruppen, Teams, Organisationen oder auch ehrenamtlichen Initiativen, Beratung, Supervision, Coaching usw.

Die der TZI eingeschriebene Orientierung, an einer veränderten gesellschaftlichen Praxis mitzuarbeiten, ist auch die visionäre Grundlage von TZI-Ausbildungen. Als erstes Ausbildungsinstitut wurde 1966 das Workshop Institute for Living Learning (WILL) in New York gegründet. Seit 2002 verantwortet das Ruth Cohn Institute for TCI international (RCI-international) alle anerkannten Ausbildungen in Themenzentrierter Interaktion.[1]

---

1 https://www.ruth-cohn-institute.org/ueber-uns.html (Zugriff am 22.02.2022)

Idee und Umsetzung dieses Buchprojekts sind das Ergebnis intensiver Gespräche und Diskussionen zwischen den beiden Herausgeber*innen, die aus einer Einstellung heraus geführt wurden, die immer auch zugibt – wie es Karl Popper ausgedrückt hat – »daß ich mich irren kann, daß du recht haben kannst und daß wir zusammen vielleicht der Wahrheit auf die Spur kommen werden« (1980, S. 276). Der Buchtitel »Themenzentrierte Interaktion (TZI) im Gespräch. Gesellschaft mitgestalten« integriert drei Anliegen, die mit dem vorliegenden Herausgeber*innenband verbunden sind:

1. Bis heute gibt es sehr unterschiedliche Lesarten der TZI. Die hier beteiligten Autor*innen vereint ein *gesellschaftskritisches Verständnis der TZI*, wie es auch Ruth C. Cohn selbst verschiedentlich herausgestellt hat, so zum Beispiel in einem Gespräch mit Hilarion Petzold: »Du hast völlig recht, die Rezeption der Leute war unpolitisch. Aber ich betone es hier noch einmal, daß für mich von Anfang an das Politische und das Soziale im Vordergrund standen« (Cohn, 1985, S. 268). In einer solchen Perspektive ist die TZI nicht lediglich als ein praktischer Ansatz zum Leiten von Gruppen zu verstehen, sondern vielmehr als ein auf gesellschaftliche Zusammenhänge abzielender Beitrag zur bewussten, verantwortlichen und humanen Gestaltung menschlichen Zusammenlebens.

2. Eine solche kritische Perspektive der TZI auf gesellschaftliche und politische Dimensionen gilt es immer wieder neu in die jeweilige Gegenwart sowie in konkrete Kontexte und Fragestellungen hinein zu übersetzen, also die »*TZI heute*« immer wieder neu zu entwickeln und zu verwirklichen. In diesem Sinn lässt sich in Anlehnung an ein Zitat von Paulo Freire formulieren: Die TZI muss »stets neu gefunden und geschaffen werden entsprechend den Erfordernissen – den pädagogischen und politischen Erfordernissen – der jeweils spezifischen Situation« (2007, S. 130).

Verstanden als eine Theorie und Praxis der Verständigung (siehe Ostertag, Teil 1 in diesem Band) kann die TZI in zahlreichen gesellschaftlichen Situationen und Herausforderungen der Gegenwart als werteorientierte Handlungstheorie herangezogen werden – was die Betonung der politischen Dimension und den oben genannten Gedanken der jeweils notwendigen, aktuellen »Übersetzung« zusammenführt.

3. Auszuloten sind darüber hinaus *Anschlussmöglichkeiten zu anderen wissenschaftlichen Ansätzen und Disziplinen,* um mit diesen in einen Dialog zu treten, der beide Seiten inspirieren kann. Mit der TZI von Beginn an eng verbunden waren die Wissenschaften Psychologie und Pädagogik. Als ausgebildete Psychoanalytikerin hat Ruth C. Cohn mit der TZI sehr bewusst den klassischen therapeutischen Rahmen überschritten, im Kontext der humanistischen Psychologie die TZI entwickelt und sich der pädagogischen Praxis zugewandt. Über viele Jahre überwiegend auf Praxis fokussiert, hat sie sich in späteren Jahren zunehmend auch für wissenschaftliche Fragen interessiert. In Verbindung mit den fachspezifischen Hintergründen der beteiligten Autor*innen kommen in diesem Band insbesondere pädagogische, soziologische, philosophische, ethische, politik- und sprachwissenschaftliche Bezüge in den Blick, was eine wechselseitige Perspektivenerweiterung ermöglicht – und gerne als Einladung zu weiteren wissenschaftlichen Diskussionen verstanden werden darf.

Den Ausgangspunkt des Bandes bildet im ersten Teil »*Zur Einführung*« ein grundlegender Beitrag (Ostertag) zur TZI als Theorie und Praxis der Verständigung. Er umfasst zum einen eine systematische Einführung in die TZI; zum anderen skizziert er, wie sie für aktuelle gesellschaftliche Fragen bedeutsam werden kann. Darüber hinaus trägt er zu einer wissenschaftlichen Fundierung und Verortung der TZI bei, indem er erste Bezüge zu psychologischen (Carl Rogers), philosophischen (Martin Buber), soziologischen (Hartmut Rosa) und pädagogischen (Paulo Freire) Ansätzen entwickelt.

In den weiteren Beiträgen werden die Grundlagen der TZI als bekannt vorausgesetzt, d. h., die einzelnen Beiträge führen nicht jeweils erneut in die TZI ein. Jeder Beitrag nimmt dennoch insoweit auf die TZI erläuternd Bezug, dass er auch für sich stehen kann. Allen Beiträgen ist zur ersten Orientierung jeweils eine Zusammenfassung vorangestellt.

In den drei Beiträgen des zweiten Teiles werden »*Theoretische Grundlagen und Perspektiven*« untersucht und reflektiert. Für eine wissenschaftliche Weiterentwicklung der TZI erweisen sich insbesondere pädagogische und soziologische Bezugstheorien als bedeutsam. So wird zunächst die TZI als eine Pädagogik der Verständigung konturiert (Ostertag). Mit der Resonanztheorie von Hartmut Rosa wird anschließend eine Verbindung zwischen TZI und Soziologie näher entfaltet (Ostertag u. Bayer). Eine Erörterung von Möglichkeiten und Grenzen empirischer Forschungszugänge zur TZI schließt dieses Kapitel sodann ab (Bayer u. Ostertag).

Im dritten Teil wird eine breitere Verortung der »*TZI in wissenschaftlichen und gesellschaftlichen Diskursen*« unternommen und in den folgenden sechs Beiträgen entfaltet:

Kristina Bergler greift in ihren Ausführungen den pädagogischen Diskurs auf. Sie fokussiert das in der aktuellen Bildungsdiskussion prominent vertretene Thema Lebenslanges Lernen und arbeitet den funktionalistischen Kern dieses bildungspolitischen Programms heraus. Der damit einhergehenden wirtschaftsorientierten Instrumentalisierung von Lernprozessen setzt sie einen ethisch fundierten Lernbegriff entgegen, den sie aus dem Ansatz der TZI gewinnt und mit den demokratiefördernden Zielsetzungen Lebenslangen Lernens verbindet.

Andrea Nickel-Schwäbisch untersucht in ihrem Beitrag anthropologische Begründungzusammenhänge. Sie reflektiert den Ansatz der TZI aus einer von Martin Bubers Dialogphilosophie sowie Hartmut Rosas Resonanztheorie inspirierten Perspektive und beleuchtet Gemeinsamkeiten der Ansätze hinsichtlich ihrer zeitdiagnostischen Befunde. Den immer weitreichenderen Entfremdungserfahrungen des modernen Subjekts kann die TZI entgegenwirken, indem sie verständigungsorientierte Resonanzräume eröffnet.

Ina von Seckendorff verbindet in ihrer Argumentationslinie sprachwissenschaftliche Positionen mit den werteorientierten Grundlagen der TZI. Vor diesem Hintergrund diskutiert sie die Notwendigkeit eines antidiskriminierenden Sprachgebrauchs und zeigt auf, dass Gerechtigkeit in der Welt stets und zugleich Gerechtigkeit in der Sprache benötigt, da wir mit Sprache nicht nur Welt beschreiben, sondern diese immer auch in einer spezifischen Weise konstruieren.

Uwe Kranenpohl wendet sich der TZI aus einer politikwissenschaftlichen Perspektive zu und geht der Frage nach, inwiefern die TZI politisch wirksam werden bzw. – noch konkreter – ob und wie sie zum Erfolg einer pluralistischen Demokratie beitragen kann. Er sieht ihren möglichen Anteil nicht auf der Makroebene politischer Entscheidungsprozesse, sondern vielmehr auf der Mikroebene individuellen politischen Handelns – und hier insbesondere in der Einübung eines demokratischen Ethos, das bei den Bürger*innen einer pluralistischen Gesellschaft notwendigerweise vorauszusetzen ist.

Julia Raab interessiert sich für die praktischen Implikationen der TZI hinsichtlich eines bewussten und verantwortlichen Zusammenlebens am Beispiel intentionaler Gemeinschaften. Diese lassen sich aus einer TZI-Perspektive heraus auch als Lern- und Lebenskontexte verstehen, in denen ein Ausbalancieren von Autonomie und Zugehörigkeit im täglichen Miteinander konsequent verwirklicht wird. Beide, die Praxis der gelebten Gemeinschaft sowie die TZI in ihrer praxisorientierten Perspektive, können hierbei voneinander lernen.

Leopold Wanninger setzt sich in seinem, den Band abschließenden, Gedankengang mit den sozialen und ökologischen Folgen von Konsum auseinander. Aus der Perspektive der Postwachstumstheorie konturiert er Konsum als eine mit dem kapitalistischen Wirtschaftssystem unmittelbar verknüpfte Herausforderung. Mit Hilfe des Ansatzes einer integrativen Wirtschaftsethik und in Verknüpfung mit dem Vier-Faktoren-Modell der TZI erarbeitet er Vorschläge für eine gemeinwohlorientierte Weiterentwicklung aktuellen Konsumgeschehens.

Alle Beiträge verbindet die Idee, die TZI in ihrem wertegeleiteten, verständigungsorientierten Potenzial sichtbar zu machen, und zwar sowohl für wissenschaftliche Fragestellungen als auch für gesellschaftliche Herausforderungen. Wir wünschen uns eine breite Leser*innenschaft, die diese Denkanstöße in jeweils eigene Kontexte übersetzt und diskursiv weiterentwickelt.

Literatur

Cohn, R. C. (1985). Über die Bedeutung des Politischen und Kosmischen für mein Denken – Ein Gespräch. Integrative Therapie, 11 (3–4), 264–272.
Freire, P. (2007). Bildung und Hoffnung. Münster: Waxmann.
Popper, K. R. (1980). Die offene Gesellschaft und ihre Feinde II (6. Auflage). Tübingen: A. Francke.

1
Zur Einführung

MARGIT OSTERTAG
Themenzentrierte Interaktion als Theorie und Praxis der Verständigung
Mit Hoffnung leben in einer konfliktreichen Welt[1]

*»Hoffnung ist eben nicht Optimismus.
Es ist nicht die Überzeugung,
daß etwas gut ausgeht,
sondern die Gewißheit,
daß etwas Sinn hat –
ohne Rücksicht darauf,
wie es ausgeht.«*
Václav Havel

Zusammenfassung: Die Idee von Hoffnung, wie sie in dem Zitat von Václav Havel (1987, S. 220) zum Ausdruck kommt, lässt sich unmittelbar mit der Themenzentrierten Interaktion (TZI) verbinden. In ihrem Kern ist die TZI von der Vision getragen, an der Gestaltung einer humaneren Welt mitzuwirken. In diesem Sinn kann sie als eine Theorie und Praxis der Verständigung begriffen werden. Vielfältige gesellschaftliche Konflikte sowie globale Krisen stellen uns gegenwärtig vor existenzielle Herausforderungen. Mit ihrer spezifischen Verbindung von Person- und Aufgabenorientierung kann die TZI Menschen darin unterstützen, Räume für humane Entwicklungsperspektiven zu öffnen und dafür notwendige Transformationsprozesse mitanzustoßen. Ausgehend von den theoretischen Grundlagen der TZI werden in diesem Beitrag zudem Verbindungslinien zu psychologischen (Carl Rogers), philosophischen (Martin Buber), soziologischen

---
1 Dies ist die aktualisierte und erweiterte Fassung eines Beitrags, der 2020 in der Zeitschrift »Soziale Arbeit« erschienen ist (Ostertag, 2020).

(Hartmut Rosa) sowie pädagogischen (Paulo Freire) Ansätzen skizziert und damit weiterführende wissenschaftliche Bezüge aufgezeigt. Es wird deutlich, dass mit TZI gestaltete Verständigungsprozesse über die beteiligten Individuen in die Gesellschaft hinein wirksam werden können.

1 Verständigungsprozesse gestalten in einer von Ambivalenzen geprägten Welt

Die gesellschaftliche Situation, in der wir seit Ende des 20. Jahrhunderts leben, ist von Individualisierung und Pluralisierung gekennzeichnet, wie es Ulrich Beck (1986) in seinem Buch »Risikogesellschaft« eindrücklich beschrieben hat. Die individuelle Freiheit und Autonomie, den eigenen Lebensweg selbstbestimmt zu gestalten, äußert sich für jede und jeden Einzelne*n zugleich in einer individuellen Verantwortlichkeit, die auch belastend sein kann (Bayer u. Ostertag, 2019, S. 141 ff.). Mit seinem Begriff der »Weltrisikogesellschaft« und am Beispiel des Klimawandels macht Beck (2007) deutlich, dass es heute nicht nur um »Risiken« für das individuelle Leben geht, sondern dass »unberechenbare Risiken und hergestellte Unsicherheiten« (S. 341) die gesamte Menschheit betreffen.

So stehen wir gegenwärtig vor gewaltigen Herausforderungen, die nicht mehr nur individuell, sondern in globaler Perspektive existenzbedrohend sind. Nicht zuletzt im Zuge des technischen Fortschritts, dem große Errungenschaften für das menschliche Leben zu verdanken sind, produzieren wir Menschen ökologische Krisen, soziale Probleme und ethische Fragen, die mit den gängigen Denkmustern nicht mehr zu beantworten bzw. zu bewältigen sind.

In den großen wie den kleinen Herausforderungen menschlichen Lebens und Zusammenlebens ist die gesamte Menschheit und ist gleichzeitig individuell jeder einzelne Mensch mit Fragen und Situationen konfrontiert, in denen es keine eindeutigen und klaren Lösungen mehr gibt, sondern jede mögliche Antwort in sich ambivalent ist. Jede und jeder Einzelne ist unausweichlich verstrickt in komplexe Zusammenhänge von globaler sozialer Ungerechtigkeit, denen nicht zu entkommen ist. Das Aushalten solcher Widersprüchlichkeiten kennzeichnet Spannungsfelder, in denen Menschen sich heute bewegen bzw. stellt eine existenzielle Anforderung moderner Lebenszusammenhänge dar.

Um mit diesen Ambivalenzen umgehen zu lernen, bedarf es tiefgreifender zwischenmenschlicher Verständigungsprozesse, von denen dann auch Impulse in Richtung notwendiger gesellschaftlicher Veränderungen ausgehen können. Die Widersprüchlichkeiten lassen sich dadurch nicht etwa grundsätzlich auflösen. Das gemeinsame Bewusstsein um diese Ambivalenzen kann jedoch aus einer resignativen Lähmung heraus- und in werteorientierte Verständigungs- respektive Entscheidungsprozesse hineinführen. Es ist (überlebens-) notwendig, dass wir uns darauf einlassen, gemeinsam um solidarische Antworten auf existenzielle ökologische Krisen wie auch auf globale Fragen von sozialer Ungleichheit zu ringen.

Die TZI wurde von Ruth C. Cohn im Kontext der Humanistischen Psychologie entwickelt – als »*Kompaß eines humaneren Lebens* in einer humaneren Welt« (Matzdorf u. Cohn, 1992, S. 41, Herv. i. O.). Die Dimension der Verständigung ist ihr von Beginn an eingeschrieben und mit einer explizit formulierten Wertorientierung sowie einem politischen Anliegen verbunden. In ihrer Verbreitung wurde und wird die TZI gelegentlich reduziert auf ein Konzept, um Gruppen und Teams zu leiten. In Reaktion darauf hebt Ruth C. Cohn in einem Gespräch mit Hilarion Petzold hervor: »Du hast völlig recht, die Rezeption der Leute war unpolitisch. Aber ich betone es hier noch einmal, daß für mich von Anfang an das Politische und das Soziale im Vordergrund standen« (Cohn, 1985, S. 268). Die in diesem Beitrag entwickelten Überlegungen folgen dieser politischen Lesart der TZI. So verstanden, kann sie einen wichtigen Beitrag dazu leisten, die aktuellen Herausforderungen der Gegenwart anzunehmen und anzugehen. Maßgeblich ist hierbei nicht zuletzt ihre einzigartige Verbindung von Person- und Aufgabenorientierung.

Im weiteren Gedankengang werden zunächst die Grundlagen der TZI erläutert (Abschnitt 2). Auf dieser systematischen Basis gilt im Anschluss die Aufmerksamkeit der Frage, wie mit Hilfe der TZI Verständigungsprozesse initiiert werden können (Abschnitt 3). Dabei liegt der Fokus zunächst auf personenzentrierten Entwicklungsräumen (Abschnitt 3.1) sowie daran anknüpfend auf themenzentrierten Verständigungsprozessen (Abschnitt 3.2). Für beide Perspektiven

sind Verbindungslinien der TZI zu weiteren wissenschaftlichen
Theorien bedeutsam – insbesondere und namentlich zu den Ansätzen von Carl Rogers, Martin Buber, Hartmut Rosa und Paulo Freire.
Der Ausblick (Abschnitt 4) ermutigt zu kleinen, konkreten, hoffnungsvollen Schritten, auch und gerade angesichts von Krisen, die
existenziell beunruhigend und bedrohlich sind.

2 Grundlagen der TZI

Die weiteren Überlegungen nehmen zunächst den Entstehungskontext der TZI sowie die sogenannten Axiome als das »philosophisch-theoretische und ethisch-soziale Fundament« (Matzdorf
u. Cohn, 1992, S. 47) der TZI in den Blick. Im Anschluss liegt der
Fokus auf verschiedenen Elementen, die die TZI als Handlungstheorie zur Verfügung stellt und nutzt.

2.1 TZI – eine humanistische Antwort auf den Nationalsozialismus

Die Entwicklung der TZI ist unmittelbar mit dem Leben ihrer Begründerin verbunden. Einige biografische Hinweise können insofern das Verständnis der TZI erleichtern und zudem die Bedeutung
ihrer politischen Dimension unterstreichen[2]: Als Jüdin in Berlin
geboren, emigrierte Ruth C. Cohn (1912–2010) bereits 1933 in die
Schweiz und von dort 1941 in die USA. Das noch in Deutschland
begonnene Studium der Psychologie setzte sie in der Schweiz fort
und absolvierte gleichzeitig eine Ausbildung zur Psychotherapeutin
(Löhmer u. Standhardt, 1992). Eigene Erfahrungen in der Zeit des
Nationalsozialismus waren der Anlass ihrer Suche nach »etwas (…),
was wir mitten im Grauen der Welt tun können, ihm etwas entgegenzusetzen – kleine Schritte, kleine winzige Richtungsänderungen«
(Ockel u. Cohn, 1992, S. 178). Mit ihrem Suchprozess wurde sie
in den USA Teil der therapeutischen Bewegung, aus der die Hu-

---

2 Wesentliche Verbindungslinien zwischen dem Leben von Ruth C. Cohn als
 Migrantin, ihrem couragierten Eintreten für eine solidarische und friedliche
 Welt und der TZI als ihrem Lebenswerk hat Matthias Scharer (2020) aufgezeigt.

manistische Psychologie hervorging. Inspiriert von Begegnungen mit Kollegen wie Fritz Perls und Carl Rogers (Farau u. Cohn, 1984, S. 289 ff.) entwickelte sie die TZI, deren Menschenbild und Wertorientierung in den sogenannten »Axiomen« zum Ausdruck kommt. Die drei Axiome werden als »existentiell-anthropologisch«, »philosophisch-ethisch« und »pragmatisch-politisch« (Matzdorf u. Cohn, 1992, S. 55 ff.) bezeichnet:

»1. *Der Mensch ist eine psycho-biologische Einheit und ein Teil des Universums. Er ist darum gleicherweise autonom und interdependent.* Die Autonomie des einzelnen ist um so größer, je mehr er sich seiner Interdependenz mit allen und allem bewußt wird. [...]
2. *Ehrfurcht gebührt allem Lebendigen und seinem Wachstum.* Respekt vor dem Wachstum bedingt bewertende Entscheidungen. Das Humane ist wertvoll, Inhumanes ist wertbedrohend. [...]
3. *Freie Entscheidung geschieht innerhalb bedingender innerer und äußerer Grenzen; Erweiterung dieser Grenzen ist möglich*« (Farau u. Cohn, 1984, S. 357 f., Herv. i. O.).

Mit dem Begriff der »psycho-biologischen Einheit« hebt das erste Axiom zunächst die Verbindung von Gedanken, Gefühlen, Erleben und Handeln, mithin die Ganzheitlichkeit des Menschen hervor. Mit der Polarität von Autonomie und Interdependenz wird sodann die anthropologische Grundannahme formuliert, dass Menschen einerseits eigenständig handeln können und andererseits gleichzeitig stets mit anderen verbunden sowie auf andere und anderes bezogen sind. Jeder Mensch verdankt sich in seinem Gewordensein der Beziehung zu anderen Menschen und zur Welt. Mit den Begriffen »*universelle[...] Interdependenz*« und »*Allverbundenheit*« (Cohn, 1975, S. 120, Herv. i. O.) ist dabei auch die Dimension eines spirituellen Eingebundenseins in ein großes Ganzes angesprochen.

Das Bewusstsein, auf existenzielle Weise mit allen und allem verbunden zu sein, ist Anlass wie auch Begründung dafür, achtsam und verantwortlich mit anderen und anderem umzugehen, wie es im zweiten Axiom formuliert ist. Ruth C. Cohn geht davon aus, dass jeder Mensch ein Bedürfnis hat, sich mit seinen Fähigkeiten und Gaben zu entfalten – und: dass jeder Mensch ursprünglich, tief in seinem Inneren, ein Gespür dafür hat, was wertvoll ist (Farau u.

Cohn, 1984, S. 469). Diese Orientierung am Humanen eröffnet Entwicklungsräume für alle Beteiligten. Letztlich geht es dabei nicht ausschließlich um Menschen, sondern um alles Lebendige.

In ihrem konkreten Handeln – so das dritte Axiom – bewegen sich Menschen immer in der Polarität von Freiheit und Grenzen. Es können innere oder äußere Begrenzungen sein, die uns einschränken. Manchmal sind nur kleine Schritte realisierbar, jedoch: In jeder Situation ist es möglich, aus einer vermeintlichen Ohnmacht in ein aktives Handeln zu kommen und damit Verantwortung für die konkrete Situation und für das eigene Leben zu übernehmen: »Ich bin weder allmächtig noch ohnmächtig; ich bin partiell mächtig« (Cohn, 1993, S. 171).

Die TZI umfasst verschiedene Elemente, die dazu beitragen, diese in den Axiomen grundgelegte Wertorientierung im Handeln konkret werden zu lassen.

2.2 Handlungsorientierung und -konzepte der TZI

Ausgehend von ihrer langjährigen Tätigkeit als Psychotherapeutin hatte Ruth C. Cohn die Vision, mit der TZI nicht nur einzelne Klient*innen zu erreichen. Vielmehr wollte sie mit der TZI als »einer Pädagogik für alle« (Cohn, 1975) die individuell heilsamen Erfahrungen aus dem therapeutischen Kontext allen Menschen zugänglich machen und damit »pädagogische und politische Breitenwirkung« (Matzdorf u. Cohn, 1992, S. 42) erzielen. Mit der pointierten Formulierung »Die Couch war zu klein« (Cohn, 1975, S. 7) hat sie diese Idee einprägsam zum Ausdruck gebracht und ihr gesellschaftskritisches Anliegen verdeutlicht.

Einige der Handlungsansätze der TZI sind insofern als Handlungsorientierung für alle Menschen zu verstehen, so zum Beispiel ihre beiden Postulate und ihre Kommunikationsregeln. Daneben gibt es stärker methodisch orientierte Handlungskonzepte, die insbesondere von jenen Menschen genutzt werden können, die für die Gestaltung von sozialen Situationen und Prozessen verantwortlich sind, also beispielsweise Lehrende in Schulen, Fach- und Hochschulen wie auch in Fort- und Weiterbildung oder Personen, die Gruppen, Teams, Organisationen oder auch Initiativen leiten. Zu diesen Elementen zählen das Vier-Faktoren-Modell und die Dynamische Balance, das Leiten mit Themen und Strukturen sowie das Partizipierende Leiten.

Die weiteren Ausführungen folgen der oben genannten Systematik und nehmen zunächst als grundsätzlichere Handlungsorientierung die beiden Postulate sowie die Kommunikationsregeln in den Blick.

2.2.1 Postulate

Das Chairpersonpostulat fordert zu Bewusstheit auf, Bewusstheit im Wahrnehmen, Entscheiden, Handeln und Verantworten:

*»Sei dein eigener Chairman/Chairwoman,
sei die Chairperson deiner selbst.*

Dies bedeutet:
- Sei dir deiner inneren Gegebenheiten und deiner Umwelt bewußt.
- Nimm jede Situation als Angebot für deine Entscheidung. Nimm und gib, wie du es verantwortlich für dich selbst und andere willst«
(Farau u. Cohn, 1984, S. 358 f., Herv. i. O.).

Die TZI will Menschen ermutigen und darin unterstützen, sich selbst und andere bewusst wahrzunehmen sowie in Konsequenz Verantwortung für das eigene Leben und Mitverantwortung für das – gesellschaftliche – Zusammenleben zu übernehmen. Diese Bewusstheit zeigt sich in einem hohen Maß an Reflexion und Selbstreflexion.

Das Störungspostulat knüpft an den Gedanken der Ganzheitlichkeit an und lädt dazu ein, sich und andere mit allen Gedanken, Gefühlen und Bedürfnissen achtsam wahr- und ernst zu nehmen: »Beachte Hindernisse auf deinem Weg, deine eigenen und die von anderen. Störungen haben Vorrang (ohne ihre Lösung wird Wachstum erschwert oder verhindert)« (Cohn, 1975, S. 121).

Um sich gemeinsam einer Aufgabe zuwenden zu können, braucht es die Beteiligung aller als ganze Personen. Mit dem Begriff der Störung bezeichnet Ruth C. Cohn alles, was Menschen daran hindert, sich auf einen gemeinsamen Prozess einzulassen oder ihre Aufmerksamkeit abzieht. Eine solche Störung wird nicht negativ bewertet, sondern kann als Lern- und Entwicklungschance aufgegriffen werden (Ostertag, 2012).

Zu betonen ist, dass es sich beim Störungspostulat nicht ausschließlich um ein (gruppen-) didaktisches Element der TZI handelt, sondern Ruth C. Cohn darüber hinaus auf einen politischen, gesellschaftskritischen Horizont abzielt und dringenden Handlungsbedarf in den Dimensionen von Frieden, Soziale Gerechtigkeit und Ökologie sieht. »Wenn wir uns nicht stören lassen von der großen Störung im Weltbereich von Not und Inhumanität, kann diese Störung sich verselbständigen und zur letzten Störung aller werden« (Ockel u. Cohn, 1992, S. 205).

2.2.2 Kommunikationskultur

Ebenso wie die beiden Postulate trägt auch eine humanistische Kommunikationskultur zur Verwirklichung der in den Axiomen beschriebenen Werthaltung bei – mit dem Ziel, in sozialen und gesellschaftlichen Zusammenhängen (mehr) Menschlichkeit zu leben. Ruth C. Cohn hat einige Kommunikationsregeln (Matzdorf u. Cohn, 1992, S. 76 ff.) formuliert, die jedoch keinesfalls dogmatisch anzuwenden sind, sondern situationsbezogen und wertegebunden als Orientierung dienen. Eine der Kommunikationsregeln, die in unmittelbarer Verbindung zum Chairpersonpostulat steht, sei stellvertretend genannt:

»Sei authentisch und selektiv in deinen Kommunikationen.
Mache dir bewußt, was du denkst, fühlst und glaubst,
und überdenke vorher, was du sagst und tust«
(Matzdorf u. Cohn, 1992, S. 76, Herv. i. O.).

Wichtig für ein menschliches Miteinander ist, dass die Menschen sich mit ihrer inneren Beteiligung auch nach außen authentisch zeigen, sich dabei aber nicht wahllos öffnen müssen, sondern auswählen, was sie in den gemeinsamen Prozess einbringen wollen. Die von Ruth C. Cohn angestrebte Kommunikationskultur hat eine große Nähe zur Gewaltfreien Kommunikation nach Marshall B. Rosenberg (2016) und dessen Bestreben, eine »Sprache des Friedens [zu] sprechen – in einer konfliktreichen Welt« (Rosenberg, 2006).

Im Anschluss an die Erörterung der beiden Postulate und der humanistischen Kommunikationskultur gilt die Aufmerksamkeit nun jenen Handlungskonzepten, die von Lehrenden und Leitenden methodisch aufgegriffen werden können: Vier-Faktoren-Modell und Dynamische Balance, Leiten mit Themen und Strukturen sowie Partizipierendes Leiten.

2.2.3 Vier-Faktoren-Modell und Dynamische Balance

In ihrer jahrelangen Arbeit mit unterschiedlichsten Gruppen hat Ruth C. Cohn kontinuierlich eruiert und systematisch reflektiert, welche Einflussgrößen dazu beitragen, dass Menschen in einer Weise miteinander lernen und arbeiten, die sowohl der Entwicklung der einzelnen Individuen als auch der gemeinsamen Aufgabe zuträglich ist. Dabei hat sie vier entscheidende Einflussfaktoren identifiziert und im Vier-Faktoren-Modell der TZI (siehe Abbildung 1) miteinander verbunden.

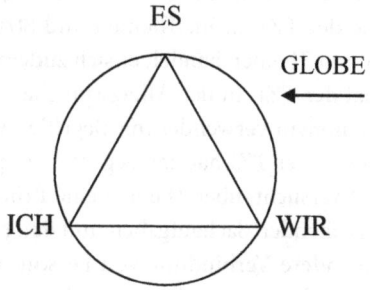

Abbildung 1: Das Vier-Faktoren-Modell (eigene Darstellung nach Matzdorf u. Cohn, 1992, S. 70)

Das ES bezeichnet das Sachanliegen, den Anlass, weshalb Menschen in einer sozialen Situation zusammenkommen. Das ICH steht für alle beteiligten Personen – inklusive der Leitung – mit ihren individuellen Bedürfnissen, Fähigkeiten und Lebensgeschichten. Das WIR beschreibt nicht ein emotional aufgeladenes Wir-Gefühl, sondern die Kommunikation und Interaktion zwischen den verschiedenen ICHs. Dazu gehören Nähe und Distanz ebenso wie Vertrauen und Misstrauen. Beim GLOBE handelt es sich um den bedingenden Kontext, womit räumliche und zeitliche Rahmenbedingungen ebenso gemeint sind wie gesellschaftliche Gegebenheiten und Ereignisse, die auf die jeweilige Situation einwirken.

Das Vier-Faktoren-Modell hat zunächst einen beschreibenden Charakter bezüglich der vier Dimensionen ES, ICH, WIR und GLOBE, die in der TZI als gleich wichtig und gleichwertig angesehen werden. Für leitende und lehrende Personen gilt es, soziale Situationen so zu gestalten, dass jeder dieser vier Faktoren gleichermaßen berücksichtigt wird. Im Sinne der sogenannten Dynamischen Balance ist darauf zu achten, dass sich im Verlauf eines Lern- oder Arbeitsprozesses dieses Gleichgewicht immer wieder neu einstellen kann. Ein wichtiges didaktisch-methodisches Element, um in dieser Weise dynamisch zwischen den Faktoren zu balancieren, ist das Leiten mit Themen und Strukturen.

2.2.4 Leiten mit Themen und Strukturen

Ein wesentlicher Teil von Leitungsverantwortung und -handeln besteht im Sinne der TZI darin, Themen und Strukturen zu setzen. Beim Leiten mit Themen handelt es sich zudem um ein Alleinstellungsmerkmal der TZI. In der Alltagssprache wird der Begriff Thema oftmals synonym verwendet mit Begriffen wie Inhalt oder Aufgabe. Im Kontext der TZI hat der Begriff eine spezifischere Bedeutung: Die TZI versucht, über Themen eine Brücke zu schlagen zwischen den anstehenden Sachaufgaben und den beteiligten Menschen. Diese besondere Verbindung von Person- und Aufgabenorientierung ermöglicht, dass »aus beziehungslosen und ›toten‹ Sachverhalten […] menschenbezogene ›Themen‹« (Kroeger, 1992, S. 113) entstehen können. Aus einer differenzierten Wahrnehmung der Beteiligten (ICH), ihrer Kommunikation (WIR), dem sachlichen Anliegen (ES) und dem bedingenden Kontext (GLOBE) entwickeln Leitende und Lehrende ein Thema, das einen Raum eröffnet, in dem jede und jeder Einzelne einen individuellen Zugang zur gemeinsamen Sachaufgabe finden kann.

Beispielhaft genannt sei eine Seminarreihe für junge Erwachsene in einer Berufsförderungsmaßnahme, die sich inhaltlich mit Prüfungsangst auseinandersetzt und mit dem Thema »Fuck you Prüfung – mein Weg, sie zu meistern« ausgeschrieben wurde (Raab, 2019). Dieses Thema war für mehrere Teilnehmende ein Türöffner für die Bereitschaft, am Seminar teilzunehmen. Die Formulierung »Fuck you Prüfung« greift die Lebenswelt und Sprache der Teilnehmenden auf. Mitschwingen darf in der Resonanz auf diese Formulierung der Ärger und Frust über bisherige schulische Erfahrungen und Misserfolge. Mit der Formulierung »mein Weg, sie zu meistern« wird zugleich eine ressourcenorientierte Perspektive eingenommen und eröffnet. So kann die TZI in unterschiedlichsten Kontexten beispielsweise der Sozialen Arbeit Adressat*innen ermutigen, sich in ihren individuellen Stärken wahrzunehmen und selbstbewusst für eigene Anliegen einzustehen. Gegebenenfalls können in diesem Zusammenhang auch gesellschaftliche Gegebenheiten und Mechanismen in den Blick genommen werden, die zu sozialer Benachteiligung führen.

Auch der Begriff Struktur wird in der TZI in einer spezifischen Weise verwendet (Klein, 2017, S. 87 f.). Letztlich umfasst er alles, womit eine verantwortliche Person einen Lern-, Arbeits- oder Verständigungsprozess gestaltet – von den Räumlichkeiten über die Zeitstruktur bis hin zu den konkreten Arbeits- und Sozialformen. Unter *Arbeitsformen* werden methodische Vorgehensweisen verstanden, beispielsweise Blitzlicht, Diskussion oder Zukunftswerkstatt. *Sozialformen* beschreiben die Konstellationen, in denen gearbeitet wird, wie zum Beispiel Einzelreflexion, Gruppenarbeiten oder Plenum. All diese Strukturen dienen letztlich der Verwirklichung der in den Axiomen beschriebenen Werthaltung. Bei der Auswahl geeigneter Strukturen orientiert sich die verantwortliche Person an den beteiligten Menschen und ihrer Kommunikation respektive Interaktion, an den anstehenden Themen, am Kontext und am Prozessverlauf.

2.2.5 Partizipierendes Leiten

Das Konzept des Partizipierenden Leitens führt von den speziellen Aufgaben einer Leitung konsequenterweise zurück zum Person-Sein von Leitung. Hier zeigt und ereignet sich eine weitere Variante der Verbindung von Person- und Aufgabenorientierung. Denn – so betont Ruth C. Cohn – auch Leitende oder Lehrende sind »in erster Linie Teilnehmer, also Menschen mit eigenen Interessen, Vorlieben, Gedanken und Gefühlen, und erst in zweiter Linie Gruppenleiter mit einer speziellen Funktion. Diese Funktion besteht primär darin, die dynamische Balance zwischen Ich–Wir–Es und deren Zusammenhang mit dem Globe zu beachten« (Farau u. Cohn, 1984, S. 368 f.). An anderer Stelle verwendet sie das Bild eines »ersten Geigers in einem Orchester ohne Dirigenten« (Cohn, 1975, S. 58). Gelingende Zusammenarbeit setzt in ihrem Verständnis voraus, dass Leitung sich nicht abstinent ver- beziehungsweise enthält, sondern als Person innerlich beteiligt und in den Prozess involviert ist.

Anhand ihrer eigenen Erfahrungen im sogenannten Gegenübertragungsworkshop (Farau u. Cohn, 1984, S. 265 f.) beschreibt Ruth C. Cohn sehr eindrücklich eine Situation, in der ihr Mut, sich als Leitung mit eigenen Fragen und Unsicherheiten zu zeigen, eine überaus öffnende und entwicklungsförderliche Wirkung auf alle Beteiligten hatte. Im Bewusstsein ihrer besonderen Funktion und Rolle bringt sich Leitung selektiv-authentisch in den gemeinsamen Prozess ein. In ihrer Art und Weise zu kommunizieren und als Chairperson Selbst- und Mitverantwortung zu übernehmen, kann sie als Modell Teilnehmende ermutigen, sich ebenfalls mit den eigenen Gefühlen, Bedürfnissen, Gedanken und Fragen einzubringen. In diesem Sinne ermöglicht Partizipierendes Leiten Augenhöhe und Begegnung von Mensch zu Mensch, auch in primär aufgabenorientierten Kontexten.

3 Verständigungsprozesse gestalten mit TZI

In den vorangegangenen Ausführungen zur TZI wurde verschiedentlich die einzigartige Verbindung von Person- und Aufgabenorientierung angesprochen. Das Potenzial für Verständigung, das die TZI allgemein in menschliches Zusammenleben wie auch speziell in die aktuelle gesellschaftliche Situation einbringen kann, geht nicht zuletzt aus dieser besonderen Verbindung hervor. Anliegen der TZI ist es, sowohl – personenzentriert – Entwicklungsräume für Individuen zu eröffnen als auch – aufgabenorientiert – dazu beizutragen, dass Menschen sich in Verständigungsprozessen jener Fragen und Themen annehmen, die privat, beruflich oder gesellschaftlich einer gemeinsamen Bearbeitung bedürfen. Beide Dimensionen werden im Folgenden differenziert betrachtet.

3.1 Personenzentrierte »Gedeihräume« entwickeln

Die weiteren Überlegungen stellen zunächst mit der Idee eines heilsamen Klimas eine Verbindung der TZI mit dem Personenzentrierten Ansatz von Carl Rogers her, bringen dann den Gedanken der Grundbedürfnisse nach Irene Klein ins Spiel und wenden sich schließlich dem Begriff und der Dimension der Begegnung zu.

3.1.1 Heilsames Klima

Im Kontext der Humanistischen Psychologie hatte Ruth C. Cohn die entwicklungsförderliche Wirkung von Therapie- und Encountergruppen intensiv erlebt. TZI ist mit der Idee verbunden, dieses heilsame Klima in sachorientierte Lern- und Arbeitskontexte zu übertragen und als »heilende Erfahrungen lebendigen Lernens« (Matzdorf u. Cohn, 1992, S. 40) für alle Menschen erfahrbar zu machen. Ihre Freundin Helga Herrmann hat in diesem Zusammenhang den Begriff der »Gedeihräume« geprägt, der die Idee des inneren Wachstums bildhaft aufnimmt. Ziel ist es, Lebens-, Lern- und Arbeitssituationen so zu gestalten, dass Menschen sich in ihrem individuellen Geworden-Sein einbringen und ganzheitlich weiterentwickeln können.

Eine differenzierte Beschreibung eines solchen wachstumsfördernden Klimas findet sich bei Carl Rogers, von dem Ruth C. Cohn sagt, sie »habe keinen begabteren Therapeuten kennengelernt« (Farau u. Cohn, 1984, S. 289). Rogers benennt drei Einstellungen, die gegeben sein müssen, um Menschen in ihrem Entwicklungspotenzial zu erreichen und anzuregen: Echtheit, Akzeptanz und einfühlsames Verstehen (Rogers, 2019, S. 67 f.). Er geht davon aus, dass jeder Mensch in sich über das Potenzial und die Kräfte verfügt, um zu wachsen, sich zu verändern und weiterzuentwickeln. Diese Kräfte können sich insbesondere dann entfalten, wenn Menschen in Beziehungen erleben, dass der oder die Andere ihnen authentisch begegnet, sie bedingungslos akzeptiert und sich tief verstehend auf sie einlässt. Diese besondere Art des Zugewandt-Seins ermöglicht es Menschen, eine freundliche(re) Sicht auf sich selbst zu entwickeln und in der Folge die eigenen Fähigkeiten und Gaben lebendig zur Entfaltung zu bringen. Das Vertrauen in diese menschliche Aktualisierungs- beziehungsweise Selbstverwirklichungstendenz ist die wesentliche Grundlage von Rogers Personenzentriertem Ansatz, der auch empirisch untersucht und bestätigt ist (Rogers, 2019, S. 68 f.).

Wenn Ruth C. Cohn in einem bislang unveröffentlichten Vortrag aus dem Jahr 1957 »Courage« als das Ziel von Therapie beschreibt, geht sie damit in gewisser Hinsicht über Rogers hinaus. Sie hebt hervor, dass Heilungsprozesse nicht im einzelnen Menschen enden, sondern sich darin zeigen, dass der und die Einzelne fähig wird, in sozialen Situationen und gesellschaftlichen Kontexten mutig und verantwortlich einzustehen für die eigene Person und die Werte, die ihr oder ihm wichtig sind (Cohn, 1957).

3.1.2 Grundbedürfnisse

Irene Klein bringt das Leiten mit TZI ebenfalls mit den Grundhaltungen nach Rogers in Verbindung und sieht in diesen eine Antwort auf Grundbedürfnisse, wie sie in allen menschlichen Beziehungen wirken (Klein, 2017, S. 73). Von besonderer Bedeutung sind das »*Grundbedürfnis nach Anerkennung und Zugehörigkeit*«, das »*Grundbedürfnis nach Sicherheit*« und das »*Grundbedürfnis nach Einflussnahme*« (Klein, 2016, S. 48, Herv. i. O.). In ihrer spezifischen Weise zu leiten, orientiert sich die TZI an diesen Grundbedürfnissen und trägt dadurch zur »Verringerung von individueller Angst« (Matzdorf u. Cohn, 1992, S. 41) beziehungsweise – positiv formuliert – zu Ich-stärkenden Erfahrungen bei. Wer in einer sozialen Situation erlebt, dass er Anerkennung erfährt, dazu gehört, sicher ist und Einfluss nehmen kann, wird darin unterstützt, sich selbst in seiner Einzigartigkeit anzunehmen und wertzuschätzen. Dieser freundliche Blick auf sich selbst ist zugleich Voraussetzung dafür, sich auch anderen in ihrer individuellen Besonderheit wohlwollend öffnen zu können. Vor dem Hintergrund der genannten Grundbedürfnisse sowie der Axiome erläutert Irene Klein, dass TZI-gemäßes Leiten auf eine Differenzierung hinzielt, in der »Unterschiedlichkeit [...] wahrgenommen und akzeptiert [wird]. Der Einzelne und die Gruppe werden fähig, mit den Unterschieden personen- und aufgabenbezogen umzugehen« (Klein, 2016, S. 47). Dass entsprechende Erfahrungen in direkten Begegnungen auch gesellschaftlich wirksam werden können, lässt sich aus einer soziologischen Perspektive differenziert begründen (Bayer u. Ostertag,

2019). So können aus konkreten, mit TZI gestalteten Begegnungsräumen wesentliche Impulse für den gesellschaftlichen Umgang mit Heterogenität hervorgehen.

3.1.3 Begegnung

Die zentrale Bedeutung der Dimension der Begegnung knüpft nicht zuletzt an das erste Axiom und die anthropologische Grundannahme an, dass der Mensch als dialogisches Wesen unmittelbar und unausweichlich auf andere und anderes bezogen ist (Ostertag, 2018, S. 34f.). Bedeutender Gewährsmann für eine Philosophie der Begegnung ist Martin Buber, der zu Beginn des 20. Jahrhunderts das Dialogische als menschliches Lebensprinzip ausgewiesen hat: »Ich werde am Du; Ich werdend spreche ich Du. Alles wirkliche Leben ist Begegnung. Die Beziehung zum Du ist unmittelbar« (1992, S. 15). Norbert Groddeck macht darauf aufmerksam, dass nicht zuletzt ein Dialog mit Martin Buber im Jahr 1957 Carl Rogers anregte, die Klientenzentrierte Gesprächspsychotherapie zum Personenzentrierten Ansatz weiterzuentwickeln (Groddeck, 2011, S. 121 ff.). Im Personenzentrierten Ansatz verflüssigen sich die Rollen von Therapeut*in und Klient*in und es begegnen sich letztlich zwei Menschen, die sich in ihrem Entwicklungs- und Wachstumspotenzial gegenseitig berühren und inspirieren. Eine ähnliche Verflüssigung – jedoch nicht Aufhebung! – der Rollen von Leitung und Teilnehmenden ist mit dem Konzept der Partizipierenden Leitung verbunden. Und auch darüber hinaus ist nicht nur für Rogers, sondern ebenfalls für die TZI eine große Nähe zu Bubers Sozial- und Dialogphilosophie zu konstatieren (Reiser, 1987; Scharer, 2017), wiewohl Ruth C. Cohn die Schriften Bubers erst nachträglich zur Kenntnis genommen hat (Reiser, 1987, S. 39). Beiden geht es, kurz gesagt, um die Frage, was es heißt, als Mensch menschlich zu leben – und in der Folge um die Verwirklichung dieser Menschlichkeit. Ruth C. Cohn hat ihren Ansatz aus der systematischen Reflexion jahrelanger Praxis entwickelt, während Buber von der Theorie herkommend einen philosophischen Zugang entworfen hat. So lässt sich im Anschluss an Helmut Reiser hinsichtlich der inneren Verbindung der beiden Ansätze festhalten, »daß die Philosophie Martin Bubers der Haltung der Themenzentrierten Interaktion sehr nahe kommt, ja sie vertiefen kann, während die Methode der Themenzentrierten Interaktion die von Buber gewünschte Verwirklichung fördern kann« (Reiser, 1987, S. 39).

Der Begriff der Begegnung, wie er hier entfaltet wurde, fokussiert die Beziehung von Mensch zu Mensch und betont die existenzielle Bedeutung dieser Dimension für den Menschen als dialogisches Wesen. Ebenfalls konstitutiv für menschliches Leben ist die Beziehung von Mensch zu Welt: »Jeder Mensch verwirklicht sich in der Beziehung zu den anderen und in der Zuwendung zur Aufgabe« (Matzdorf u. Cohn, 1992, S. 71). Im folgenden Gedanken der Themenzentrierten Verständigung werden beide Linien miteinander verbunden.

3.2 Themenzentrierte Verständigung ermöglichen

Der weitere Gedankengang vollzieht sich in drei Schritten: Zunächst wird die anthropologische Bedeutung der Themenzentrierung näher entfaltet. Die zweifache Bezogenheit des Menschen – zum einen auf andere Menschen und zum anderen auf Welt – zeigt sich daran anknüpfend in der Erweiterung des gegenseitigen Verstehens zur themenzentrieren Verständigung. Abschließend gilt die Aufmerksamkeit der politischen Dimension der Themenzentrierung.

3.2.1 Anthropologische Bedeutung der Themenzentrierung

Die anthropologische Grundannahme, dass der Mensch nicht nur ein dialogisches, sondern zugleich ein themenbezogenes Wesen ist, bringt Matthias Kroeger pointiert zum Ausdruck: »Im Verständnis der TZI wird der Mensch erst ganz Mensch mit Themen, mit Aufgaben, mit Sachen, die er zu seinen eigenen macht« (Kroeger, 1992, S. 111). Diese Zuwendung zu Themen, zu Aufgaben und somit zur Welt ist von einer Haltung der Ehrfurcht getragen, wie sie im zweiten Axiom formuliert ist (vgl. Punkt 2.1). Dementsprechend geht es nicht darum, über die Welt zu verfügen und sie besitzen zu wollen, sondern sich von ihr ansprechen zu lassen, in lebendigen Bezügen zu ihr zu stehen und in humaner Verantwortlichkeit in ihr zu leben.

Erinnert sei hier zum einen an Erich Fromm, der in ähnlicher Weise »*Haben und Sein* [als] *zwei grundlegend verschiedene Formen menschlichen Erlebens*« (2001, S. 27, Herv. i. O.) unterscheidet. Anschlussfähig ist zum anderen der Begriff der Resonanz, den Hartmut

Rosa seiner kritischen »Soziologie der Weltbeziehung« zugrunde legt (2016). In einem Gespräch mit Wolfgang Endres beschreibt er, dass Resonanz ein Weltverhältnis der Aneignung in einen Zugang der Anverwandlung transformieren kann: »Anverwandlung bedeutet, sich eine Sache so zu eigen zu machen, dass sie mir nicht nur gehört, sondern dass sie mich existenziell berührt oder tendenziell sogar verändert. Es genügt nicht, die Dinge zu erwerben, sie zu beherrschen, mit ihnen umzugehen. Erst wenn ich sie zum Sprechen bringe, kann ich sie mir anverwandeln« (Rosa u. Endres, 2016, S. 16 f.). Fast analog zum Verhältnis von Bubers Dialogphilosophie und TZI lässt sich festhalten, dass die gesellschaftskritischen Analysen von Rosa die theoretischen Grundlagen der TZI erweitern können, während die TZI mit ihrem breiten Handlungsrepertoire (vgl. 2.2) zur praktischen Verwirklichung von resonanten Weltbeziehungen beitragen kann. Die Tatsache, dass jeder Mensch nicht allein, sondern gemeinsam mit anderen in Beziehung zur Welt steht, führt unmittelbar zur Notwendigkeit von Verständigung.

3.2.2 Vom personenzentrierten Verstehen zur themenzentrierten Verständigung

Die Haltung einfühlenden Verstehens, die erforderlich ist, damit *echte* Begegnung sich ereignen kann, ist zugleich notwendige Voraussetzung für Verständigungsprozesse. Zu bedenken ist folgende Ergänzung: Den anderen vollständig verstehen zu wollen, würde bedeuten, ihn zu vereinnahmen und auf ein fixes Bild zu reduzieren, das wir uns von ihm machen. In interkulturellen Zusammenhängen kann dies zur Verfestigung von kulturellen Stereotypen und Vorurteilen führen (Ostertag, 2001, S. 120 ff.; Ostertag, 2013, S. 34 f.). Eine verstehende Zuwendung zum anderen ist stets zu verbinden mit der wertschätzenden und respektvollen Anerkennung des Nicht-Verstehens. Der Gedanke, dass weder der Andere noch das eigene Selbst vollständig auszuleuchten sind, trägt zu einer Haltung der Achtsamkeit und der zugewandten Offenheit bei. Eine solche Offenheit kann die Verflüssigung von verfestigten Einstellungen und den Einstieg in Verständigungsprozesse erleichtern. Sich zu verständigen heißt auf dieser Basis, die Unterschiedlichkeit von Perspektiven anzuerkennen und sich dennoch gemeinsam auf eine prozesshafte

Suche nach möglichen Handlungsorientierungen einzulassen. Ziel ist nicht, eine situationsunabhängige, zeitlos- und allgemein gültige Wahrheit zu finden, sondern gemeinsam eine situationsbezogene, verbindliche Handlungsorientierung zu entwickeln, der sich alle Beteiligten verpflichtet fühlen. Während in wechselseitigen Verstehensprozessen die Menschen in ihrer individuellen Besonderheit selbst das Thema sind und sich in ihrer Unterschiedlichkeit mitunter auch konfrontativ gegenüberstehen, liegt in themenbezogenen Verständigungsprozessen der Fokus auf einem gemeinsamen Dritten, dem Thema. Der erweiterte Fokus auf ein Drittes kann es erleichtern, mit dieser Unterschiedlichkeit umzugehen und sie, im besten Fall, sogar als einen wichtigen Beitrag zum gemeinsamen Anliegen zu erleben, wie es Irene Klein (2016) mit der Vision des Leitens auf Differenzierung hin beschreibt (vgl. 3.1.2). Vor dem Hintergrund der in den Axiomen grundgelegten Wertorientierung ergibt sich ein breites Themenspektrum, mit dem die Welt auf uns zukommt und uns in Verantwortung ruft. In unserem Mensch-Sein sind wir aufgefordert, Antworten zu geben auf die Herausforderungen und Fragen, die sich uns in der jeweiligen Gegenwart stellen, womit die politische Dimension der Themenzentrierung eröffnet ist.

3.2.3 Politische Dimension der Themenzentrierung

In einem umfassenden Sinn betrifft die politische Dimension nicht nur spezifisch gesellschaftliche, sondern generell alle Fragen menschlichen Zusammenlebens, wie es Ruth C. Cohn in einem Gespräch mit Friedemann Schulz von Thun herausstellt: »Ich bin als ganze Person Teilhaberin von dieser Welt, das bin ich, dazu tue ich nichts – aber das *Anteilnehmen* bedeutet für mich *politisch sein*. Da ich Teilhaberin bin, ob ich will oder nicht, habe ich damit die menschliche Aufgabe, politisch, das heißt für die Gemeinschaft tätig, zu sein« (Cohn u. Schulz von Thun, 1994, S. 53, Herv. i. O.).

Konkreter politisch werden die Verständigungsprozesse, wenn Themen berührt sind, die aktuelle gesellschaftliche Herausforderungen aufgreifen. Die TZI korrespondiert hier mit dem Ansatz des brasilianischen Reformpädagogen Paulo Freire (Ostertag, 2015; Ostertag, 2017), auf den auch Ruth C. Cohn selbst Bezug nimmt (Ockel u. Cohn, 1992, S. 200 f.). Ein Kernstück von Freires »Pädagogik der Unterdrückten«

(1973) sind die sogenannten generativen Themen: »Eine Epoche wird durch einen Komplex von Ideen, Konzepten, Hoffnungen, Zweifeln, Werten und Herausforderungen gekennzeichnet, die dialektisch mit ihrem jeweiligen Gegensatz verkehren und so nach dem Ganzen streben. Der Ausdruck vieler dieser Ideen, Werte, Konzepte und Hoffnungen, aber auch die Hindernisse, die sich der vollen Humanisierung des Menschen in den Weg stellen, bilden die [generativen] Themen dieser Epoche« (Freire, 1973, S. 84). Ziel von Freires sich explizit politisch verstehender Pädagogik und Erwachsenenbildung ist die Ermöglichung selbstbestimmter Teilhabe für alle Mitglieder der Gesellschaft. Auch Ruth C. Cohn war mit der TZI von Beginn an in gesellschaftlichen und politischen Fragen engagiert. So führte beispielsweise ihre Beschäftigung mit der sozialen Benachteiligung bestimmter gesellschaftlicher Gruppen 1965 in den USA zu dem Workshop »Segregation – Collision – Co-Existence – Integration«, der Schwarze und Weiße, Frauen und Männer, Juden und Christen miteinander ins Gespräch, ja mehr noch: in themenzentrierte Verständigungsprozesse brachte (Farau u. Cohn, 1984, S. 346 ff.; Cohn, 1993, S. 30 ff.).

In Erweiterung der situativen Verständigung im Hier und Jetzt ist es Anliegen von Freire, gesellschaftliche Strukturen und Mechanismen zu analysieren und zu dekonstruieren. So kann sein Ansatz, den er zur »Pädagogik der Autonomie« weiterentwickelte, auch verstanden werden als Gegenentwurf zur »fatalistischen Ideologie des neoliberalen Diskurses, die bewegungsunfähig macht« (Freire, 2008, S. 22). Krisenhafte Lebenssituationen wie etwa Arbeitslosigkeit werden nicht mehr neoliberal einseitig durch individuelles Versagen erklärt, sondern auch in ihren gesellschaftlichen Verursachungs- und Entstehungszusammenhängen beleuchtet. Dadurch zeigen sich gesellschaftliche Entwicklungen in ihrer unausweichlichen Ambivalenz: So führt beispielsweise der technologische Wandel einerseits zur Schaffung von Arbeitsplätzen, verursacht andererseits jedoch den Ausschluss bestimmter Zielgruppen vom Arbeitsmarkt. Zudem ermöglicht er in vielen Bereichen eine Steigerung von Lebensqualität, produziert aber zugleich ökologische Folgekosten und Krisen von globalem Ausmaß.

Die Erkenntnis und das Bewusstsein, dass gesellschaftliche Gegebenheiten geschichtlich entstanden und somit auch veränderbar sind, können Menschen ermutigen, als handelnde Subjekte aktiv für die eigenen Rechte und darüber hinaus noch umfassender aus einer globalen Perspektive der Solidarität für soziale Gerechtigkeit einzutreten. Ähnlich wie Freire strebte auch Ruth C. Cohn danach, mit der TZI zu einer Humanisierung der Gesellschaft beizutragen. Bis ins hohe Alter hat sie sich persönlich insbesondere für Fragen der Ökologie und des Friedens eingesetzt (Cohn, 1993, S. 106 f.). Diese Fragen sind heute aktueller denn je.

Angesichts der europaweit zu beobachtenden Tendenzen der Ausgrenzung und Abschottung gegenüber so bezeichneten Fremden zeigt beispielsweise Matthias Scharer, dass die TZI mit ihren vielfältigen Handlungsansätzen dazu beitragen kann, diesen Entwicklungen mit einem couragierten Eintreten für »Vielheit« zu begegnen (Scharer, 2019).

4 Mit Hoffnung leben in einer konfliktreichen Welt

Ruth C. Cohn hat die TZI als eine »Pädagogik für alle« (1975) entwickelt. Mit Bezug auf den eingangs zitierten Text von Václav Havel lässt sie sich darüber hinaus als eine Pädagogik der Hoffnung beschreiben. Es wäre nun gleichermaßen naiv wie vermessen, mit der TZI die Welt retten zu wollen. Die TZI ist kein Heilsversprechen, mit dem sich die drängenden und hochkomplexen Probleme der Gegenwart einfach lösen, geschweige denn auflösen lassen. Die vorangegangenen Ausführungen haben jedoch gezeigt, dass sich mit der TZI ganz konkrete Entwicklungsräume und Verständigungsprozesse initiieren und gestalten lassen, in denen Menschen gemeinsam und solidarisch an einer menschenwürdigen Gestaltung unseres zwischenmenschlichen, gesellschaftlichen und globalen Zusammenlebens mitwirken können – quasi als Keimzellen für gesellschaftliche Transformationsprozesse. Denn solche Begegnungsräume und Verständigungsprozesse tragen in der gemeinsamen Kommunikation und Interaktion dazu bei, nach außen Zeichen der Hoffnung zu setzen und zugleich nach innen Hoffnung im Sinne von Václav Havels Zitat am Beginn dieser Einführung erfahrbar zu machen. Von einer solchen Hoffnung getragen ist auch das folgende Gedicht von Ruth C. Cohn (1990, S. 2, Herv. i. O.), mit dem dieser Beitrag abschließt:

zu wissen dass wir zählen
mit unserem Leben
mit unserem Lieben
gegen die Kälte

Für mich, für Dich, für unsere Welt.

Literatur

Bayer, M., Ostertag, M. (2019). Themenzentrierte Interaktion und Gesellschaft. Soziologische Analysen und Reflexionen. Soziale Arbeit, 68 (4), 137–145.
Beck, U. (1986). Risikogesellschaft. Auf dem Weg in eine andere Moderne. Frankfurt am Main: Suhrkamp.
Beck, U. (2007). Weltrisikogesellschaft. Auf der Suche nach der verlorenen Sicherheit. Frankfurt am Main: Suhrkamp.
Buber, M. (1992). Das dialogische Prinzip (6. Aufl.). Gerlingen: Schneider.
Cohn, R. C. (1957). »Courage – the goal of psychotherapy«. Speech given to the members and friends of the Theodor Reik Clinic, January 14, 1957. Humboldt Universität Bibliothek, Universitätsarchiv, Nachlass Cohn, Nr. 8, Blatt 115–130.
Cohn, R. C. (1975). Von der Psychoanalyse zur themenzentrierten Interaktion. Von der Behandlung einzelner zu einer Pädagogik für alle. Stuttgart: Klett-Cotta.
Cohn, R. C. (1985). Über die Bedeutung des Politischen und Kosmischen für mein Denken – Ein Gespräch. Integrative Therapie, 11 (3–4), 264–272.
Cohn, R. C. (1990). zu wissen, dass wir zählen: Gedichte, Poems. Bern: Zytglogge.
Cohn, R. C. (1993). Es geht ums Anteilnehmen. Die Begründerin der TZI zur Persönlichkeitsentfaltung. Ergänzte Neuausgabe. Freiburg im Breisgau: Herder.
Cohn, R. C., Schulz von Thun, F. (1994). Wir sind Politiker und Politikerinnen – wir alle! In R. Standhardt, C. Löhmer (Hrsg.), Zur Tat befreien. Gesellschaftspolitische Perspektiven der TZI-Gruppenarbeit (S. 30–62). Mainz: Grünewald.
Farau, A.; Cohn, R. C. (1984). Gelebte Geschichte der Psychotherapie. Zwei Perspektiven. Stuttgart: Klett-Cotta.
Freire, P. (1973). Pädagogik der Unterdrückten. Bildung als Praxis der Freiheit. Reinbek bei Hamburg: Rowohlt.
Freire, P. (2008). Pädagogik der Autonomie. Notwendiges Wissen für die Bildungspraxis. Münster: Waxmann.
Fromm, E. (2001). Haben oder Sein. Die seelischen Grundlagen einer neuen Gesellschaft (30. Aufl.). München: Deutscher Taschenbuch Verlag.
Havel, Václav (1987). Fernverhör. Ein Gespräch mit Karel Hvíždala. Aus dem Tschechischen von Joachim Bruss. Reinbek bei Hamburg: Rowohlt.

Groddeck, N. (2011). Carl Rogers. Wegbereiter der modernen Psychotherapie (3. Aufl.). Darmstadt: Wissenschaftliche Buchgesellschaft.
Klein, I. (2016). Leiten auf Differenzierung hin. Ein Beitrag zum Thema Gruppenphasen. Themenzentrierte Interaktion, 30 (2), 44–55.
Klein, I. (2017). Gruppen leiten ohne Angst. Themenzentrierte Interaktion zum Leiten von Gruppen und Teams (16. Aufl.). Donauwörth: Auer.
Kroeger, M. (1992). Anthropologische Grundannahmen der Themenzentrierten Interaktion. In C. Löhmer, R. Standhardt (Hrsg.), TZI. Pädagogisch-therapeutische Gruppenarbeit nach Ruth C. Cohn (S. 93–124). Stuttgart: Klett-Cotta.
Löhmer, C.; Standhardt, R. (1992). Zum 80. Geburtstag von Ruth C. Cohn. Report Psychologie, 17 (9), 31–34.
Matzdorf, P.; Cohn, R. C. (1992). Das Konzept der Themenzentrierten Interaktion. In C. Löhmer, R. Standhardt, (Hrsg.), TZI. Pädagogisch-therapeutische Gruppenarbeit nach Ruth C. Cohn (S. 39–92). Stuttgart: Klett-Cotta.
Ockel, A.; Cohn R. C. (1992). Das Konzept des Widerstands in der Themenzentrierten Interaktion. Vom psychoanalytischen Konzept des Widerstands über das TZI-Konzept der Störung zum Ansatz einer Gesellschaftstherapie. In C. Löhmer, R. Standhardt, (Hrsg.), TZI. Pädagogisch-therapeutische Gruppenarbeit nach Ruth C. Cohn (S. 177–206). Stuttgart: Klett-Cotta.
Ostertag, M. (2001). Kommunikative Pädagogik und multikulturelle Gesellschaft. Eine Studie zur systematischen Begründung Interkultureller Pädagogik durch eine kommunikative Bildungstheorie. Opladen: Leske und Budrich.
Ostertag, M. (2012). Störungen und Klärungen. Zur hochschuldidaktischen Bedeutung des Störungspostulats der TZI. Sozialmagazin, 37 (11), 50–57.
Ostertag, M. (2013). Verstehen ist nicht alles. Perspektiven interkultureller Pädagogik. Forum Erwachsenenbildung, 46 (1), 32–36.
Ostertag, M. (2015). TZI und Bildungstheorie. Erste Schritte einer Verortung. Soziale Arbeit 64 (8), 282–286.
Ostertag, M. (2017). Von Ruth Cohn und Paulo Freire lernen. Annäherungen an eine bildungstheoretisch fundierte Hochschuldidaktik. In T. Miller, M. Ostertag, (Hrsg.), Hochschulbildung. Wiederaneignung eines existenziell bedeutsamen Begriffs (S. 123–133). Berlin/Boston: De Gruyter.
Ostertag, M. (2018). Unterwegs zu einer Pädagogik der Verständigung. Bildungstheoretische Zugänge zur Themenzentrierten Interaktion (TZI). Dialogische Erziehung, 21 (1–2), 36–46.
Ostertag, M. (2020). Themenzentrierte Interaktion als Theorie und Praxis der Verständigung. Eine Pädagogik der Hoffnung. Soziale Arbeit, 69 (8), 303–311.
Raab, J. (2019). »Fuck you Prüfung, mein Weg sie zu meistern« – Reflexion der Erfahrungen in einer TZI-basierten Seminarreihe für junge Erwachsene in einer beruflichen Fördermaßnahme. Unveröffentlichte Projektarbeit im Masterstudiengang Angewandte Bildungswissenschaften an der Evangelischen Hochschule Nürnberg.

Reiser, H. (1987). Ruth Cohn und Martin Buber. In K. Hahn, K. Schütz, M. Schraut-Birmelin, C. Wagner (Hrsg.), Gruppenarbeit: themenzentriert. Entwicklungsgeschichte, Kritik und Methodenreflexion (S. 38–46). Mainz: Grünewald.

Rogers, C. R. (2019). Der neue Mensch (12. Aufl.). Stuttgart: Klett-Cotta.

Rosa, H. (2016). Resonanz. Eine Soziologie der Weltbeziehung. Berlin: Suhrkamp.

Rosa, H., Endres, W. (2016). Resonanzpädagogik. Wenn es im Klassenzimmer knistert. Weinheim und Basel: Beltz.

Rosenberg, M. B. (2006). Die Sprache des Friedens sprechen – in einer konfliktreichen Welt. Was Sie als Nächstes sagen, wird Ihre Welt verändern. Paderborn: Junfermann.

Rosenberg, M. B. (2016). Gewaltfreie Kommunikation. Eine Sprache des Lebens. Paderborn: Junfermann.

Scharer, M. (2017). Ruth C. Cohns Themenzentrierte Interaktion (TZI) in der interreligiösen Begegnung. In T. Krobath, A. Shakir, P. Stöger (Hrsg.), Buber begegnen. Interdisziplinäre Zugänge zu Martin Bubers Dialogphilosophie (S. 101–118). Wuppertal: Arco.

Scharer, M., (2019). Vielheit couragiert leben. Die politische Kraft der Themenzentrierten Interaktion (Ruth C. Cohn) heute. Ostfildern: Matthias Grünewald.

Scharer, M., unter Mitarbeit von Scharer, M. (2020). Ruth C. Cohn. Eine Therapeutin gegen totalitäres Denken. Ostfildern: Patmos.

2 Theoretische Grundlagen und Perspektiven

MARGIT OSTERTAG
Bildungstheoretische Zugänge zur Themenzentrierten Interaktion
Eine Pädagogik der Verständigung[1]

Zusammenfassung: In diesem Beitrag werden bildungstheoretische Anschlussmöglichkeiten der Themenzentrierten Interaktion (TZI) untersucht und entwickelt. Dabei wird deutlich, dass die TZI vor dem Hintergrund ihrer anthropologischen und ethischen Grundannahmen als eine Pädagogik der Verständigung verstanden und ausgewiesen werden kann. Der Gedankengang umfasst im Wesentlichen folgende Schritte: Zunächst wird der Zusammenhang von TZI und Bildungstheorie entwickelt. Auf dieser Basis werden anthropologische und ethische Grundlagen der TZI in bildungstheoretische Kontexte hinein erweitert und neu durchdacht. In der Zusammen- und Weiterführung dieser Überlegungen lässt sich Bildung schließlich als Praxis der Verständigung und in der Folge die TZI als Pädagogik der Verständigung kennzeichnen. Als bildungstheoretische Bezugspunkte dienen insbesondere die Pädagogik der Kommunikation von Klaus Schaller und die Pädagogik der Autonomie von Paulo Freire.

---

1 Dies ist die aktualisierte und erweiterte Fassung eines Beitrags, der 2018 in der Zeitschrift »Dialogische Erziehung« erschienen ist (Ostertag, 2018).

1 TZI und Bildungstheorie

Die TZI ist als Methode in der pädagogischen Praxis weit verbreitet, wird in der pädagogischen Theorie jedoch kaum zur Kenntnis genommen. So enthalten beispielsweise weder die »Hauptwerke der Pädagogik« (Böhm, Fuchs u. Seichter, 2011) noch die »Klassiker der Pädagogik« (Dollinger, 2012) einen Hinweis auf Ruth C. Cohn bzw. die Themenzentrierte Interaktion. In dem zweiteiligen Herausgeberband »Klassiker der Pädagogik« von Heinz-Elmar Tenorth wird immerhin mit einem Satz ihr Einfluss auf die Ecole d'Humanité erwähnt (Tenorth, 2012, S. 94).

Seit vielen Jahren bemüht sich Helmut Reiser um eine theoretische Grundlegung der TZI als Pädagogik. Hinsichtlich der Frage, was denn eine Theorie als eine *pädagogische* Theorie kennzeichnet, knüpft er jedoch nicht an bildungstheoretische Überlegungen an. Vielmehr beschränkt er sich auf die Feststellung, dass die TZI ein pädagogisches Konzept sei, »da sie von professionell geschulten Personen angewandt wird, um die Entwicklung von Personen […] werte- und zielorientiert zu beeinflussen« (Reiser, 2014, S. 69). Eine hinreichende Begründung und Differenzierung liefert diese Beschreibung jedoch nicht, trifft sie doch in gewisser Weise beispielsweise auch auf Theolog*innen, Psycholog*innen oder Politiker*innen zu.

Voraussetzung für eine profiliertere Verankerung im pädagogischen Fachdiskurs wäre indessen eine spezifisch bildungstheoretische Fundierung der TZI (Ostertag, 2015 u. 2017). Um im Weiteren eine bildungstheoretische Perspektive auf die TZI zu entfalten, wird zu Beginn der Ansatz der TZI knapp umrissen (siehe ausführlicher dazu Ostertag, Teil 1 in diesem Band). In einem nächsten Schritt werden die für diesen Diskurs zentralen Begriffe *Lernen* und *Bildung* voneinander abgegrenzt. Daran anknüpfend wird der Zusammenhang von TZI und Bildungstheorie eröffnet.

1.1 Grundzüge der TZI

Im Mittelpunkt der TZI steht die Idee, »lebendiges Lernen« zu ermöglichen. Diese Begrifflichkeit steht für ein ganzheitliches Lernen, das sich nicht auf kognitive Aspekte beschränkt, sondern neben dem Denken auch das Fühlen und Erleben des Menschen betrifft (Matzdorf u. Cohn, 1992, S. 39 f.). Kennzeichnend für lebendige Lernprozesse ist darüber hinaus, dass die (Lern-)Inhalte respektive die anstehenden Aufgaben auf der einen Seite und die beteiligten Menschen auf der anderen Seite als gleichermaßen wichtig wahrgenommen werden. In diesem Sinn geht es um eine immer wieder neu auszubalancierende Ausgewogenheit von Person- und Aufgabenorientierung, die Ruth C. Cohn folgendermaßen zum Ausdruck bringt: »Ich vertrete das Thema und die Wichtigkeit der Personen und ihrer Kommunikation. Gefühle und Gedanken sind mir gleich wichtig« (Farau u. Cohn, 1984, S. 343). Anliegen der TZI ist es, mit diesen lebendigen Lernprozessen an der Gestaltung eines menschlichen, eines humanen Zusammenlebens mitzuwirken, eine »Evolution der Menschlichkeit« (Farau u. Cohn, 1984, S. 339) zu unterstützen.

Entwickelt wurde die TZI von Ruth C. Cohn, die als bedeutende Vertreterin der humanistischen Psychologie gilt. Ein kurzer Blick auf das Leben von Ruth C. Cohn (1912–2010) kann den Zugang zur TZI eröffnen und deren Verständnis vertiefen. Als Jüdin in Berlin geboren emigrierte sie in den 1930er Jahren für einige Jahre in die Schweiz und dann für mehrere Jahrzehnte in die USA (Löhmer u. Standhardt, 1992). Von der Psychoanalyse geprägt und vor dem Hintergrund ihrer eigenen Lebensgeschichte war ihr Bestreben, ein pädagogisch-therapeutisches Konzept (Cohn, 1975, S. 176 ff.) zu entwickeln, das dazu beiträgt, gesellschaftliche Entwicklungen wie die des Nationalsozialismus künftig zu verhindern – oder positiv formuliert: zu einer Humanisierung der Gesellschaft beizutragen. »Von Anfang an [...], seit meinen Erfahrungen in der Nazizeit, wollte ich einen Weg finden, gesellschaftstherapeutisch zu arbeiten, pädagogisch und politisch« (Farau u. Cohn, 1984, S. 323). Nachdem sie auf dem Boden jahrelanger psychotherapeutischer Praxis in den USA die TZI im Zusammenhang der humanistischen Bewegung konzipiert hatte, kehrte Ruth C. Cohn in den 1970er Jahren dauerhaft nach Europa zurück, wo die TZI mit ihrer Idee des lebendigen Lernens seitdem Verbreitung findet. Vor diesem Hintergrund wird die TZI üblicherweise im humanistisch-psychologischen Kontext verortet. So war Ruth C. Cohn unter anderem inspiriert von Fritz Perls und der Gestalttherapie (Farau u. Cohn, 1984, S. 299 ff.), von Jakob L. Moreno und dem Psychodrama (S. 257 f.) sowie von Carl Rogers und seinem klientenzentrierten Ansatz (S. 288 f.). Ruth C. Cohns Anspruch, mit der TZI *pädagogisch* tätig und wirksam zu sein, wurde auf einer praktischen Ebene sehr erfolgreich verwirklicht, ohne jedoch gleichzeitig in theoretischer Hinsicht eine entsprechende Flankierung zu erfahren.

1.2 Lernen und Bildung – eine vergleichende Betrachtung

Bei *Lernen* handelt es sich um einen pädagogischen Grundbegriff, der Prozesse beschreibt, in denen Menschen ihr Wissen, ihre Verhaltensweisen, ihre Einstellungen etc. verändern. Käte Meyer-Drawe betont in diesem Zusammenhang: »Lernen ist nicht nur Erkennen. Es hat viele Facetten, welche den Menschen als leibliches Wesen betreffen. [...] Lernen ist in pädagogischer Perspektive und in strengem Sinne eine *Erfahrung*« (2008, S. 15, Herv. i. O.). Das heißt, der ganze Mensch mit seinen Gedanken und Gefühlen sowie seiner Lebensgeschichte ist am Lernen beteiligt.

Bildung bezeichnet einen Prozess, bei dem ebenfalls der Mensch als Subjekt, das sich bildet, im Mittelpunkt steht. Während beim Begriff des Lernens jedoch eher das Was und Wie bedeutsam ist, wird mit dem Bildungsbegriff die Frage nach dem Warum und Wozu von Bildungsprozessen aufgeworfen. Der Bildungsbegriff kann verstanden werden als Begründungs- und Legitimationshorizont für pädagogisches Denken und Handeln. Es geht um den Selbst- und Weltbezug des Menschen – oder anders: um die Frage, auf welche Vision von Mensch-Sein und auf welchen Entwurf von Welt hin sich Menschen in ihren Bildungsprozessen entwickeln. Mensch sein respektive menschlich sein umfasst pädagogisch gesehen dementsprechend immer auch eine normative Dimension.

Bernd Lederer bringt den Unterschied zwischen den beiden Begriffen pointiert auf den Punkt: »Bildung umfasst ungleich mehr, sie ist sowohl Ziel, Prozess als auch Zustand, eine Qualität menschlichen Seins und Ausdruck der Persönlichkeit. Lernen hingegen ist genau genommen letztlich Mittel zum Zweck der Bildung« (2013, S. 17 f.). Mit Bildungsprozessen sind insofern im Unterschied bzw. in Erweiterung zu Lernprozessen immer auch ethische Fragen der Verantwortung und der (Mit-)Menschlichkeit angesprochen.

Dafür, dass der Fokus der TZI auf dem Begriff des Lernens und nicht auf dem der Bildung liegt, lassen sich mehrere mögliche Gründe anführen: Zum einen war Ruth C. Cohn von psychoanalytischen und psychologischen Kontexten geprägt. Während der Begriff der Bildung ein Spezifikum der pädagogischen Theorie und Wissenschaft ist, erfährt der Begriff des Lernens auch in der Psychologie Beachtung und dürfte insofern eher zugänglich gewesen sein. Zum anderen hat Ruth C. Cohn zunächst im englischen Sprachraum geforscht und veröffentlicht. Im Englischen gibt es jedoch für den deutschen Begriff Bildung keine Entsprechung, was nicht nur eine Frage der Übersetzung, sondern auch ein Ausdruck seiner Wort- und Bedeutungsgeschichte ist. Darüber hinaus war Ruth C. Cohn nicht so sehr an der Verortung der TZI im (erziehungs- und bildungs-)wissenschaftlichen Kontext interessiert, sondern vielmehr an ihrer praxisorientierten Vermittlung und Wirksamkeit. So schreibt sie im Rückblick auf die Jahre in den USA: »Ich war amerikanisiert, pragmatisiert. Es kam mir auf den praktischen Erfolg an« (Farau u. Cohn, 1984, S. 208).

Gegenstand der Pädagogik als Wissenschaft ist die Bildung des Menschen. Die wissenschaftliche, systematische Auseinandersetzung mit diesem Gegenstand wird auch als Bildungstheorie bezeichnet und umfasst insbesondere anthropologische und ethische Dimensionen.

Um die TZI in bildungstheoretische Kontexte hinein zu entfalten, gilt die Aufmerksamkeit nun ihrem Anschluss an etablierte Bildungstheorien, die eine inhaltliche Nähe zur TZI aufweisen. Als aussichtsreich erweisen sich hierbei die »Pädagogik der Kommunikation« von Klaus Schaller, die im erziehungswissenschaftlichen Theoriediskurs seit langem anerkannt ist, sowie die »Pädagogik der Autonomie« von Paulo Freire. Kira Funke hat 2010 in einer überaus kenntnisreichen und profunden Untersuchung zu Werk, Wirkung und Aktualität von Paulo Freire dessen bildungstheoretische Bedeutung überzeugend herausgearbeitet und damit (wieder) den Anschluss an den aktuellen pädagogischen Theoriediskurs ermöglicht. Hinzukommt, dass schon Ruth C. Cohn selbst immer wieder inhaltliche Verbindungslinien zu der Pädagogik von Paulo Freire aufgezeigt hat (Ockel u. Cohn, 1992, S. 201), die von verschiedenen Autor*innen aufgegriffen worden sind (Matzdorf, 1992; Hagleitner, 1996; Ostertag, 2015 u. 2017).

2 Anthropologische und ethische Dimensionen der TZI

Der pädagogische Fokus der TZI liegt vielfach eher auf Methodik und Didaktik, die in Theorie und Praxis differenziert entwickelt sind. Die wissenschaftliche, bildungstheoretisch motivierte Auseinandersetzung mit anthropologischen und ethischen Dimensionen findet hingegen weniger Beachtung. »Mir [Ruth C. Cohn] war ursprünglich nur bewußt, daß ich eine Methodik zum Selbst- und Gruppenleiten erarbeitet und weitergegeben hatte, die ein gutes pädagogisch-therapeutisches und therapeutisch-politisches Potential besaß, ohne daß ich viel über die Ethik, die der TZI zugrunde liegt, nachgedacht hatte. [...] Es war notwendig, die Bindung an die ethische Wertaxiomatik als TZI-systemimmanent explizit auszusprechen« (Farau u. Cohn, 1984, S. 438).

Zur differenzierten Analyse der bildungstheoretischen Anschlussmöglichkeiten der TZI werden nun im Folgenden ihre anthropologischen und ethischen Dimensionen in den Blick genommen und mit den Bildungstheorien von Klaus Schaller und Paulo Freire verknüpft. Dabei werden erstens die Axiome der TZI mit phänomenologischen Herangehensweisen in Verbindung gebracht und zweitens wird das Wesen des Menschen als ein dialogisches konturiert.

2.1 Phänomenologische Zugänge

Zusammengefasst sind die anthropologischen und ethischen Aussagen der TZI in den sogenannten Axiomen:
»1. *Der Mensch ist eine psycho-biologische Einheit und ein Teil des Universums. Er ist darum gleicherweise autonom und interdependent.* Die Autonomie des einzelnen ist umso größer, je mehr er sich seiner Interdependenz mit allen und allem bewußt wird. [...]
2. *Ehrfurcht gebührt allem Lebendigen und seinem Wachstum.* Respekt vor dem Wachstum bedingt bewertende Entscheidungen. Das Humane ist wertvoll, Inhumanes ist wertbedrohend. [...]
3. *Freie Entscheidung geschieht innerhalb bedingender innerer und äußerer Grenzen; Erweiterung dieser Grenzen ist möglich*« (Farau u Cohn, 1984, S. 357 f., Herv. i. O.).

Während Ruth C. Cohn diese Aussagen zur Wertorientierung jedoch als gesetzt und nicht weiter begründbar ansieht (Matzdorf u. Cohn,

1992, S. 54), ist aus wissenschaftlicher Perspektive eine Begründung dieser Annahmen unerlässlich. Eine existenzielle respektive konstitutive Bedeutung kommt dabei den Begriffen »*Allverbundenheit*« und »*universelle [...] Interdependenz*« zu (Cohn, 1975, S. 120, Herv. i. O.). Die Begriffe Allverbundenheit und universelle Interdependenz werden von Ruth C. Cohn zwar verschiedentlich erwähnt. Gleichwohl erfahren sie in der TZI-Rezeption keine systematische, eigene Betrachtung, vielmehr geht die universelle Interdependenz oftmals auf in der Polarität von Autonomie und Interdependenz im ersten Axiom. Das theoriekonstitutive Potenzial dieses Begriffs wird damit jedoch vernachlässigt. Philipp Rubner hat bislang als einziger den Begriff der universellen Interdependenz in seiner Darstellung des Systems der TZI explizit aufgegriffen. Er erläutert überzeugend, dass diese zum einen die drei Axiome miteinander verbinde und zum anderen auf das Sein des Menschen in der Welt hinweise (Rubner, 2008, S. 94). Eine Integration in das System der TZI im Sinne einer bildungstheoretisch fundierenden Funktion hat er noch nicht angedacht. In Verbindung mit der Pädagogik der Kommunikation von Klaus Schaller lassen sich theoriekonstitutive Bezüge zu allen drei Axiomen entfalten.

In phänomenologischer Perspektive liegt in der universellen Interdependenz, für die Klaus Schaller Begriffe wie »Inter-Subjektivität« oder »primordiale Sozialität« (Schaller, 1987, S. 13) verwendet, zuallererst der Begründungshorizont für das erste Axiom, das mit dem Adjektiv *anthropologisch* näher gekennzeichnet wird (Farau u. Cohn, 1984, S. 358). Schaller beschreibt damit jene Ebene, die der Dialektik von Autonomie und Interdependenz zugrunde liegt, ihr in fundierendem Sinn vorausgeht: »Aus diesem primordialen Sinngefüge heben sich Ich und Du als Selbst, als Subjekt, selbstbewußt ab, ohne es zu verlassen« (Schaller, 1998, S. 231) Während menschliches Leben in seinem Vollzug also zwischen den Polen Autonomie und Interdependenz aufgespannt ist, findet es seinen Ausgang und Ursprung in der universellen Interdependenz, aus der diese Polarität überhaupt erst hervorgeht.

Diese vorgängige Verbundenheit mit anderen und anderem ist für Klaus Schaller verbunden mit einem »*Logos von Gemeinsamkeit*« (1998, S. 233, Herv. i. O.), aus dem er die »Achtsamkeit auf andere und anderes als humanes Kriterium« (S. 234) ableitet. Die Parallelen zum zweiten Axiom, das Ruth C. Cohn als »*ethisches* Axiom« (Farau u. Cohn, 1984, S. 358, Herv. i. O.) bezeichnet hat, sind kaum zu übersehen. Während Ruth C. Cohn die von ihr formulierten Aussagen zur Wert- und Handlungsorientierung jedoch als »sich selbst erklärende und praktische Aussagen und deren Implikationen« (Matzdorf u. Cohn, 1992, S. 54) deklariert, intendiert Klaus Schaller eine phänomenologische Ab- und Herleitung seines Ethos der Achtsamkeit aus »dem Logos primordialer Sozialität als Fundament menschlicher Existenz« (Schaller, 1998, S. 233). Mit anderen Worten: Da menschliches Leben in der universellen Interdependenz, also in der vorgängigen Verbundenheit mit anderen und anderem gründet, ist es für Menschen existenziell sinnvoll und notwendig, achtsam mit anderen und anderem umzugehen. Denn in Anbetracht der existenziellen Verbundenheit würde jede Handlung, die andere(s) verletzt, letztlich dem Handelnden selbst schaden.

Das dritte »pragmatisch-politische Axiom« (Farau u. Cohn, 1984, S. 358) beschreibt menschliches Handeln in der Dialektik von Freiheit und Grenzen. Als Teil der menschlichen Geschichte und in unserem individuellen Gewordensein sind wir immer wieder mit äußeren und inneren Bedingungen konfrontiert, die unser Handeln einschränken und begrenzen. Gleichzeitig sind wir diesen Bedingungen aber nicht hilflos ausgeliefert, sondern können individuelle und gesellschaftliche Entwicklungsschritte und Veränderungen mitgestalten. Als ausdrücklich politischer Pädagoge bringt Paulo Freire dies folgendermaßen auf den Punkt: »Die Welt ist nicht vorgegeben, die Welt ist im ständigen Werden. Als Subjekt, welches neugierig und intelligent ist und in das Objektive, mit dem ich in einer dialektischen Beziehung stehe, eingreift, kann meine Rolle in der Welt nicht auf ein Zur-Kenntnis-Nehmen des Geschehens beschränkt sein, sondern ich greife als Mensch in das Geschehen ein. Ich bin nicht nur ein Objekt der *Geschichte,* sondern ebenso ihr Subjekt« (Freire, 2008, S. 71, Herv. i. O.).

In seiner vergleichenden Untersuchung der Ansätze von Ruth C. Cohn und Paulo Freire bezeichnet Paul Matzdorf den Dialog als »[den] ›Königsweg‹, integrative Autonomie in konkreten, aktuellen, existentiellen Situationen schrittweise zu verwirklichen« (1992, S. 75).

Integrative Autonomie kann dabei als ein Konzept verstanden werden, in dem die dialektischen Spannungsverhältnisse von Subjekt und Objekt, von Freiheit und Grenzen, von Autonomie und Interdependenz aufgehoben sind. Dem dialogischen Wesen des Menschen als anthropologische Dimension gilt nun vor diesem Hintergrund im Folgenden die Aufmerksamkeit.

2.2 Der Mensch als dialogisches Wesen

Die Tatsache, dass wir als Menschen unmittelbar und unausweichlich auf andere Menschen bezogen sind, kann aus psychologischer, philosophischer und pädagogischer Perspektive in den Blick genommen werden. In der humanistischen Psychologie hat die Autor*innengruppe um Paul Watzlawick diese Bezogenheit auf eine überaus kurze und eindrückliche Formel gebracht: »Man kann nicht nicht kommunizieren« (Watzlawick, Beavin u. Jackson, 2007, S. 53).

Bereits in der ersten Hälfte des 20. Jahrhunderts hat in philosophischen Zusammenhängen Martin Buber die existenzielle Bedeutung des Dialogischen als Lebensprinzip herausgearbeitet: »Ich werde am Du; Ich werdend spreche ich Du. Alles wirkliche Leben ist Begegnung. Die Beziehung zum Du ist unmittelbar« (1992, S. 15).

Im pädagogischen Kontext betont unter anderem Klaus Schaller mit seiner phänomenologischen Auslegung des Begriffs der Kommunikation die tiefe Bedeutung der existenziellen Verbundenheit mit dem Anderen: »Der Vollzug von Mit-sein als Kommunikation geht dem Du-sagen eines Ich, geht den Subjekten voraus: nicht in einem zeitlichen, sondern in einem fundierenden, primordialen Sinne liegt er ›unter‹ ihnen. Darum spreche ich auch von Inter-(Bindestrich)-Subjektivität. [...] ›Inter‹ signalisiert Wechselseitigkeit und Gemeinsamkeit als umgreifende und fundierende Dimension [...]« (Schaller, 1987, S. 45). Diese Gedanken führen in die Nähe dessen, was in der TZI mit dem Begriff der universellen Interdependenz zum Ausdruck gebracht wird.

Auf dieser Basis kann das dialogische Wesen des Menschen in seiner Bedeutung für alle drei Axiome – bezeichnet als anthropologisch, ethisch und politisch-pragmatisch (vgl. 2.1) – entfaltet werden. In *anthropologischer* Hinsicht lässt sich mit Paulo Freire der Dialog beschreiben »als die Weise, durch die Menschen ihrem Sinn als

Menschen gerecht werden. So ist der Dialog eine existentielle Notwendigkeit« (1973, S. 72).

Hinsichtlich des *ethischen* Axioms lässt sich daraus ableiten, dass menschliches Handeln sich daran zu orientieren hat, zum einen im und durch den Dialog Entwicklungsräume und gemeinsame Sinnhorizonte für alle Beteiligten zu eröffnen sowie zum anderen allen Menschen die Teilhabe am Dialog zu ermöglichen, insbesondere auch marginalisierten Gruppen.

Der Gedanke der Teilhabe berührt dann auch bereits die *politisch-pragmatische* Ebene. Klaus Schaller stellt Kommunikation in den Dienst der Demokratie (1998, S. 219 ff.) und Paulo Freire spricht davon, dass »der Dialog jene Begegnung ist, in der die im Dialog Stehenden ihre gemeinsame Aktion und Reflexion auf die Welt richten, die es zu verwandeln und zu vermenschlichen gilt« (1973, S. 72). Auf dieser dritten Ebene wird nicht zuletzt der gesellschaftskritische bzw. politische Impetus der TZI berührt und thematisiert, der zugleich die dialogische bzw. verständigungsorientierte Praxis der Bildung durchdringt.

3 Bildung als Praxis der Verständigung

Auf Basis der vorangegangenen anthropologisch-ethischen Ausführungen lässt sich Bildung in der Konsequenz als eine Praxis der Verständigung beschreiben. Der Gedanke, Bildung in dieser Weise zu verstehen, ist gleichermaßen inspiriert von der phänomenologischen Pädagogik der Kommunikation von Klaus Schaller sowie der dialogischen Pädagogik der Autonomie von Paulo Freire. Die Formulierung »Bildung als Praxis der Verständigung« ist bewusst in assoziativer Anlehnung an den Buchuntertitel von Paulo Freires »Pädagogik der Unterdrückten« (1973) gewählt: »Bildung als Praxis der Freiheit«. Gleichzeitig wird zum Ausdruck gebracht, dass es in der Pädagogik nicht ausschließlich um die subjektive Freiheit des Menschen gehen kann, sondern vielmehr um die Polarität von Freiheit und Verbundenheit, wie sie im gemeinsamen, inter-subjektiven Ringen um Verständigung er- und gelebt wird.

Der Fokus liegt dabei zunächst auf dem Aspekt der Selbst- und Mitverantwortung. Von zentraler Bedeutung ist zudem die politische

Dimension von Bildung, die zugleich wesentliches Merkmal der TZI als Pädagogik der Verständigung ist.

3.1 Selbst- und Mitverantwortung

Eingangs wurde erläutert, dass im Bildungsbegriff das Selbst- und Weltverhältnis des Menschen aufscheint, auch in normativer Weise. Im Vollzug von Bildung geht es mithin darum, sich in seinem Eingebundensein in die Welt mit anderen und anderem zu reflektieren. In der TZI findet sich mit dem sogenannten Chairperson-Postulat ein Element, das genau in diesem Sinn dazu auffordert, sich und die anderen wahrzunehmen und verantwortlich zu handeln.

*»Sei dein eigener Chairman/Chairwoman,
sei die Chairperson deiner selbst.*

Dies bedeutet:
- Sei dir deiner inneren Gegebenheiten und deiner Umwelt bewußt.
- Nimm jede Situation als Angebot für deine Entscheidung. Nimm und gib, wie du es verantwortlich für dich selbst und andere willst« (Farau u. Cohn, 1984, S. 358f., Herv. i. O.).

Bildung zeigt sich in der Fähigkeit und der Bereitschaft, die eigene innere Welt und die äußere Welt differenziert wahrzunehmen. Die bewusste Reflexion dieser inneren und äußeren Wahrnehmungen ist ein wesentliches Element, ein Ausdruck von Bildung und zugleich Grundlage für verantwortliches Entscheiden und Handeln.

Diesem Prozess des Bewusstwerdens kommt sowohl in der TZI (Matzdorf u. Cohn, 1992, S. 42) als auch in der Bildungstheorie von Paulo Freire zentrale Bedeutung zu. Für Paulo Freire impliziert der Prozess des Bewusstwerdens einen Akt der Befreiung, weshalb er Bildung eben auch als »Praxis der Freiheit« (Freire, 1973, S. 66) bezeichnet. Im Kontext der TZI kann der Prozess des Bewusstwerdens bzw. kann das Chairperson-Postulat verstanden werden als Ermutigung, sich nicht anzupassen, sondern sich individuell einzubringen und zu positionieren. Eine egozentrische Selbstverwirklichung ist damit jedoch nicht intendiert, vielmehr geht es um die Ermöglichung von lebendiger Individualität und Vielfalt, die gleichzeitig durch gegenseitige Achtsamkeit begrenzt wird (Farau u. Cohn, 1984, S. 436f.).

In bildungstheoretischer Perspektive lässt sich in einer kurzen Zusammenschau festhalten: Bildung als Prozess der bewussten Wahrnehmung und Entscheidung äußert sich in einem ersten Schritt darin, dass ich (Selbst-)Verantwortung für mich und mein Handeln übernehme. Angesichts des Umstands, dass wir unausweichlich mit anderen in einer gemeinsamen Welt leben, ist jeder Mensch darüber hinaus in seiner Mitverantwortung für die Gestaltung unseres Zusammenlebens gefragt.

Zwei miteinander verbundene Argumentationslinien führen an dieser Stelle schließlich zur Notwendigkeit von Verständigungsprozessen: Zum einen ist die individuelle Mitverantwortung jedes einzelnen Menschen unweigerlich mit der Frage verbunden, wie wir gemeinsam die Verantwortung für unsere (Lebens-)Welt wahrnehmen können und wollen – darüber müssen wir uns miteinander verständigen. Zum anderen unterstützt der Ansatz der TZI, wie oben ausgeführt, grundsätzlich und gerade auch in Fragen der Selbst- und Mitverantwortung die Entwicklung individueller Perspektiven und Positionen. Die dadurch entstehende Vielfalt macht Verständigungsprozesse ebenfalls unerlässlich.

Eigens zu betonen ist der damit notwendigerweise verbundene Prozesscharakter von Bildung, der auch Anschlussmöglichkeiten an andere wissenschaftliche Fachdiskurse eröffnet. So entwickelt Hartmut Rosa (2016) mit dem Begriff der »Resonanz« eine innovative soziologische Perspektive, die diesem pädagogischen Grundgedanken entspricht, dass Bildung prozesshaft und darüber hinaus ein Beziehungsbegriff ist. Bildung ist nicht zu reduzieren auf individuelle Fähigkeiten oder Eigenschaften, über die gebildete Menschen verfügen, vielmehr zeigt und verwirklicht sie sich im individuellen Mensch und menschlich sein. Erinnert sei hier auch an Erich Fromms Unterscheidung der beiden menschlichen Daseinsweisen Haben und Sein (Fromm, 2001). Bildung ereignet sich, wenn Menschen in gemeinsamen Such- und Verständigungsprozessen ihre Selbst- und Mitverantwortung für das menschliche Zusammenleben wahrnehmen.

Hervorzuheben ist zudem die triadische Struktur von Verständigung: Zwei (oder mehr) Menschen verständigen sich über ein Drittes – eine gemeinsame Aufgabe respektive ein Thema. Ziel ist dabei nicht die Nivellierung der individuellen Positionen durch einen generellen Konsens. Angestrebt wird vielmehr eine situative Verbindlichkeit, der alle Beteiligten zustimmen können (Ostertag, 2013, S. 34 f.).

Im Modell der TZI ist die triadische Struktur um einen vierten Faktor erweitert. Die Welt, in der wir leben, taucht in diesem Modell in doppelter Weise auf: zum einen als bedingender Kontext und zum anderen als inhaltlicher Gegenstand der Verständigungsprozesse. Zusammenfassend stellen Paul Matzdorf und Ruth C. Cohn heraus, dass der Mensch »in seiner Autonomie (Ich-Aspekt) ein dialogisches Wesen (Wir-Aspekt) [ist], das sich in der dialogischen Interaktion mit einem Stückchen der Welt befaßt (thematischer Aspekt), in der es mit anderen Menschen lebt (Globe)« (Matzdorf u. Cohn, 1992, S. 74). Mit dem ausdrücklichen Bezug auf den Kontext – in der TZI GLOBE genannt – ist der Blick auf die politische Dimension von Bildung eröffnet.

3.2 Zur politischen Dimension von Bildung

Letztlich kann die politische Dimension von Bildung unmittelbar auf anthropologisch-ethische Grundlagen zurückgeführt werden. In der existenziellen Verbundenheit mit anderen in der Welt finden wir uns immer wieder neu in sozialen Situationen vor, die uns auffordern, Antworten zu geben, oder mit anderen Worten: Ver-antwortung zu übernehmen. Ruth C. Cohn bringt diesbezüglich die Stichworte Teilhabe und Anteilnehmen ins Spiel. »Ich bin als ganze Person Teilhaberin von dieser Welt, das bin ich, dazu tue ich nichts – aber das *Anteilnehmen* bedeutet für mich *politisch* sein. Da ich Teilhaberin bin, ob ich will oder nicht, habe ich damit die menschliche Aufgabe, politisch, das heißt für die Gemeinschaft tätig, zu sein« (Cohn u. Schulz von Thun, 1994, S. 53, Herv. i. O.).

Der sogenannte GLOBE, die Gemeinschaft, in der wir leben, umfasst nicht zuletzt gesellschaftliche Gegebenheiten und Strukturen. Paulo Freire wird nicht müde zu betonen, wie wichtig es ist, die gesellschaftliche Situation nicht schlicht als naturgegeben hinzunehmen, sondern sie zu hinterfragen. Als eine Art Zwischenergebnis einer geschichtlichen Entwicklung ist die jeweils aktuelle Wirklichkeit nicht statisch fixiert, sondern veränderbar. In diesem Sinn versteht Paulo

Freire seine Pädagogik der Autonomie als einen hoffnungsvollen Widerstand gegen die »fatalistische Diktatur des neoliberalen Diskurses, die bewegungsunfähig macht« (Freire, 2008, S. 22).

Prononciert politisch wird Bildung folglich, wenn der Fokus der Verständigungsprozesse auf gesellschaftlichen Zusammenhängen liegt. Konstitutives Element einer solchen kritischen Analyse der Wirklichkeit sind für Paulo Freire die sogenannten generativen Themen – Themen, die als »Ideen, Werte, Konzepte und Hoffnung, aber auch [als] Hindernisse, die sich der vollen Humanisierung des Menschen in den Weg stellen« (Freire, 1973, S. 84), von existenzieller Bedeutung sind. Übergreifendes Ziel der Verständigung über generative Themen ist, dass alle Beteiligten sich als Subjekte begreifen und erleben, die Einfluss nehmen und zu einem menschlich(er)en Zusammenleben beitragen können.

Sowohl in der TZI als auch in der Pädagogik der Autonomie spielen Themen offensichtlich eine zentrale Rolle. Bei Paulo Freire ist die politische Akzentuierung über die generativen Themen offenkundig. In der TZI kommt den Themen sowohl eine anthropologische als auch eine didaktische Bedeutung zu. Didaktisch gesehen versucht die TZI, über Themen – verstanden als der »meist *verbal formulierte Fokus* der Aufmerksamkeit« (Farau u. Cohn, 1984, S. 365, Herv. i. O.) – lebendiges Lernen zu ermöglichen. Anthropologisch gesehen begegnen uns Themen in Form von Fragen bzw. Aufgaben, mit denen die Welt auf uns zukommt. Matthias Kroeger hebt hervor: »Im Verständnis der TZI wird der Mensch erst ganz Mensch mit Themen, mit Aufgaben, mit Sachen, die er zu seinen eigenen macht (1992, S. 111). Dieser anthropologische Zugang stellt zugleich die Brücke zur politischen Dimension dar, wenn und weil es sich bei diesen Themen auch um Aufgaben handelt, »die *für das Zusammenleben* von Menschengruppen wesentlich sind« (Öckel u. Cohn, 1992, S. 200 f., Herv. i. O.). Diese politische Dimension ist konstitutives Element der TZI als einer Pädagogik der Verständigung.

3.3 TZI als Pädagogik der Verständigung

Der Begriff Pädagogik geht zurück auf das griechische Wort paideia: »Paideia war damit einerseits praktische Lebensform: Sie bereitete für das gesellschaftliche Leben in der polis vor […]. Insofern war Bildung immer auch ›politische‹ (polis!) Bildung. Andererseits wurde paideia zu einem philosophisch ausformulierten Bildungsideal […]« (Gudjons u. Traub, 2016, S. 78). Ins Deutsche übersetzt werden kann Paideia mit dem Begriff der Bildung; und so bezeichnet Pädagogik, wie bereits ausgeführt, die Wissenschaft der Bildung.

Nachdem Bildung nun als eine Praxis der Verständigung beschrieben und entworfen wurde, kann die TZI als zugehörige Theorie in der Konsequenz als *Pädagogik der Verständigung* charakterisiert werden. Voraussetzung dafür, dass die TZI in diesem Sinn als eine *pädagogische* Theorie begriffen werden kann, ist eine bildungstheoretische Fundierung, wie sie in den vorangegangenen Ausführungen entwickelt wurde.

Darüber hinaus ist nicht nur die Praxis der Bildung, sondern auch die Pädagogik als Wissenschaft bzw. Theorie der Bildung nicht wertfrei oder wertneutral zu denken, sondern politisch im Sinn von gesellschaftskritisch angelegt. Denn pädagogische Theorien sind keine überzeitlichen Konstrukte, sondern vielmehr wissenschaftlich fundierte und systematische Ansätze, um bildungstheoretische Antworten auf die geschichtlich-gesellschaftlichen Herausforderungen der jeweiligen Gegenwart zu geben. In diesem Sinn ermutigt Paulo Freire dazu, seine Pädagogik als Möglichkeitsraum zu verstehen. »Deshalb muss ich stets neu gefunden und neu geschaffen werden entsprechend den Erfordernissen – den pädagogischen und politischen Erfordernissen – der jeweils spezifischen Situation. […] Freire neu zu erfinden heißt, meinen Vorschlag anzunehmen, die Geschichte als eine Möglichkeit zu sehen« (Freire, 2007, S. 130 f.). Die gleiche Kreativität ist im Umgang mit der TZI gefragt.

Tragend ist und bleibt die gemeinsame Verantwortung für die Verwirklichung von (mehr) Menschlichkeit in unserem gesellschaftlichen Zusammenleben. Denn eine politische Pädagogik hat – so Klaus Schaller – »die Überwindung vorhandener Wirklichkeit zugunsten einer besseren [im Sinne von humaneren] Wirklichkeit zum Ziele« (Schaller, 1972, S. 69). In analoger, fast identischer Weise formulieren Anita Ockel und Ruth C. Cohn den ›gesellschaftstherapeutischen‹ Anspruch der TZI: »*Die akzeptierende Haltung der TZI bedeutet Anerkennung der Realität, wie sie hier und jetzt ist, inklusive der Möglichkeit und Verantwortlichkeit, sie zu ändern*« (Ockel u. Cohn, 1992, S. 203, Herv. i. O.).

4 Resümee und Ausblick: TZI heute

Im theoretisch-konzeptionellen Durchdenken des Zusammenhangs von TZI und Bildungstheorie ist deutlich geworden, dass in der TZI und insbesondere in ihren Axiomen – wenn auch in weiten Teilen implizit – bildungstheoretische Begründungsmöglichkeiten und Perspektiven angelegt sind. Die anthropologischen und ethischen Annahmen der TZI lassen sich in bildungstheoretische Kontexte hinein entfalten und mit verschiedenen bildungstheoretischen Ansätzen des pädagogischen Theoriediskurses kreativ verbinden. Begriffe bzw. Konzepte wie Selbst- und Mitverantwortung sowie Verständigung kennzeichnen das dabei entstehende bildungstheoretische Profil der TZI als einer Pädagogik der Verständigung.

Zu hoffen bleibt, dass sich die TZI mit einer bildungstheoretischen Fundierung als Pädagogik der Verständigung stärker in die pädagogische Theoriediskussion einbringen kann, wodurch beide Seiten profitieren, sich gegenseitig inspirieren und wechselseitig Weiterentwicklungen anstoßen könnten.

Im Sinne einer sich politisch verstehenden Pädagogik gilt es darüber hinaus, das Verständigungspotenzial der TZI gesellschaftlich fruchtbar zu machen. Angesichts von gesellschaftlichen und globalen Herausforderungen, die ohne jede Übertreibung als existenziell bezeichnet werden können, ließe sich die TZI heranziehen als *»Kompaß eines humaneren Lebens«* (Matzdorf u. Cohn, 1992, S. 41, Herv. i. O.), der Orientierung für menschliches Denken und Handeln geben kann. In dieser Weise verstanden als eine Pädagogik der Verständigung bietet die TZI vielfältige Impulse für unterschiedlichste pädagogische Handlungsfelder und Bildungskontexte.

Literatur

Böhm, W., Fuchs, B., Seichter, S. (Hrsg.) (2011). Hauptwerke der Pädagogik. Durchgesehene und erweiterte Studienausgabe. Paderborn: Ferdinand Schöningh.

Buber, M. (1992). Das dialogische Prinzip (6. Aufl.). Gerlingen: Schneider.

Cohn, R. C. (1975). Von der Psychoanalyse zur themenzentrierten Interaktion. Von der Behandlung einzelner zu einer Pädagogik für alle. Stuttgart: Klett-Cotta.

Cohn, R. C., Schulz von Thun, F. (1994). Wir sind Politiker und Politikerinnen – wir alle! In R. Standhardt, C. Löhmer (Hrsg.), Zur Tat befreien. Gesellschaftspolitische Perspektiven der TZI-Gruppenarbeit (S. 30–62). Mainz: Grünewald.

Dollinger, B. (Hrsg.) (2012). Klassiker der Pädagogik. Die Bildung der modernen Gesellschaft (3. Aufl.). Wiesbaden: VS-Verlag.

Farau, A., Cohn, R. C. (1984). Gelebte Geschichte der Psychotherapie – Zwei Perspektiven. Stuttgart: Klett-Cotta.

Freire, P. (1973). Pädagogik der Unterdrückten. Bildung als Praxis der Freiheit. Reinbek bei Hamburg: Rowohlt.

Freire, P. (2007). Bildung und Hoffnung. Münster: Waxmann.

Freire, P. (2008). Pädagogik der Autonomie. Notwendiges Wissen für die Bildungspraxis. Münster: Waxmann.

Fromm, E. (2001). Haben oder Sein. Die seelischen Grundlagen einer neuen Gesellschaft (30. Aufl.). München: Deutscher Taschenbuch Verlag.

Funke, K. (2010). Paulo Freire. Werk, Wirkung und Aktualität. Münster/New York/München/Berlin: Waxmann.

Gudjons, H., Traub, S. (2016). Pädagogisches Grundwissen (12., Aufl.). Bad Heilbrunn: Julius Klinkhardt.

Hagleitner, S. (1996). Mit Lust an der Welt – in der Sorge um sie: feministisch-politische Bildungsarbeit nach Paulo Freire und Ruth C. Cohn. Mainz: Matthias-Grünewald.

Kroeger, M. (1992). Anthropologische Grundannahmen der Themenzentrierten Interaktion. In C. Löhmer, R. Standhardt (Hrsg.), TZI. Pädagogisch-therapeutische Gruppenarbeit nach Ruth C. Cohn (S. 93–124). Stuttgart: Klett-Cotta.

Lederer, B. (2013). Was ist Bildung nicht? Über Ähnliches, aber nicht Gleiches. In B. Lederer (Hrsg.), »Bildung«: was sie war, ist, sein sollte. Zur Bestimmung eines strittigen Begriffs. Fortführung der Diskussion (S. 11–55). Baltmannsweiler: Schneider-Verlag Hohengehren.

Löhmer, C., Standhardt, R. (1992). Zum 80. Geburtstag von Ruth Cohn. Report Psychologie, 17 (9), 31–34.

Matzdorf, P. (1992). Die »Problemformulierende Methode« Paulo Freires und Ruth C. Cohns »Themenzentrierte Interaktion«. Versuch eines pädagogischen Kommentars. Zweiter Teil. Themenzentrierte Interaktion, 6 (1), 56–79.

Matzdorf, P., Cohn, R. C. (1992). Das Konzept der Themenzentrierten Interaktion. In C. Löhmer, R. Standhardt (Hrsg.), TZI. Pädagogisch-therapeutische Gruppenarbeit nach Ruth C. Cohn (S. 39–92). Stuttgart: Klett-Cotta.

Meyer-Drawe, K. (2008). Diskurse des Lernens. München: Wilhelm Fink.

Ockel, A., Cohn, R. C. (1992). Das Konzept des Widerstands in der Themenzentrierten Interaktion. Vom psychoanalytischen Konzept des Widerstands über das TZI-Konzept der Störungen zum Ansatz einer Gesellschaftstherapie. In C. Löhmer, R. Standhardt (Hrsg.), TZI. Pädagogisch-therapeutische Gruppenarbeit nach Ruth C. Cohn (S. 177–206). Stuttgart: Klett-Cotta.

Ostertag, M. (2013). Verstehen ist nicht alles. Perspektiven interkultureller Pädagogik. Forum Erwachsenenbildung, 46 (1), 32–36.

Ostertag, M. (2015). TZI und Bildungstheorie. Erste Schritte einer Verortung. Soziale Arbeit 64 (8), 282–286.

Ostertag, M. (2017). Von Ruth Cohn und Paulo Freire lernen. Annäherungen an eine bildungstheoretisch fundierte Hochschuldidaktik. In T. Miller, M. Ostertag (Hrsg.), Hochschulbildung. Wiederaneignung eines existenziell bedeutsamen Begriffs (S. 123–133). Berlin/Boston: De Gruyter.

Ostertag, M. (2018). Unterwegs zu einer Pädagogik der Verständigung. Bildungstheoretische Zugänge zur Themenzentrierten Interaktion (TZI). Dialogische Erziehung, 21 (1–2), 30–40.

Reiser, H. (2014). Vorschlag für eine theoretische Grundlegung der Themenzentrierten Interaktion. Themenzentrierte Interaktion, 28 (2), 69–77.

Rosa, H. (2016). Resonanz. Eine Soziologie der Weltbeziehung. Berlin: Suhrkamp.

Rubner, Philipp (2008). Das System der TZI – das 3 × 4-Faktorenmodell. Themenzentrierte Interaktion, 22 (2), 86–94.

Schaller, Klaus (1972). Die politische Pädagogik des J. A. Comenius. Acta Comeniana, 12 (3), 67–77.

Schaller, K. (1987). Pädagogik der Kommunikation. Annäherungen. Erprobungen. Sankt Augustin: Hans Richarz.

Schaller, K. (1998). Die Pädagogik der Kommunikation – bildungstheoretische Grundlegung. Für Theodor Ballauff (1911–1995) in dankbarer Erinnerung. Vierteljahrsschrift für wissenschaftliche Pädagogik, 74 (3), 219–234.

Tenorth, H.-E. (Hrsg.) (2012). Klassiker der Pädagogik. Zweiter Band: Von John Dewey bis Paulo Freire (2. Aufl.). München: Beck.

Watzlawick, P., Beavin, J. H., Jackson, D. D. (2007). Menschliche Kommunikation. Formen, Störungen, Paradoxien (11. Aufl.). Bern: Hans Huber.

MARGIT OSTERTAG UND MICHAEL BAYER
Resonanzräume gestalten mit Themenzentrierter Interaktion
Reflexionen zur Verbindung der Ansätze von Ruth C. Cohn und Hartmut Rosa[1]

> *Zusammenfassung:* Ruth C. Cohn hat mit der Themenzentrierten Interaktion (TZI) das Ziel, zu einer humaneren Gesellschaft beizutragen. Hartmut Rosa zeigt in seiner kritischen Gesellschaftsanalyse auf, dass das menschliche Bestreben, die Welt immer verfügbarer zu machen, letztlich in soziale, ökologische und ökonomische Krisen führt. Seine Antwort auf die zunehmende Entfremdung der Menschen von sich selbst, den anderen und der Welt ist das Konzept der Resonanz. Die beiden Ansätze können sich gegenseitig inspirieren. So kann Rosas Resonanztheorie die gesellschaftskritische Dimension der TZI soziologisch fundieren, während die TZI ihrerseits zur praktischen Gestaltung von Resonanzräumen beitragen kann.

1 Unterwegs mit TZI und Soziologie

Entstanden im Zusammenhang der humanistischen Psychologie ist TZI heute vor allem in pädagogischen Kontexten weit verbreitet, während sie von Seiten der Soziologie bislang wenig rezipiert wird. Das ist umso erstaunlicher, als die TZI von Beginn an stark politisch bzw. gesellschaftlich orientiert war. »Von Anfang an jedoch, seit meinen Erfahrungen in der Nazizeit, wollte ich einen Weg finden, gesell-

---

[1] Grundlegende Vorarbeiten zu diesem Beitrag wurden von den beiden Autor*innen 2019 in der Zeitschrift »Soziale Arbeit« veröffentlicht (Bayer u. Ostertag, 2019).

schaftstherapeutisch zu arbeiten, pädagogisch und politisch« (Farau u. Cohn, 1984, S. 323).

Der von Ruth C. Cohn geprägte Begriff *Gesellschaftstherapie* ist im Kontext der TZI gleichermaßen verbreitet wie umstritten. Außer Frage steht, dass die TZI zu einer Humanisierung der Gesellschaft beitragen will (vgl. Matzdorf u. Cohn, 1992, S. 41 ff.). Kontrovers diskutiert wird jedoch die Frage, ob oder wie sich *Therapie*, verstanden als psychologisches Konzept der Behandlung von Individuen, auf eine Gesellschaft übertragen lässt. Ein Rückgriff auf die Soziologie mit ihrer Expertise für die Wechselwirkungen von Individuum, Gruppe und Gesellschaft kann hier zu weiteren Klärungen beitragen.

Als eine zumindest in Teilen ihres Selbstverständnisses kritisch-systematische Wissenschaft des Sozialen verfügt die Soziologie über vielfältige Analyseinstrumente, theoretische Perspektiven wie auch empirische Befunde zu gesellschaftlichen Zuständen und Entwicklungen. Die Soziologie forscht und spricht vor allem über die Wechselwirkungen zwischen den Einzelnen (Simmel, 1992) vor dem Hintergrund ihrer Einbettung in das, was in der TZI-Perspektive mit dem vielschichtigen Begriff des GLOBE bezeichnet wird. Aus der Verknüpfung beider Perspektiven (TZI und Soziologie) kann, so die Annahme des folgenden Beitrags, eine bessere Grundierung dieses Begriffs sowie eine damit einhergehende größere Anschlussfähigkeit an aktuelle Debatten gewonnen werden.

Anknüpfend an eine breiter angelegte Skizzierung der Anschlussmöglichkeiten von TZI und Soziologie (Bayer u. Ostertag, 2019) untersucht der folgende Beitrag nun in konzentrierter Weise Verbindungslinien der TZI mit der Resonanztheorie von Hartmut Rosa (2016), in der sich eine gesellschaftstheoretisch angelegte deskriptive Diagnose auf einer normativ gehaltvollen Grundlage entfaltet. Im ersten Schritt wird die TZI in ihren Grundzügen konturiert (Abschnitt 2) (siehe ausführlicher dazu Ostertag, Teil 1 in diesem Band). Im Anschluss daran gilt die Aufmerksamkeit dem Potenzial der gesellschaftskritischen Analyse von Entfremdungs- und Resonanzerfahrungen, wie sie Hartmut Rosa in seinem Konzept einer »Soziologie der Weltbeziehung« (2016) herausgearbeitet hat (Abschnitt 3). Daran anknüpfend werden wechselseitige Perspektivenerweiterungen zwischen Resonanztheorie und der TZI entfaltet (Abschnitt 4). Eine besondere Bedeutung kommt dabei dem Moment der Unverfügbarkeit zu. Der Ausblick zeigt Möglichkeiten auf, mit TZI Resonanzräume zu eröffnen und zu gestalten (Abschnitt 5).

2 Ursprung, Vision und ausgewählte Elemente der TZI

»[…] TZI war für mich von Anfang an der Ausdruck einer Idee, daß es doch etwas geben müsse, was wir mitten im Grauen der Welt tun könnten, ihm etwas entgegen zu setzen – kleine Schritte, kleine winzige Richtungsänderungen« (Ockel u. Cohn, 1992, S. 178), so fasst Ruth C. Cohn rückblickend ihre Motivation bei der Entwicklung des Konzepts der TZI zusammen. Angesichts von kriegerischen Auseinandersetzungen, Menschen, die weltweit auf der Flucht sind, Fremdenhass, Gewalt, nationalistischen Tendenzen der Ausgrenzung etc. hat dieses Anliegen bis heute nichts an Brisanz verloren. Ein kurzer Blick auf das Leben von Ruth C. Cohn und die Entstehungsgeschichte der TZI kann deren Verständnis – insbesondere hinsichtlich ihres Welt- und Gesellschaftsbezugs – erleichtern, erweitern und vertiefen.

Als Jüdin in Berlin geboren, emigriert Ruth C. Cohn 1933 zunächst in die Schweiz, wo sie Psychologie sowie eine Reihe anderer Wissenschaften studiert und die Ausbildung zur Psychoanalytikerin absolviert, bevor sie dann 1941 in die USA flieht (vgl. Löhmer u. Standhardt, 1992). Eigene existenzielle Grenzerfahrungen in und mit dem Nationalsozialismus sind der »Grundstein ihrer Suche nach humanen Werten« (Löhmer u. Standhardt, 1992, S. 32).

In den USA wird sie Teil bzw. Mitgestalterin der therapeutischen Bewegung, aus der die sogenannte Humanistische Psychologie hervorgeht. Sie ist inspiriert von Begegnungen mit Kollegen wie z. B. Carl R. Rogers und Fritz Perls (Farau u. Cohn, 1984, S. 289 ff.). Mit ihrem Fokus auf »Lebendiges Lernen« (Matzdorf u. Cohn, 1992, S. 39) ist für Ruth C. Cohn die Idee verbunden, nicht mehr ›nur‹ einzelne Klient*innen zu therapieren, sondern mit einer »humanisierenden Pädagogik« (Cohn, 1975, S. 7) deutlich mehr Menschen zu erreichen – was sie mit der Formulierung »Die Couch war zu klein« (Cohn, 1975, S. 7) prägnant zum Ausdruck bringt. Vor diesem

Hintergrund ist ihre Vision, mit der TZI als »*Kompaß eines humaneren Lebens* in einer humaneren Welt« (Matzdorf u. Cohn, 1992, S. 41, Herv. i. O.) pädagogisch und politisch wirksam zu werden.

Auf diesen biographischen Zusammenhängen gründet die spezifische Wertorientierung der TZI, die komprimiert zusammengefasst ist in den drei sogenannten »Axiomen«, die als anthropologisch, ethisch und pragmatisch-politisch bezeichnet werden (Farau u. Cohn, 1984, S. 357 f.). Die *anthropologischen* Grundaussagen der TZI betonen die Dialektik menschlichen Seins zwischen den Polen subjektive Eigenständigkeit und existenzielle Bezogenheit respektive Verbundenheit. In *ethischer* Perspektive sind wir als Menschen aufgefordert, unser Handeln immer wieder neu wertorientiert auszurichten. Und in *politisch-pragmatischer* Hinsicht geht es darum, die eigene Freiheit verantwortlich wahrzunehmen.

Geleitet von ihrer Vision einer menschlicheren Welt arbeitet Ruth C. Cohn über viele Jahre hinweg mit ganz unterschiedlichen Gruppen und Teams. In ihrem Vier-Faktoren-Modell (siehe Abbildung 2) verdichtet sie diese praktischen Erfahrungen in systematischer Reflexion zu einem situationsübergreifenden, allgemeinen Konzept von vier Einflussgrößen (ICH, WIR, ES, GLOBE), die in jeder Situation wirken und denen sie eine prinzipielle Gleichgewichtigkeit zuspricht (Farau u. Cohn, 1984, S. 343 f.).

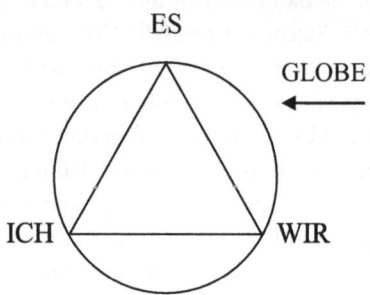

Abbildung 2: Das Vier-Faktoren-Modell (eigene Darstellung nach Matzdorf u. Cohn, 1992, S. 70)

Das ICH bezeichnet alle beteiligten Personen mit ihrer Lebensgeschichte, ihren Bedürfnissen, Gefühlen und Interessen. Das WIR steht für die Beziehungen, die Kommunikation und Interaktion zwischen den einzelnen ICHs. Das ES beschreibt das Anliegen bzw. die Aufgabe, die ansteht. Der GLOBE charakterisiert das Umfeld und umfasst dabei unterschiedlichste Aspekte der Rahmenbedingungen, wie z. B. die räumliche Situation oder gesellschaftliche Gegebenheiten bis hin zu (welt-)politischen Ereignissen.

Beim Vier-Faktoren-Modell handelt es sich um ein zentrales didaktisches Element der TZI, mit dem soziale Situationen sowohl reflektiert als auch geplant und gestaltet werden können. Als »didaktischer Kompass« (Ostertag, 2016, S. 129 f.) gibt es Orientierung auch für weitere methodische Elemente der TZI, die an dieser Stelle jedoch nicht näher ausgeführt werden (siehe ausführlicher dazu Ostertag, Teil 1 in diesem Band).

3 Entfremdungs- und Resonanzerfahrungen im 21. Jahrhundert

Seit vielen Jahren steht die kritische Analyse unserer aktuellen gesellschaftlichen Situation im Fokus der soziologischen Forschungen von Hartmut Rosa (2013, 2016, 2019). In verschiedenen Untersuchungen arbeitet er differenziert heraus, dass das empirisch sichtbar werdende Verhältnis des (spät-)modernen Menschen zu sich selbst, zu anderen und zur Welt wesentlich zwischen den Polen von Resonanzerfahrungen auf der einen und massiven Entfremdungserfahrungen auf der anderen Seite charakterisiert ist. Das sich in diesem Spannungsfeld entfaltende Weltverhältnis ist zugleich Ursache *und* Folge gesellschaftlicher Entwicklungen, die zu ihrer eigenen Stabilisierung ökonomisches Wachstum und technische Beschleunigung notwendigerweise voraussetzen (Rosa, 2016, S. 14).

In dem wissenschaftlich-technisch getriebenen Bestreben, alles sichtbar, erreichbar, beherrschbar und nutzbar zu machen (Rosa, 2019, S. 21 ff.), geht uns Menschen allerdings die auf Gegenseitigkeit basierende Beziehung zu anderen Menschen wie auch zu den Dingen dieser Welt verloren und wird ersetzt durch ein auf instrumenteller Verfügbarmachung beruhendes Weltverhältnis. In diesem Modus des Verfügbarmachens werden alle und wird alles funktionalisiert zu einem Objekt menschlichen Zugriffs, in letzter Konsequenz sogar der eigene Körper und das eigene Selbst. Diesen »Zustand der beziehungslosen Beziehung« (Rosa, 2019, S. 37) charakterisiert Rosa als grundlegende Entfremdungserfahrung des 21. Jahrhunderts. Ein in dieser Weise problematisches Selbst- und Weltverhältnis führt nicht nur in individuelle Krisen, sondern darüber hinaus auch in gesellschaftliche bzw. ökonomische, ökologische und soziale Krisen von globaler Reichweite (Rosa, 2016, S. 14).

Rosa versteht und konzipiert seine Resonanztheorie mit einer sowohl deskriptiven wie auch normativen Stoßrichtung, was seinen Ansatz für die ebenfalls normativ orientierte TZI in besonderem Maße interessant macht. Die den Ansatz von Rosa rahmende Kritik von Resonanzverhältnissen verbindet auf einer normativen Ebene »die elementarste und umfassendste Form der Gesellschaftskritik« (S. 70) mit der Analyse der »Bedingungen für die Etablierung von stabilen Resonanzachsen« (S. 295 f.).

Rosa entwickelt die Resonanztheorie mithin als Gegenentwurf zu dem individuell ebenso wie gesellschaftlich tief verankerten Verfügungsbestreben. »Nicht das *Verfügen* über Dinge, sondern das in Resonanz Treten mit ihnen, sie durch eigenes Vermögen – *Selbstwirksamkeit* – zu einer Antwort zu bringen und auf diese Antwort wiederum einzugehen, ist der Grundmodus lebendigen menschlichen Daseins« (2019, S. 38, Herv. i. O.). Nicht zu übersehen und auch von Rosa explizit benannt (2016, S. 53) ist die Nähe zu Erich Fromm, der in seinem Ansatz *Haben* und *Sein* als zwei »grundverschiedene Formen menschlichen Erlebens« (2001, S. 27) identifiziert und entfaltet. Das von Rosa erörterte Verfügungsbestreben hat Ähnlichkeit mit dem von Fromm beschriebenen Konzept des Habens, Resonanzerfahrungen hingegen ereignen sich im Lebensmodus des Seins.

Rosa unterscheidet in seiner Theorie zwischen horizontalen, diagonalen und vertikalen Resonanzachsen (2016, S. 331 ff.). Auf den *horizontalen* Resonanzachsen werden Beziehungen zu anderen Menschen ge- und erlebt. Mit einem anderen Menschen in Resonanz zu treten, heißt, ihm in zugewandter und authentischer Offenheit zu begegnen – oder, wie man aus der Sicht der Resonanztheorie sagen könnte: ihm mit Resonanzerwartung zu begegnen. Erinnert sei hier an die folgenden Kerngedanken in Martin Bubers Philosophie des Dialogischen: »Das Grundwort Ich-Du kann nur mit dem ganzen Wesen gesprochen werden. [...] Ich werde am Du; Ich werdend spreche ich Du. Alles wirkliche Leben ist Begegnung. Die Beziehung zum Du ist unmittelbar« (Buber, 1992, S. 15).

Mit den *diagonalen* Resonanzachsen eröffnet sich bei Rosa der Zugang zu den Dingen. Auf der diagonalen Ebene ist es möglich, in einer resonanzsensiblen Weise auf die dingliche Welt zuzugehen, d. h., Resonanzräume zwischen mir und der Welt wahrzunehmen. Dann lasse ich mich von Dingen, Inhalten oder Aufgaben berühren und sie haben mir etwas zu sagen (Rosa, 2016, S. 385). Die von Hartmut Rosa gemeinsam mit Wolfgang Endres entwickelte »Resonanzpädagogik« (Rosa u. Endres, 2016) ist ein auf diesen gesellschaftstheoretischen Überlegungen aufbauender Versuch, den Kontext Schule als Resonanzraum weiterzuentwickeln und damit dazu beizutragen, dass Lern- und Bildungsprozesse ermöglicht werden, die diese Qualität von Welterfahrung und Weltbeziehung erlebbar machen.

Die *vertikalen* Resonanzachsen weisen über das einzelne Individuum hinaus auf ein großes Ganzes, auf »wahrgenommene Ganzheiten wie *die Natur, der Kosmos, die Geschichte, Gott* oder auch *das Leben*« (Rosa, 2016, S. 331, Herv. i. O.). Als menschliche Wesen sind wir immer schon und unausweichlich bezogen auf ein großes Ganzes, in das wir mit unserem individuellen Leben, unserer persönlichen Lebensgeschichte und unserem je eigenen Lebenssinn hineingestellt sind. Vertikale Resonanzbeziehungen betreffen den Menschen in seiner ganzen Existenz und sind vielfältig verbunden mit den Dimensionen Religion, Natur, Kunst und (Welt-)Geschichte (Rosa, 2016, S. 500 f.).

Die Besonderheiten der drei Resonanzachsen integrierend, lassen sich Resonanzerfahrungen grundsätzlich durch vier konstitutive Merkmale beschreiben: Berührung (Affizierung), Selbstwirksamkeit (Antwort), Anverwandlung (Transformation) und Unverfügbarkeit (Rosa, 2019, S. 38 ff.). Resonanz beschreibt ein Begegnungsgeschehen, das uns nicht gleichgültig bleiben lässt, sondern uns innerlich erreicht und berührt, aber kategorial etwas anderes darstellt als ein rein gefühlsmäßiges Eingestellt-Sein. Das innerliche Angesprochen-Sein kann sich unmittelbar leiblich äußern, indem uns beispielsweise Tränen des Berührt-Seins in den Augen stehen oder unsere Augen zu leuchten beginnen. Zugleich sind wir eingeladen und aufgefordert, aktiv auf diesen Impuls zu antworten, mithin der Resonanzerwartung des Anderen zu entsprechen, uns ihm weiter zuzuwenden und mit ihm in Beziehung zu treten. Zwischen uns öffnet sich ein Raum, in dem eine unmittelbare Erfahrung mit dem Anderen möglich wird und ich mich in der Begegnung mit dem Anderen zugleich selbst verändere. Resonanzerfahrungen lassen sich nicht technisch-willentlich herstellen, sondern ereignen sich, wenn Menschen mit offenen Sinnen und offenem Herzen durch die Welt gehen. Die Möglichkeiten der Resonanzerfahrung, als ein nicht einmaliges, sondern dauerhaftes Geschehen, ist nach Rosa abhängig davon, ob und inwiefern Resonanzräume, also Räume in denen sich die beschriebenen Resonanzachsen entfalten können, sich über die individuelle Erfahrung hinaus kulturell stabilisieren (lassen).

Nach dieser komprimierten Einführung in Rosas Resonanztheorie liegt der weitere Fokus nun auf ihren inneren Bezügen zur TZI. Rosas resonanztheoretische Grundannahme, dass »Subjekt und Welt nicht einfach als unabhängige Entitäten schon da sind, sondern, dass sie aus ihrer wechselseitigen Bezogenheit und Verbundenheit erst hervorgehen« (Rosa, 2019, S. 37), markiert eine erste bedeutsame Verbindungslinie zur TZI. Denn sie entspricht wesentlichen anthropologischen Grundlagen der TZI, wie sie im sogenannten ersten Axiom formuliert sind:

»*Der Mensch ist eine psycho-biologische Einheit und ein Teil des Universums. Er ist darum gleicherweise autonom und interdependent.* Die Autonomie des einzelnen ist um so größer, je mehr er sich seiner Interdependenz mit allen und allem bewußt wird« (Farau u. Cohn, 1984, S. 357, Herv. i. O.).

Menschliches Leben vollzieht sich zwischen den Polen Autonomie und Interdependenz, seinen existenziellen Ursprung jedoch hat es in einer vorgängigen Bezogenheit und Verbundenheit. Wir sind immer schon und unausweichlich bezogen, verwiesen und angewiesen auf andere und anderes. Mit den Begriffen der »*Allverbundenheit*« sowie der »*universellen Interdependenz*« (Cohn, 1975, S. 120, Herv. i. O.) hebt Ruth C. Cohn diesen Gedanken des existenziellen Eingebunden-Seins in eine Welt mit anderen und anderem nochmal eigens hervor. Dies findet seine Entsprechung in Rosas Auffassung, dass Subjekt und Welt »immer schon das Ergebnis vorgängiger Beziehungsverhältnisse oder Relationen sind« (Rosa, 2016, S. 289). Das In-Relation-Stehen bildet damit auch hier die phänomenologische Grundlage der Analyse.

Vor dem Hintergrund dieser grundlegenden Anschlussmöglichkeiten von TZI und Resonanztheorie kann im folgenden Abschnitt untersucht werden, inwiefern Hartmut Rosas Resonanztheorie und das Vier-Faktoren-Modell der TZI nach Ruth C. Cohn sich gegenseitig inspirieren können.

4 Resonanztheorie und das Vier-Faktoren-Modell der TZI

Der folgende Gedankengang wird durch zwei Blickrichtungen strukturiert. Im ersten Teil wird das Vier-Faktoren-Modell mit dem resonanztheoretisch konstitutiven Moment der Unverfügbarkeit in Beziehung gesetzt. Besondere Aufmerksamkeit gilt dabei der Dimension des GLOBEs. Im zweiten Teil wird reflektiert, welche Möglichkeiten der Perspektivenerweiterung sich in Verbindung des sogenannten Resonanzdreiecks mit der TZI eröffnen.

4.1 Das Moment der Unverfügbarkeit im Vier-Faktoren-Modell

Dem Moment der Unverfügbarkeit kommt im Kontext der Resonanztheorie eine so herausgehobene Bedeutung zu, dass Hartmut Rosa dazu ein eigenes Buch veröffentlicht hat (2019). Das moderne Bestreben, sich die Welt anzueignen und über sie zu verfügen, führt letztlich dazu, dass die Welt sich uns entzieht und sich Resonanzräume verschließen. Erst die Anerkennung der Unverfügbarkeit des mir in der Welt Begegnenden bereitet den Boden für Resonanzerfahrungen. Voraussetzung sind Vertrauen in die Begegnung und Offenheit, ja mehr noch: Respekt vor der Andersheit des Anderen. Dieses Moment der Unverfügbarkeit ist, wie die weiteren Ausführungen zeigen werden, für alle vier Dimensionen des Vier-Faktoren-Modells – GLOBE, ES, ICH und WIR – essenziell, wobei in den folgenden einführenden Erläuterungen das Augenmerk zunächst vor allem auf der Dimension des GLOBEs und seiner speziellen Verortung im Modell liegt.

Ein Meilenstein in der Entwicklung und Konkretisierung des Modells war ein inspirierender Traum, den Ruth C. Cohn wie folgt kommentiert: »Wichtig aber war mir vor allem die im Traum konzipierte *Gleichseitigkeit der Pyramide*, was bedeutete, daß die vier Punkte gleich wichtig sind. [...] Ich veränderte danach das Symbol der Pyramide in ein Dreieck in der Kugel, weil diese Figur optisch deutlicher ist« (Farau u. Cohn, 1984, S. 344, Herv. i. O.).

Neben den genannten optischen Gründen gibt es durchaus inhaltliche Aspekte, die für eine solche Veränderung der bildlichen Darstellung sprechen. Zum einen erinnert die Kreisform – ebenso wie der auch in deutschen Veröffentlichungen englisch gebliebene Begriff GLOBE – an einen Globus, was sich als überaus stimmiges Bild erweist. Denn mit ihrer Idee einer »Evolution der Menschlichkeit« (Farau u. Cohn, 1984, S. 339) hat Ruth C. Cohn durchaus auch globale Zusammenhänge bzw. eine globale Verantwortlichkeit im Blick. Zum anderen wird die Kreisform vielfach verbunden mit der Idee von Zwiebelschalen, in denen sich die verschiedenen Aspekte des GLOBEs konzentrisch vom unmittelbaren Nahbereich bis in globale Horizonte hinein ausdehnen. Matthias Kroeger unterscheidet drei Ebenen: (1) den sozialen Kontext der Gruppe, (2) die politische Umwelt, (3) die unendlich-kosmische Umwelt und ihre religiöse Bedeutung sowie als zusätzlichen Aspekt den inneren GLOBE aller Beteiligten (Kroeger, 2013, S. 63 ff.).

Die Visualisierung als »Dreieck in der Kugel« barg und birgt in sich jedoch auch die Gefahr einer Verkürzung des Ansatzes auf das Dreieck und damit die Auslassung des GLOBE-Bezugs. Dies zeigt sich auch in Buchtiteln wie »Themenzentrierte Interaktion. Einführende Texte rund ums Dreieck« (Langmaack, 2000) oder Kapitelüberschriften wie »Das Dreieck einüben« (Langmaack, 2017, S. 51). Ausgehend von der Idee der Gleichgewichtigkeit aller vier Faktoren erscheint es wichtig und sinnvoll, sowohl optisch wie inhaltlich das Bild der gleichseitigen Pyramide wieder stark zu machen, zumal Ruth C. Cohn von Anfang an die Wichtigkeit des GLOBEs hervorgehoben und sich gegen Ende ihrer Schaffenszeit in Seminaren sogar fast ausschließlich mit sogenannten »Globe-Themen« im Kontext von Frieden und Ökologie befasst hat (Cohn, 1993, S. 106 f.).

»Wir müssen uns mit den Einwirkungen des Globe auf uns und unsere Einwirkungen auf ihn beschäftigen. Sonst sind wir wie ein Kapitän, der zwar sein Schiff kennt, sich jedoch um die Meeres-, Wind- und geographischen Situationsbedingungen nicht kümmert. Wer den Globe nicht kennt, den frißt er« (Farau u. Cohn, 1984, S. 356).

4.1.1 Das Moment der Unverfügbarkeit im GLOBE

Mit der konsequenten Berücksichtigung von sozialen, gesellschaftlichen und (welt-) politischen Zusammenhängen hebt sich die TZI von zahlreichen anderen pädagogischen und psychologischen Gruppenverfahren deutlich ab. Das Konzept des GLOBEs ist dabei sehr weit gefasst und kann in seiner Fülle an potenziellen Inhalten durchaus ein Gefühl von Ohnmacht, von einem »Übergewicht des Globe gegenüber unseren individuellen und politischen Steuerungsversuchen« hervorrufen, so die Einschätzung von Matthias Kroeger (2013, S. 66). Dieser inhaltlichen Unbestimmtheit begegnet Helmut Reiser mit einem systemtheoretisch-konstruktivistisch inspirierten Versuch, den Begriff zu präzisieren, um das Konzept des GLOBEs einer systematischen, didaktischen Handhabung zugänglich zu machen (Reiser, 2010), was jedoch für Matthias Kroeger dazu führen würde, dass der GLOBE seine produktive Kraft und Bedeutung verlieren würde (Kroeger, 2013, S. 78).

Für diese Gemengelage könnte die Resonanztheorie eine weiterführende Perspektive sein. Das hier fokussierte Moment der Unverfügbarkeit kann zum einen daran erinnern, dass ich mich dem weiten Horizont des GLOBEs zwar didaktisch nähern, ihn aber weder in Eindeutigkeit fassen geschweige denn steuern kann. Zum anderen deutet die Unverfügbarkeit der Dinge der Welt auch darauf hin, dass es trotz aller thematischen Berührtheit nicht meine Aufgabe sein kann, mit meinem individuellen Engagement alle Unmenschlichkeit und Ungerechtigkeit der Welt zu beseitigen. Mit der Resonanztheorie, dem Moment der Unverfügbarkeit und der TZI als Handlungstheorie[2] kann es gelingen, (horizontale, diagonale und vertikale)

---

2 Die TZI als *Handlungstheorie* zu bezeichnen, knüpft an Erich Wenigers (1975/1929) Überlegungen zum Verhältnis von Theorie und Praxis an. Vor diesem Hintergrund lassen sich im Bereich von Sozialwissenschaften drei

Resonanzachsen im GLOBE zum Schwingen zu bringen. Horizontal: Wer einen beeinträchtigten oder geflüchteten Menschen persönlich kennt, wird sich in (gesellschaftliche) Diskussionen um Inklusion und Integration wahrscheinlich in anderer Weise einbringen als jemand, der ausschließlich über die Medien informiert ist. Diagonal: Wer die Begegnung und Verbindung mit der Natur selbst leiblich erfahren hat, wird vermutlich in ökologischen Fragen auf eine achtsamere Weise ansprechbar sein als jemand, dem solche Erfahrungen fremd sind. Vertikal: Wer Fragen nach dem Lebenssinn und nach dem Eingebunden-Sein in ein großes Ganzes nachspürt, wird sich möglicherweise zum einen in einem größeren Vertrauensraum aufgehoben fühlen sowie zum anderen vielleicht eine solidarische Verantwortlichkeit mit allen und allem empfinden.

4.1.2 Das Moment der Unverfügbarkeit im ES

Diese Reflexionen zur Unverfügbarkeit und zu Resonanzachsen im GLOBE führen unmittelbar zu einer weiteren Dimension des Vier-Faktoren-Modells: zum ES, also zu den Inhalten, Aufgaben und Themen[3]. Matthias Kroeger hat die anthropologische Bedeutung des Themenbezugs überzeugend herausgestellt. »Wir sind erst wirklich menschlich, wenn wir uns auf Themen beziehen und einlassen, zumal auf solche, die unsere reine Personalität überschreiten« (Kroeger, 1992, S. 112). Die Themenzentrierung, wie sie ja auch in der Namensgebung verankert ist, kann als Markenzeichen der TZI gelten. Sie ist auf mindestens zwei Ebenen bedeutsam. Didaktisch gesehen verfügt die TZI über ein breites Repertoire an Methoden, um aus beziehungslosen Sachinhalten menschenbezogene Themen zu

---

Theorieebenen voneinander unterscheiden: Alltagstheorie, Handlungstheorie und Wissenschaftstheorie. Die Ebene der Alltagstheorie entspricht in etwa der Ebene pädagogischer Situationen. Die Ebene der Handlungstheorie bewegt sich in der Spannung zwischen allgemeingültigen Aussagen und der Subjektivität der Situationserfassung, wie sie für Sozialwissenschaften konstitutiv ist. Die Ebene der Wissenschaftstheorie lässt sich als Metaebene beschreiben und untersucht in kritischer, systematischer Weise Aussagesysteme von Handlungstheorien der zweiten Ebene.

3 Eine genauere Unterscheidung von ES und Thema scheint an dieser Stelle nicht notwendig (siehe dazu Ostertag, Teil 1 in diesem Band).

formulieren (Kroeger, 1992, S. 113). Mit diesen methodischen Vorgehensweisen bewegt sie sich über weite Strecken im Bereich von Verfügbarkeit und Verfügungswissen. Auf einer zweiten, anthropologischen Ebene jedoch kommt das Moment der Unverfügbarkeit ins Spiel. Als Menschen sind wir unausweichlich bezogen auf andere und anderes. Wir finden uns in Situationen vor, die uns zu einer Antwort herausfordern. Es steht nicht (nur) in unserer Wahl, mit welchen Fragen und Aufgaben wir uns beschäftigen wollen. Die Themen kommen aus der Welt mit Aufforderungscharakter auf uns zu. In Anlehnung an Paul Watzlawick (Watzlawick, Beaven u. Jackson, 2007, S. 53) ließe sich salopp formulieren: Wir können uns nicht nicht mit Themen befassen. Auch die Entscheidung, sich mit einer bestimmten Thematik nicht auseinanderzusetzen, sich in einer konkreten Angelegenheit nicht zu engagieren, ist ein Ausdruck davon, dass wir als Menschen nicht anders als in Bezogenheit leben können. Mit der Formel »Verantworte Dein Tun und Dein Lassen« hebt Ruth C. Cohn (1994, S. 85) inmitten der Unverfügbarkeit von Themen die individuelle Bewusstheit und Entscheidungsmöglichkeit hervor – womit wir bei der Dimension des ICHs angelangt sind.

4.1.3 Das Moment der Unverfügbarkeit im ICH

Im Hinblick auf die Sonderstellung des GLOBEs konstatiert Helmut Reiser: »Zu jedem Eckpunkt des methodischen Dreiecks [also zu ES, ICH und WIR] verfügt die TZI über reichliches und erprobtes Handlungswissen« (2010, S. 59). Diese Aussage suggeriert, dass wir uns in der Dimension des ICHs auf dem sicheren Boden der Verfügbarkeit bewegen könnten. Mit dem Moment der Unverfügbarkeit erweitern sich jedoch auch hier die Sichtweisen. Sowohl das eigene als auch das andere, das fremde ICH sind mir nur in Teilen zugänglich bzw. verfügbar, und mit Rosa könnten wir sagen: auch nur durch diese Unverfügbarkeit resonanzfähig. Die vollständige Verfügbarmachung des eigenen wie des fremden ICHs würde die Beziehungen (die Selbst- wie die Fremdbeziehung) letztlich stumm machen und der Andere träte uns als ein verdinglichtes Anderes gegenüber, so dass kaum mehr genuine Resonanzerfahrungen möglich wären. In der phänomenologischen Philosophie und Pädagogik ist die einzigartige Verwobenheit von Eigenem und Fremden schon lange Gegenstand der Reflexion, so z. B. in der »Pädagogik der Kommunikation« von Klaus Schaller:

»Vieles ist das Ich, von dem es nicht weiß, daß es dieses ist. Der Traum restloser Authentizität des Ich ist ausgeträumt. Anderes: Menschen, Dinge, Wesen – gehören als anonyme Anteile in das Ich hinein, ohne seine Identität zu gefährden. Es von sich abzuweisen, hieße, sich selbst den Boden seines Ichseins zu entziehen« (Schaller, 1998, S. 231).

Das Moment der Unverfügbarkeit schließt das Bewusstsein um das Vorhandensein eigener unerkannter und unbekannter Anteile notwendig mit ein.

Mit Blick auf die ICHs der Anderen kann das Moment der Unverfügbarkeit mit einer positiv konnotierten Anerkennung des Nicht-Verstehens verbunden werden. Denn mit jedem Versuch, den anderen zu verstehen, laufe ich auch Gefahr, den anderen mit meinen Bildern von ihm, mit meinen Zuschreibungen zu vereinnahmen (Ostertag, 2001, S. 133 f.). Wahre Begegnung erfordert Respekt vor der Einzigartigkeit und damit der Unverständlichkeit, der Unverfügbarkeit des Anderen. Normativ gewendet heißt dies eben auch, dass Resonanz »Halbverfügbarkeit« (Rosa, 2019, S. 52) impliziert. Gefragt ist eine zurückhaltende Zuwendung, die den anderen selbst hervorruft und zu Wort kommen lässt. Käte Meyer-Drawe hat dies in einer phänomenologischen Analyse des Lernens feinsinnig beschrieben:

»Es ist die Toleranz des Andersseins, die uns darüber belehren kann, daß wir etwas nicht verstehen, nicht weil der andere außerstande ist, sich verständlich zu machen, sondern weil wir versagen im Hinblick auf eine Frage, die dem anderen eine Antwort erst möglich macht. Die Empfänglichkeit für die Antwort des anderen, diese engagierte Passivität ist das Gegenteil jeder Behauptung, sei es der des eigenen oder der des fremden Selbst« (Meyer-Drawe, 1996, S. 97 f.).

In der lebendigen Balance von Verstehen und Nicht-Verstehen, von respektvoller Zurückhaltung und zugewandter Offenheit ereignet sich Begegnung, entstehen Resonanzräume und Resonanzerfahrungen.

4.1.4 Das Moment der Unverfügbarkeit im WIR

Mit dem Blick auf das ICH des oder der Anderen und mit dem Phänomen der Begegnung sind wir bereits mitten in der Dimension des WIRs. Das didaktische Ziel der TZI hinsichtlich der Dimension des WIRs ist es, eine lebendige, vertrauensvolle Kommunikation und Interaktion zwischen den Beteiligten zu ermöglichen. Zur Beschreibung dieser Dimension existiert ein zweites, wesentlich unbekannteres TZI-Dreieck, das sich zwischen den Ecken Struktur, Prozess und Vertrauen aufspannt. Frühzeitig hat Dietrich Stollberg (1982, S. 40) diese Figur um ein sogenanntes »Schattendreieck« ergänzt (siehe Abbildung 3). Bedeutsam ist für unsere Überlegungen, dass durch eine einseitige Verabsolutierung einzelner Eckpunkte jeweils das Schattendreieck aktiviert wird. Eine Dysbalance im oberen Dreieck bringt den Gegenpol jener Ecke ins Spiel, die zu wenig berücksichtigt ist. Konkret: Zuviel Struktur führt zum Erliegen eines lebendigen Prozesses und somit in die Stagnation, ein Übermaß an Prozess vernachlässigt die Struktur und hat dementsprechend Chaos zur Folge usw.

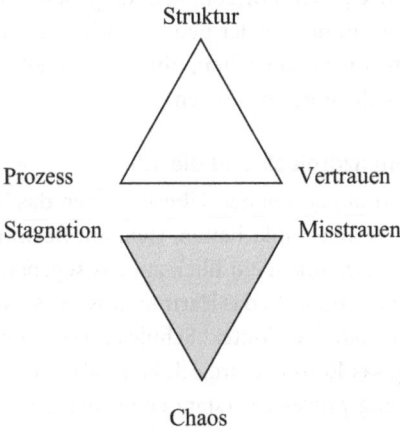

Abbildung 3: Das Schattendreieck (eigene Darstellung nach Stollberg, 1982, S. 40)

Mit der Idee und dem Modell des Schattendreiecks zeigt sich das Moment der Unverfügbarkeit auch in der Dimension des WIRs. Vision der TZI ist es, soziale Situationen derart zu gestalten, dass sowohl die Entwicklung der Einzelnen als auch die gemeinsame Bewältigung der jeweils anstehenden Aufgabe gefördert werden, dass also Struktur, Prozess und Vertrauen in einer ausgewogenen Balance zu einem lebendigen Miteinander beitragen. Dafür stellt die TZI eine Reihe von methodischen Vorgehensweisen zur Verfügung: Dynamische Balance, Leiten mit Themen und Strukturen, Partizipierendes Leiten, Kommunikationsregeln etc. (siehe ausführlicher dazu Ostertag, Teil 1 in diesem Band). Jedoch: Selbst bei hoher methodischer Kompetenz und einer authentisch gelebten, humanistischen Haltung kann die Entwicklung von Vertrauen und einer konstruktiven Zusammenarbeit zwar unterstützt und gefördert, nicht jedoch hergestellt werden. Im Bewusstsein dieser Unverfügbarkeit ist Leitung gefragt, Schritt für Schritt mit dem Prozess zu gehen, Interventionen zu setzen, Wirkungen wahrzunehmen und auf die Sinnhaftigkeit dessen zu vertrauen, was sich im Hier und Jetzt entwickelt. Hilfreich, ja eigentlich notwendig ist hierfür eine feine Wahrnehmung sowie eine ausgeprägte Sensibilität, mit Menschen und Inhalten in Resonanz zu gehen – oder anders: die Fähigkeit und die Bereitschaft, die eigenen horizontalen, diagonalen und vertikalen Resonanzachsen immer wieder neu zum Klingen zu bringen, also Resonanzerfahrungen zu suchen, ohne den Gefahren einer übergriffigen Verdinglichung zu erliegen.

4.2 Das Resonanzdreieck und die TZI

Während die vorangegangenen Überlegungen das Vier-Faktoren-Modell zum Ausgangspunkt hatten, steht am Beginn der sich hier anschließenden Gedanken ein Blick auf das sogenannte Resonanzdreieck (siehe Abbildung 4), das Hartmut Rosa in Anwendung seiner Resonanztheorie auf den Kontext Schule entwickelt hat.

Hartmut Rosas Resonanzdreieck kann als eine Darstellung gelingender Bildungsprozesse verstanden werden und weist unmittelbare Bezüge zur TZI auf. Charakteristisch für das Resonanzdreieck ist, dass es in allen Feldern und Dimensionen um ein Beziehungsgeschehen geht – ein Beziehungsgeschehen zwischen den beteiligten Menschen (Lehrer*innen und Schüler*innen) und dem vorgesehenen Inhalt (Stoff). Dem entspricht die spezifische Verbindung von Person- und Aufgabenorientierung, wie sie in der TZI grundgelegt ist und

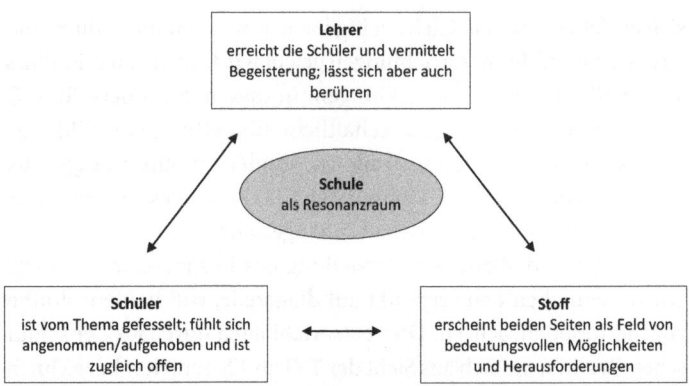

Abbildung 4: Das Resonanzdreieck (eigene Darstellung nach Rosa, 2016, S. 411)

praktiziert wird. »Wie man aus beziehungslosen und ›toten‹ Sachverhalten in kleinen und überschaubaren Schritten für Unterricht und Arbeitsgruppen menschenbezogene ›Themen‹ macht, das ist die eigentliche Aufgabe und Leidenschaft der TZI« (Kroeger, 1992, S. 113). In gewissem Sinn beschreibt Kroeger die TZI hier als eine Theorie und Praxis, Resonanzräume zu eröffnen. Ziel ist es, Arbeits- und Lernsituationen so zu gestalten, dass alle beteiligten Menschen sich von den Inhalten und Aufgaben berühren lassen, dass sie diese als bedeutungsvoll erleben und sich im sozialen Miteinander mit anderen ihren je individuellen Zugang erschließen.

Mit dem Resonanzdreieck beschreibt Hartmut Rosa die Schule als einen Ort gelingender Resonanzbeziehungen, geht aber an dieser Stelle nicht weiter darauf ein, welche institutionellen und gesellschaftlichen Rahmenbedingungen dies ermöglichen oder eben auch verhindern. Es wäre eine Überforderung, der einzelnen Lehrkraft oder auch der einzelnen Schule allein die Verantwortung für die Ermöglichung resonanter Bildungsprozesse zu übertragen. Rosas »Kritik der spätmodernen Resonanzverhältnisse« (2016, S. 298) eröffnet jedoch den Blick auf gesellschaftliche Einflüsse und steht damit der Dimension des GLOBEs in der TZI nahe. Im Sinne der TZI ist wichtig zu betonen, dass die Einflussnahme wechselseitig erfolgt. Gesellschaftliche Voraussetzungen haben einen Einfluss darauf, ob in Bildungseinrichtungen Resonanzbeziehungen verstummen oder sich entfalten können. Gleichzeitig hat das, was von Individuen und Gruppen in Bildungseinrichtungen gelebt wird, auch einen Einfluss auf gesellschaftliche Entwicklungen. In diesem Sinn hebt Ruth C. Cohn hervor, dass die gesellschaftliche Einbettung von Bildungsprozessen »keine Einbahnstraße ist, sondern wechselseitige Auswirkungen hat« (Farau u. Cohn, 1984, S. 357), dass es also durchaus Möglichkeiten gibt, Gesellschaft mitzugestalten.

Die Art und Weise der Darstellung des Resonanzdreiecks legt einen deutlichen Schwerpunkt auf diagonale, will heißen: stoffbezogene Resonanzachsen. Dies entspricht auch durchaus der schulischen Realität, die sich aus Sicht der TZI als ES-zentriert bezeichnen lässt (vgl. Farau u. Cohn, 1984, S. 344). Mit der Idee der Gleichwertig- und Gleichgewichtigkeit der vier Faktoren (ICH, WIR, ES und GLOBE) könnten auch horizontale und vertikale Resonanzachsen vermehrt Einzug in die Schule halten. Dann stünde nicht nur der Lernstoff im Mittelpunkt des (curricular vorgegebenen) Interesses, sondern auch die Beziehungen zwischen den beteiligten Menschen verdienten als horizontale Resonanzachsen Zeit und Aufmerksamkeit. Vertikale Resonanzachsen verweisen auf das große Ganze, in dem wir leben. Hier sind spirituelle Themen ebenso angesprochen wie beispielsweise (globale) Fragen des Klimaschutzes und der sozialen Gerechtigkeit. Mit einem solchen thematischen Horizont, der diagonale, horizontale und vertikale Resonanzachsen integriert, versteht sich Schule nicht mehr nur als ein Ort der Aneignung von Wissen, sondern wahrhaftig als ein Ort der Bildung – ganz im Sinne von Hartmut Rosa: »Bildung ereignet sich nicht dort, wo eine bestimmte Kompetenz erworben wird, sondern dann, wenn ein gesellschaftlich relevanter Weltausschnitt ›zu sprechen beginnt‹« (2019, S. 79).

Mit den Bezeichnungen Lehrer-Schüler-Stoff ist das Resonanzdreieck für den schulischen Bereich konkretisiert. Mit allgemeinen Begriffen wie Individuen (ICH), Kommunikation (WIR), Aufgaben (ES) und Kontext (GLOBE) lässt es sich auch in Arbeits- und weitere Situationen übertragen, in denen Menschen miteinander lernen, arbeiten und leben.

5 Resonanzräume gestalten mit TZI

Das Verhältnis von Resonanztheorie und TZI ist von vielfältigen, wechselseitigen Impulsen gefüllt. Sehr pointiert lässt sich im Ergebnis festhalten, dass mit der Resonanztheorie die theoretischen Grundlagen der TZI soziologisch vertieft und erweitert werden können, während die TZI als Handlungstheorie zur praktischen Umsetzung von konkreten Resonanzräumen beitragen kann.

Für eine weitere Auseinandersetzung mit den beiden Ansätzen könnte der Blick auf ein Modell von Walter Lotz inspirierend sein (siehe Abbildung 5). Mit seiner Anwendung der TZI auf sozialpädagogisches Handeln verbunden, war die Benennung der Achsen im Dreieck: Bildung (ICH-ES), Begegnung (ICH-WIR) und Kooperation (WIR-ES).

Eine Reduzierung auf die ICH-ES-Achse wird der Weite des Bildungsbegriffs nicht gerecht, weshalb hier in Modifikation des Modells von Lotz die ICH-ES-Achse mit Lernen bezeichnet wird. Der Bildungsbegriff hingegen vereinigt alle drei Achsen in sich und umfasst mit dem Bezug zum GLOBE auch die politische Dimension von Bildung (vgl. ausführlicher Ostertag, 2015, S. 284).

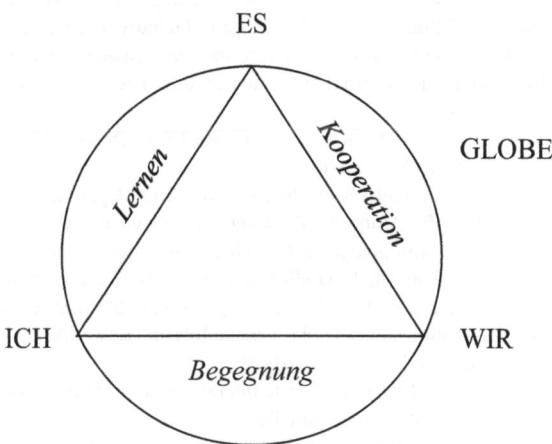

Abbildung 5: Die Achsen im Vier-Faktoren-Modell (modifizierte Darstellung nach Lotz, 2003, S. 110)

Der GLOBE steht in dem Modell von Lotz sowohl für die konkret einwirkenden Kontextfaktoren als auch für die Vision eines guten Lebens (Lotz, 2003, S. 110). Parallelen dieser Achsen im Modell von Walter Lotz zu den von Hartmut Rosa entwickelten Resonanzachsen lassen sich unschwer erkennen. So entspricht der Begegnung die horizontale und dem Lernen die diagonale Resonanzachse. In der Kooperation verbinden sich horizontale und diagonale Resonanzachsen. Und mit dem Bezug auf den GLOBE und die Vision eines guten Lebens öffnet sich der Raum auch für vertikale Resonanzachsen. Bildung ereignet sich im Zusammenklingen aller drei Resonanzachsen – wenn Menschen in Selbst- und Mitverantwortung lernen, sich begegnen, miteinander kooperieren und an einem guten Leben in einer lebensdienlichen Gesellschaft mitwirken.

Literatur

Bayer, M.; Ostertag, M. (2019). Themenzentrierte und Gesellschaft. Soziologische Analysen und Reflexionen. Soziale Arbeit, 68 (4), 137–145.

Buber, M. (1992). Das dialogische Prinzip. (6. Aufl.): Gerlingen. Schneider.

Cohn, R. C. (1975). Von der Psychoanalyse zur themenzentrierten Interaktion. Von der Behandlung einzelner zu einer Pädagogik für alle. Stuttgart: Klett-Cotta.

Cohn, R. C. (1993). Es geht ums Anteilnehmen. Die Begründerin der TZI zur Persönlichkeitsentfaltung. Ergänzte Neuausgabe. Freiburg im Breisgau: Herder.

Cohn, R. C. (1994). Verantworte Dein Tun und Dein Lassen. Persönlich und gesellschaftlich. Offener Brief an Günter Hoppe. Themenzentrierte Interaktion, 8 (2), 85–87.

Farau, A.; Cohn, R. C. (1984). Gelebte Geschichte der Psychotherapie. Zwei Perspektiven. Stuttgart: Klett-Cotta.

Fromm, E. (2001). Haben oder Sein. Die seelischen Grundlagen einer neuen Gesellschaft. (30. Aufl.). München: Deutscher Taschenbuch Verlag.

Kroeger, M. (1992). Anthropologische Grundannahmen der Themenzentrierten Interaktion. In C. Löhmer, R. Standhardt, (Hrsg.), TZI. Pädagogisch-therapeutische Gruppenarbeit nach Ruth C. Cohn (S. 93–124). Stuttgart: Klett-Cotta.

Kroeger, M. (2013). Ruth Cohns Globe-Verständnis und unsere Aufgaben. Themenzentrierte Interaktion, 27 (1), 62–78.

Langmaack, B. (2000). Themenzentrierte Interaktion. Einführende Texte rund ums Dreieck. (3. Aufl.). Weinheim: Beltz.

Langmaack, B. (2017). Einführung in die themenzentrierte Interaktion. Das Leiten von Lern- und Arbeitsgruppen erklärt und praktisch angewandt (6. Aufl.). Weinheim: Beltz.

Löhmer, C.; Standhardt, R. (1992). Zum 80. Geburtstag von Ruth C. Cohn. Report Psychologie, 17 (9), 31–34.
Lotz, W. (2003). Sozialpädagogisches Handeln. Eine Grundlegung sozialer Beziehungsarbeit mit Themenzentrierter Interaktion. Mainz: Matthias-Grünewald.
Matzdorf, P.; Cohn, R. C. (1992). Das Konzept der Themenzentrierten Interaktion. In C. Löhmer, R. Standhardt, (Hrsg.), TZI. Pädagogisch-therapeutische Gruppenarbeit nach Ruth C. Cohn (39–92). Stuttgart: Klett-Cotta.
Meyer-Drawe, K. (1996). Vom anderen lernen. Phänomenologische Betrachtungen in der Pädagogik. Klaus Schaller zum siebzigsten Geburtstag. In M. Borelli, J. Ruhloff, (Hrsg.), Gegenwartspädagogik. Band II (85–98). Baltmannsweiler: Schneider.
Ockel, A.; Cohn R. C. (1992). Das Konzept des Widerstands in der Themenzentrierten Interaktion. Vom psychoanalytischen Konzept des Widerstands über das TZI-Konzept der Störung zum Ansatz einer Gesellschaftstherapie. In C. Löhmer, R. Standhardt, (Hrsg.), TZI. Pädagogisch-therapeutische Gruppenarbeit nach Ruth C. Cohn (177–206). Stuttgart: Klett-Cotta.
Ostertag, M. (2001). Kommunikative Pädagogik und multikulturelle Gesellschaft. Eine Studie zur systematischen Begründung Interkultureller Pädagogik durch eine kommunikative Bildungstheorie. Opladen: Leske und Budrich.
Ostertag, M. (2015). Themenzentrierte Interaktion und Bildung. Erste Schritte einer Verortung. Soziale Arbeit, 64 (8), S. 282–286.
Ostertag, M. (2016). Von Ruth Cohn und Paulo Freire lernen. Annäherungen an eine bildungstheoretisch fundierte Hochschuldidaktik. In T. Miller, M. Ostertag (Hrsg.), Hochschulbildung. Wiederaneignung eines existenziell bedeutsamen Begriffs (123–133). Berlin, Boston: De Gruyter.
Reiser, H. (2010). Eine konstruktivistische Sichtweise des Globe. Themenzentrierte Interaktion, 24 (1), 56–65.
Rosa, H. (2013). Beschleunigung und Entfremdung. Entwurf einer kritischen Theorie spätmoderner Zeitlichkeit. Berlin: Suhrkamp.
Rosa, H. (2016). Resonanz. Eine Soziologie der Weltbeziehung. Berlin: Suhrkamp.
Rosa, H. (2019). Unverfügbarkeit (5. Aufl.). Wien, Salzburg: Residenz Verlag.
Rosa, H., Endres, W. (2016). Resonanzpädagogik. Wenn es im Klassenzimmer knistert. Weinheim und Basel: Beltz.
Schaller, K. (1998). Die Pädagogik der Kommunikation – bildungstheoretische Grundlegung. Für Theodor Ballauff (1911–1995) in dankbarer Erinnerung. Vierteljahrsschrift für wissenschaftliche Pädagogik, 74 (3), 219–234.
Simmel, G. (1992). Soziologie. Untersuchungen über die Formen der Vergesellschaftung. Gesamtausgabe Band 11. Frankfurt a. M.: Suhrkamp.
Stollberg, D. (1982). Lernen, weil es Freude macht. Eine Einführung in die Themenzentrierte Interaktion. München: Kösel.
Watzlawick, P., Beavin, J. H., Jackson, D. D. (2007). Menschliche Kommunikation. Formen, Störungen, Paradoxien (11. Aufl.). Bern: Hans Huber.
Weniger, E. (1975). Theorie und Praxis in der Erziehung (1929). In: (Ders.) Ausgewählte Schriften zur geisteswissenschaftlichen Pädagogik (S. 29–44). Weinheim und Basel: Beltz.

MICHAEL BAYER UND MARGIT OSTERTAG
Perspektiven der empirischen Bildungsforschung auf die Themenzentrierte Interaktion
Eine kritische Diskussion

> *Zusammenfassung:* Bislang gibt es nicht allzu viele Berührungspunkte zwischen der Themenzentrierten Interaktion (TZI) und der empirischen Bildungsforschung, die aktuell überwiegend quantitativ orientiert ist bzw. vor allem in dieser Ausrichtung bildungspolitisch Einfluss hat. Im vorliegenden Beitrag wird eine erste Verortung der TZI im Feld der empirischen Bildungsforschung unternommen. Die Begründung und Skizzierung möglicher forschungsmethodischer Vorgehensweisen macht sowohl Möglichkeiten als auch Grenzen deutlich, mit Hilfe empirischer Forschungsdesigns TZI-basierte Bildungsprozesse in ihrem Kern zu erfassen. Mit Gruppendiskussion und Forschungstagebuch werden zwei Forschungsmethoden näher in den Blick genommen, die den emanzipativen und partizipativen Charakter von Bildung auch im Forschungsprozess aufgreifen bzw. spiegeln.

1 Empirische Forschung und TZI – zwei Welten?

Als eine Theorie und Praxis der Verständigung (siehe Ostertag, Teil 1 in diesem Band) analysiert die TZI zum einen auf einer theoretischen Ebene das aufgabenbezogene Verhältnis von Individuum, Gruppe und Gesellschaft bzw. Welt. Gleichzeitig ist mit ihr auch ein didaktisch-methodisches Instrumentarium verknüpft, mit welchem die in den Axiomen formulierte Realisierung von Menschlichkeit im Rahmen einer sozialen Praxis aktiv und lernend eingeübt werden kann.

Ziel der TZI ist es, Lernerfahrungen und Bildungsprozesse zu ermöglichen, die die Individuen in ihrer Entwicklung als Chairperson im Vier-Faktoren-Feld unterstützen. Wissenschaftlich wenig erforscht ist bislang die Frage nach der *Wirksamkeit* der TZI bezüglich ihrer eigenen Ansprüche. Damit verbunden ist die Frage, welche Forschungsmethodologie geeignet ist, um TZI-basierte Lern- und Bildungsprozesse in ihren Verläufen und insbesondere in ihren Wirkungen zu erfassen.

Unter den bisher circa 30 veröffentlichten Dissertationen und Habilitationen mit TZI-bezogenen Fragestellungen (Scharer, 2022) gibt es nur vereinzelt empirische Arbeiten (z. B. Ewert, 2008; Tscheke, 2013). Dies ist weder Zufall noch nachlässiges Versäumnis, sondern hängt unmittelbar mit dem Forschungsgegenstand zusammen. Grundsätzliche Schwierigkeiten und Herausforderungen einer empirisch orientierten Annäherung werden bereits in einem Zitat aus dem Jahr 1980 deutlich, in dem Ruth C. Cohn im Zusammenhang mit der Humanistischen Psychologie erläutert, was aus ihrer Sicht Wissenschaft kennzeichnet:

»Die Humanistische Psychologie richtet sich im wesentlichen auf das, was nicht meßbar ist, vielleicht beschreibbar in gewissem Sinn, nämlich das subjektive Erleben. Und es ist für mich einer von vielen Aberglauben, daß dies unwissenschaftlich sei. [...] Wissenschaft geht immer vom Phänomen aus. Das Phänomen der Psychologie ist, daß Menschen denken, fühlen und erleben, also etwas, das von außen nie ganz erfaßt werden kann« (Cohn, 1993, S. 118).

Lern- und Bildungsprozesse, wie sie in der TZI initiiert werden, zeigen sich so gesehen in gewissem Sinn widerständig gegen eine vereinfachende Operationalisierung und eine Beobachtung ›von außen‹. Um sich diesem Forschungsgegenstand in angemessener und aussagekräftiger Weise immerhin ansatzweise nähern zu können, bedarf es jedenfalls einer sehr durchdachten Forschungsmethodik.

Die weiteren Überlegungen dieses Beitrags sind zweifach motiviert: Einerseits ist beabsichtigt, die Debatten innerhalb des TZI-Diskurses auch in Richtung Wirkungsanalyse zu erweitern. Andererseits gilt es herauszuarbeiten, wo sich die TZI im Kontext der aktuellen

Bildungsforschung in einem weiteren Sinne (vgl. für einen entsprechenden Überblick Tippelt u. Schmidt-Herta, 2018) verorten lässt.

Bevor wir uns den Möglichkeiten und Grenzen empirischer Zugänge zu den Lern- und Bildungsprozessen zuwenden (Abschnitt 4), die im Rahmen der Einübung verständigungsorientierten Handelns angeregt werden sollen, sind zwei Vorabschritte notwendig. In einem ersten Schritt werden grundlegende Dimensionen des Bildungsbegriffs der TZI skizziert (Abschnitt 2). Anschließend werden wesentliche Entwicklungen im Feld der empirischen Lern- und Bildungsforschung dargestellt (Abschnitt 3). Der Ausblick stellt die These in den Raum, dass Bildungsforschung – nicht nur bezogen auf die TZI – mit der Idee zu verbinden ist, Resonanzräume zu eröffnen (Abschnitt 5).

2 TZI als Bildungstheorie und -praxis

Die Fundierung der TZI als eine Pädagogik der Verständigung (siehe Ostertag, Teil 2 in diesem Band) hat bildungstheoretische Zugänge zur TZI eröffnet. Dabei wurden in Verbindung mit den pädagogischen Theorien von Paulo Freire und Klaus Schaller insbesondere anthropologische sowie ethische Grundlagen der TZI als Bildungstheorie herausgearbeitet und Bildung als eine Praxis der Verständigung ausgewiesen.

Der Fokus des hier folgenden Gedankengangs liegt nun primär auf der Frage, inwiefern und anhand welcher Kriterien sich solche Bildungsprozesse erkennen, beschreiben und sodann empirisch fassen lassen. Bildungstheorien beschreiben den Menschen in seinem Selbst- und Weltbezug. Sie beschäftigten sich mit der Frage, wie sich das Mensch-Sein, mithin die Menschlichkeit des Menschen in Bildungsprozessen entwickelt und zeigt. Als originärer, von den Axiomen gerahmter Kern der bildungstheoretischen Implikationen der TZI lässt sich die Idee der Chairperson herausstellen:

»Übe dich, dich selbst und andere wahrzunehmen, schenke dir und den anderen die gleiche menschliche Achtung, respektiere alle Tatsachen so, daß du den Freiheitsraum deiner Entscheidungen vergrößerst. Nimm dich selbst, deine Umgebung und deine Aufgabe ernst. […]

Mein eigener Chairman zu sein bedeutet also, meine Möglichkeiten und Grenzen als menschliches Wesen zu begreifen und zu verfolgen: Ich bin nicht allmächtig; ich bin nicht ohnmächtig. Meine Macht ist begrenzt« (Cohn, 1975, S. 121).

In dieser Formulierung spiegeln sich die drei Axiome mit ihren Dimensionen Eigenständigkeit im Bewusstsein universeller Verbundenheit bzw. Abhängigkeit, Ehrfurcht vor allem Lebendigen sowie Freiheit in bedingenden Grenzen wider (Farau u. Cohn, 1984, S. 357 f.).

Als gebildet im Sinne der TZI können insofern jene Menschen bezeichnet werden, die innere und äußere Gegebenheiten differenziert und *bewusst wahrnehmen,* auf dieser Basis *werteorientierte Entscheidungen treffen,* diese in ihrem *Handeln* verwirklichen, *Selbstverantwortung* für ihr Tun bzw. Lassen übernehmen und sich in Verständigungsprozessen mit anderen in *Mitverantwortung* einer humanen Gestaltung unserer Welt zuwenden. Der Prozess, Chairperson zu sein und zu werden, ist niemals abzuschließen, sondern setzt sich lebenslang in jeder Situation aufs Neue fort. Der Begriff Bildung steht für diesen vielschichtigen Prozess und zugleich für das angestrebte Ziel, verständigungsorientiert zu mehr Menschlichkeit in der Welt beizutragen.

Bildung zeigt sich somit offensichtlich nicht als Merkmal oder Fähigkeit einer Person, sondern vielmehr im Vollzug ihrer Haltung und ihres Handelns in Bezug auf andere und anderes. Bildung, so schreibt Hartmut Rosa dazu passend, »ist ein bestenfalls halbverfügbarer Prozess des In-Resonanz-Tretens zwischen Subjekt und Welt« (2019, S. 79).

Die vorangegangenen Überlegungen führen nun zu der Frage, inwiefern ein empirischer Zugang zu solchen »bestenfalls halbverfügbaren Prozessen« entwickelt werden kann. Ein Bezugspunkt, um das Bildungsverständnis der TZI nachzuvollziehen, sind die in den Ausbildungsrichtlinien des Ruth Cohn Institute for TCI international (RCI) genannten Ziele der Diplomausbildung:

- »Er/sie hat bezogen auf die eigene Persönlichkeit ein realistisches Selbstbild entwickelt, seine/ihre Stärken und Schwächen als Leiter/in kennen und damit umgehen gelernt.

- Er/sie hat gelernt, Feedback entgegenzunehmen und zu geben, mit Anerkennung und Kritik umzugehen und Gefühle angemessen zu äußern.
- Bezogen auf seine/ihre Haltung hat er/sie sich mit dem Wertesystem der TZI (Axiome und Postulate) auseinandergesetzt, seinen/ihren eigenen Standpunkt gefunden bzw. überprüft und humanistische Werte in sein/ihr persönliches und berufliches Denken und Handeln integriert.
- Er/sie hat gelernt, selektiv-authentisch zu sein, partizipierend zu leiten und gegenüber sich selbst und anderen Wertschätzung und Toleranz zu üben.
- Auf dem Gebiet der Methodik hat er/sie sich mit Methode und Instrumenten der TZI vertieft auseinandergesetzt. Dazu gehört: mit Thema und Struktur leiten, Prinzip der dynamischen Balance, Bedeutung des Globe, partizipierende Leitung, Chairperson- und Störungspostulat sowie das Beachten der Dynamik in Gruppen und von Gruppenphasen.
- Er/sie hat die Fähigkeit entwickelt, TZI in unterschiedlichen Tätigkeitsfeldern (beruflich und privat) situationsgemäß einzusetzen, anzuwenden und beim Planen, Analysieren und Steuern von Gruppenprozessen zu nutzen.
- In schwierigen Gruppensituationen hat er/sie gelernt, Störungen, Konflikte und Krisen im Gruppenprozess zu erkennen und anzusprechen. Er/sie erkennt Möglichkeiten und Grenzen ihrer Bearbeitung.
- Er/sie hat gelernt sich mit seiner/ihrer beruflichen Rolle und mit der Dynamik von Organisationen auseinander zu setzen, Möglichkeiten und Grenzen der TZI in diesem Kontext zu erkennen, zu nutzen und mit eigenen Worten zu formulieren.
- Er/sie hat sich mit den eigenen Einstellungen gegenüber Menschen anderer Sprach- und Kulturräume auseinandergesetzt. Er/sie bejaht Interkulturalität als soziale Realität« (RCI, 2016, S. 8 f.).

Zwei einschränkende Bemerkungen seien an dieser Stelle sogleich genannt: 1. Weniger bis nicht relevant für unsere Fragestellungen sind die genannten TZI-spezifischen methodischen Kompetenzen, wie etwa die Anwendung des Vier-Faktoren-Modells. 2. Wiewohl diese

Aufzählung zunächst vielversprechend erscheint, geht doch auch mit dieser Konkretisierung eine Verkürzung von Bildung als Beziehungsgeschehen auf persönliche Einstellungen und Fähigkeiten einher.

Eine weitere Auslotung der empirischen Zugänglichkeit zu TZI-basierten Bildungsprozessen setzt eine genauere Kenntnis des Felds der empirischen Bildungsforschung voraus, weshalb dieser nun unsere Aufmerksamkeit gilt.

3 Die empirische Wende (in) der Bildungsforschung und der aktuelle Stand der zugrundeliegenden Bildungsverständnisse

Über das Thema Bildung diskutieren die unterschiedlichen wissenschaftlichen Disziplinen (vornehmlich Pädagogik/Erziehungswissenschaft, Psychologie. Soziologie, Philosophie, Theologie und Ökonomie) bereits seit Langem und es wurden eine Fülle an begrifflichen und konzeptionellen Vorschlägen formuliert (vgl. Ehrenspeck-Kolasa, 2018). Eine deutliche Konturierung und Weiterentwicklung in Richtung *empirischer* Bildungsforschung bekamen die interdisziplinär geführten Forschungen und Debatten spätestens durch die sowohl wissenschaftlichen wie auch bildungspolitischen Entwicklungen im Nachgang zum sogenannten PISA-Schock (Frederking, Heller, u. Scheunpflug, 2005). Dass Ergebnisse von Schulleistungsstudien eine solche Wirkung und eine anhaltende Kontroverse auslösen konnten, stellt sich jedoch bereits als Ergebnis einer stattgefundenen Verschiebung des Verständnisses von Bildung dar (Grunert 2012), was ab den 1990er Jahren in eine verstärkte Nutzung des Kompetenzbegriffs mündete (Allmendinger, 2003; Rohlfs, Harring, u. Palentien, 2014). Diese Perspektivverschiebung und die damit einhergehende Fokussierung von Bildungsprozessen als Kompetenzentwicklungen beinhaltet zudem eine verstärkte empirische und insbesondere empirisch-quantitative Fokussierung dieser Prozesse, was meist unter dem Begriff der *empirischen Wende der Bildungsforschung* diskutiert wird (Buchhaas-Birkholz, 2009).

Dieser starke empirische Fokus auf individuelle Bildungs- und Lernprozesse sollte nicht als eine rein innerwissenschaftliche Schwerpunktverschiebung missverstanden werden; vielmehr stellt dies auch eine neuartige Verknüpfung von wissenschaftlichen Erkenntnisinteressen und (bildungs-)politischen Interessen dar (Münch, 2018). Gleichzeitig – und für das hier diskutierte Thema relevant – operiert die empirische Bildungsforschung in Kooperation mit bildungspolitischen Akteuren mit einem Bildungsbegriff, der einerseits den Kompetenzbegriff beinhaltet bzw. sich aktiv mit diesem auseinandersetzt (vgl. hierzu die Beiträge in Nuissl, Schiersmann u. Siebert, 2002), der jedoch andererseits nach wie vor als ein weitaus umfassenderes Konzept von Bildung und Bildungsprozessen formuliert wird (Aktionsrat Bildung, 2015). Das in diesem Konnex von Bildungsforschung, Bildungspolitik und Bildungspraxis formulierte Verständnis von Bildung lässt sich beispielsweise in den konzeptionellen Grundlagen des Nationalen Bildungsberichts nachlesen. Hier werden als die drei zentralen Dimensionen eines Bildungsverständnisses »Regulationsfähigkeit«, »gesellschaftliche Teilhabe und Chancengleichheit« sowie »Humanressourcen« benannt (Autorengruppe Bildungsberichterstattung, 2020, S. 1). Insbesondere mit dem letzten Begriff – die Humanressourcen – scheint hier ein funktionalistisches Bildungsverständnis vorherrschend geworden zu sein, welches sehr weit von demjenigen der TZI entfernt sein dürfte. Andererseits sind alle drei Dimensionen in gewisser Hinsicht eher inhaltsleer, denn weder Bildung als Humanressource noch als Regulationsfähigkeit oder soziale Teilhabe sind mehr als Markierungen für mögliche inhaltliche Füllungen.

Zusammengehalten werden diese drei Dimensionen eines in Richtung individueller Fähigkeiten zielenden Bildungsverständnisses vor allem durch einen funktionalistischen Rahmen, aus dem heraus eine konkrete Bildung genau dann den Status einer Humanressource hat, wenn sie entsprechend genutzt werden kann bzw. genutzt wird. Bildung wird – wenn man die moderne Selbstbeschreibung der Bildungsforschung aufgreift – im Rahmen eines »Input – Prozess – Output/Outcome« Modells begriffen. Die Etablierung dieses funktionalistisch-ökonomistischen Verständnisses von Bildung lässt sich bis zu Diskussionen in den 1960er Jahren zurückverfolgen, die im Kontext der Gründung der OECD stattgefunden haben (vgl. etwa Elvin, 1961) und die nicht nur ein bis heute sehr wirkmächtiges Modell von Bildung mit sich brachten, sondern die darüber hinaus eine

Idee der Beobachtung und Steuerung von Bildungsprozessen sowohl im wissenschaftlichen wie im politischen Raum hervorgebracht haben (Rürup, 2018).

Hier wird ein Bildungsverständnis dominant, welches Bildung primär als eine Form der *Anpassung* an gesellschaftliche Rahmenbedingungen beschreibt – so lassen sich laut OECD Schlüsselkompetenzen für das 21. Jahrhundert dadurch identifizieren, dass man weiß, »was der Einzelne benötigt, um sich in seinem jeweiligen gesellschaftlichen Umfeld gut zurechtzufinden. Welche Kompetenzen sind wichtig, um einen Arbeitsplatz zu finden und zu behalten? Welche anpassungsfähigen Eigenschaften werden benötigt, um mit dem technologischen Wandel Schritt zu halten?« (OECD, 2005, S. 8). Damit scheint man jetzt aber relativ weit entfernt vom oben skizzierten Bildungsbegriff und Bildungsverständnis der TZI zu sein. Mit ihrem normativ konturierten Bildungsbegriff schließt die TZI an eine differenzierte Kontroverse im pädagogischen Fachdiskurs an, die beispielsweise Bernd Lederer sowohl in seiner Habilitationsschrift »Kompetenz oder Bildung« (2014) als auch in zwei Herausgeberbänden mit dem Thema »›Bildung‹: was sie war, ist, sein sollte: zur Bestimmung eines strittigen Begriffs« (2011/2013) aufgreift. Während in einer sich im weitesten Sinne kritisch-hermeneutisch verstehenden Perspektive ein Bildungsbegriff vertreten wird, der letztlich auch auf einer normativen Grundlage operiert, nimmt die empirische Bildungsforschung für sich in Anspruch, mit einem (angeblich) wertfreien Bildungsverständnis zu arbeiten. Dass jedoch auch die empirische Bildungsforschung ihren Ausgang in normativen Überlegungen bzw. Forderungen hatte, darauf macht beispielsweise Ditton (2011) aufmerksam mit seinem völlig richtigen Hinweis auf die auch bildungspolitische Bedeutung von Dahrendorfs Forderung von »Bildung als Bürgerrecht« aus den 1960er Jahren (Dahrendorf, 1965). Bildung als Bürgerrecht ist jedoch qualitativ etwas anderes als Bildung als Anpassungsfähigkeit an technologisch-industriellen Wandel von Gesellschaften.

Am Ende eines auf Anpassung abzielenden Bildungsprozesses steht dann das gebildete Individuum als ein Individuum, welches fähig (kompetent) ist, diejenigen Entscheidungen zu treffen, die einen maximalen gesellschaftlichen Mehrwert erzeugen. Ein solches Verständnis von Bildung ist offensichtlich sehr weit vom oben skizzierten Verständnis der gebildeten Person in der TZI entfernt. Diese grundlegende Differenz verschwimmt allerdings in den entsprechenden, mehr oder weniger verheißungsvollen, bildungspolitischen Verlautbarungen. Liest man etwa die Beschreibungen von Andreas Schleicher, Leiter des OECD Direktorats für Bildung, so scheint das auf den ersten Blick nicht weit vom TZI-Verständnis entfernt: »Bildung bedeutet für uns, die Leidenschaft für das Lernen zu fördern, die Fantasie anzuregen und Personen heranzubilden, die unabhängig Entscheidungen treffen und die Zukunft gestalten können.« (Schleicher, 2019, S. 20). Diese vermeintliche inhaltliche Nähe darf über erhebliche Diskrepanzen in der grundsätzlichen Orientierung und Zielrichtung jedoch nicht hinwegtäuschen.

4 Möglichkeiten und Grenzen empirischer Forschungszugänge zur TZI

Bei allem Suchen nach Gemeinsamkeiten bzw. Schnittstellen zwischen der empirischen Bildungsforschung sowie deren Bildungsverständnis und dem entsprechenden Verständnis der TZI, sollte man diese Inkommensurabilitäten nicht aus dem Blick verlieren. So sieht zumindest die quantitative Bildungsforschung vom subjektiven Bildungserleben weitestgehend ab, was allein schon im Hinblick auf das zugrunde gelegte Konzept von Bildung als Anpassung an äußere Bedingungen konsequent ist. Stärkt man jedoch das ebenfalls angelegte Verständnis, wie es im Zitat von Schleicher zum Ausdruck kommt, dann lässt sich das autonome, selbstverantwortliche Individuum in seinen sozialen Bezügen mehr ins Zentrum rücken.

Dass dies jedoch nur ein erster Schritt ist, wird deutlich, wenn man sich die unterschiedlichen Bezüge anschaut, in die das ICH in der TZI gestellt ist. Der empirische Blick auf das ICH und damit einhergehende methodische Überlegungen zur Erfassung von Entwicklungsprozessen auf der individuellen Ebene (beispielsweise im Hinblick auf Bildungsdimensionen bzw. -kriterien wie »Autonomie« oder auch »Verantwortungsbewusstsein«) sollten dementsprechend flankiert werden durch inhaltliche Bestimmungen sowohl von ES und WIR wie auch des GLOBEs.

Mit einer solchen kontextualen, gesellschaftlichen Einbettung von Bildungsprozessen ist der Weg nicht mehr weit zu dem bereits in den 1960er Jahren entwickelten Konzept von Bildung als einem sowohl auf das Individuum wie auch die Gesellschaft bezogenen Emanzipationsprojekt, in dem die (selbst-)transformative Kraft von Bildungsprozessen ins Zentrum gerückt wurde und wird. Mit Rekurs auf Husserl kritisiert etwa Habermas in seinen Ausführungen im Werk »Erkenntnis und Interesse« (1971) den objektivistischen Schein der modernen respektive empirischen Wissenschaft. Handlungswissenschaften wie die kritische Sozialwissenschaft sind jedoch seiner Ansicht nach in ihrer »Selbstreflexion […] von einem emanzipatorischen Erkenntnisinteresse bestimmt« (Habermas, 1971, S. 344).

Wenn man den Gedanken von Bildung als zwar individuelles, aber stets gesellschaftsbezogenes Emanzipationsprojekt fortführt und auf die TZI überträgt, lässt sich formulieren, dass auch die Bildungsforschung als solche die Menschen in ihrem Bildungs- und Emanzipationsprozess als Chairperson in einem ersten Schritt wahrnehmen und dann auch unterstützen sollte. Hierzu bedarf es dann aber einer deutlich stärkeren Integration der Perspektive der Subjekte. Verbunden mit Ruth C. Cohns Feststellung, dass die inneren Prozesse einer Person niemals in Gänze von außen erfasst werden können (vgl. Punkt 1), müssten die Subjekte in ihrem subjektiven, inneren Erleben gehört, beteiligt und letztendlich die bislang nur passiv Beforschten auch selbst Akteure der Forschung werden.

Damit würde man auch wieder an eine Tradition anschließen, die ausgehend von Kurt Lewins frühen Arbeiten (1946) unter dem Begriff *action research* vor allem in den 1970er und 1980er Jahren eine größere Verbreitung in der deutschsprachigen Forschung erfuhr (Moser, 1975) und die seit den 2000er Jahren auch international eine neue Verbreitung findet. Werner Fricke (2014) kommt in einer jüngeren Publikation zu Einschätzungen, die für eine Verknüpfung mit der TZI interessant sind: »In der Aktionsforschung sind Dialoge der zentrale Ort, das produktive Zentrum des gesamten Forschungsprozesses von der Analyse der Ausgangssituation über die Generierung neuen theoretischen und praktischen Wissens bis zu Prozessen der Umgestaltung von Arbeit, Technik, Organisation, kurz: von betrieblicher/organisatorischer/sozialer Wirklichkeit« (S. 214). Seines Erachtens werden

Praktiker*innen hier zu Forscher*innen in einem, wie er es ausdrückt, »Verfahren kollektiver Selbstreflexion« (S. 220). Hierfür benötigt es, so Fricke, »Reflexions- und Verständigungsräume«. Diese Beschreibung der Potenziale der Aktionsforschung zeigt Gemeinsamkeiten mit den hier formulierten und an den TZI Grundlagen orientierten Anliegen. Mit Demokratisierung, Dialog, Partizipation und Reflexivität benennt Fricke zudem die werthaltigen Kernbegriffe von Aktionsforschung, die hochgradig anschlussfähig an eine Bildungsforschung sind, welche die beteiligten Personen auch in ihrem Personsein und ihrer persönlichen Entwicklungsfähigkeit ernst nehmen möchte. Eine an der TZI orientierte Perspektive kann diese Diskussionen innerhalb des Aktionsforschungsparadigmas, welches – Fricke weist zu Recht darauf hin – nach wie vor eher ein Nischendasein innerhalb der Sozialforschung fristet, auch in Richtung eines umfassenderen Verständnisses des Subjekts der innersubjektiven Prozesse bereichern.

Beginnt man nun also forschungsmethodisch, wie oben vorgeschlagen, beim Subjekt und dessen subjektivem Erleben, so bedarf es eines klar strukturierten und begründeten Vorgehens, um von der bloßen Wahrnehmung subjektiven, inneren Erlebens zu wissenschaftlichen Erkenntnissen zu kommen. Während die empirischen Bildungsforscher*innen oftmals in der, wie Bourdieu und Wacquant (1996, S. 280) dies ausdrücken, »Illusion des unmittelbaren Verstehens leben«, woraus dann eher das resultiert, was die beiden Pseudo-Wissenschaft nennen, würde ein ethnographischer Blick auf sich selbst und auf andere eine transparentere Form der notwendigen Objektivierung des Subjektiven ermöglichen. Diese Objektivierung findet in der quantitativen Forschung nicht nur meist unter Ausschluss der Beforschten statt, darüber hinaus bleiben die wissenschaftlichen Beobachter*innen auch sich selbst in ihrer Perspektivität intransparent. Ethnographische Vorgehensweisen hingegen – Bourdieu (2010) spricht von *teilnehmender Objektivierung* – sind dadurch gekennzeichnet, dass die Subjekte nicht nur sich selbst, sondern auch und gerade die sozialen Bedingungen der eigenen Erfahrungen in den Blick nehmen.

Ein Transparentmachen des je eigenen Bildungsprozesses und damit die Erzeugung von sowohl Anschlussfähigkeit an ein WIR sowie von emanzipatorischem Mehrwert für den GLOBE beinhaltet auch die Frage nach dem Ort bzw. Anlass (ES) von Bildungsprozessen. Dass für die empirische Bildungsforschung der Formalitätsgrad der Bildungsorte ein Zentralkriterium darstellt, wird allein schon begrifflich durch die Trias von formalen, non-formalen und informellen Bildungsorten oder auch den Begriff der außerschulischen Lernkontexte deutlich (Maschke u. Stecher, 2018).

Das Bildungskonzept der TZI ist lebensräumlich sehr viel weiter gefasst, weil hier Bildung und Bildungsprozesse immer auf mehreren Ebenen angelegt sind. Verankerung finden Bildungsprozesse zwar im Individuum, was in den beschriebenen Ausbildungsrichtlinien auch deutlich wird; die angestrebten Bildungsfähigkeiten jedoch zielen nicht auf Passungsfähigkeit zu institutionellen Bildungsvorgaben oder -zielen, sondern auf lebensweltliche und gesellschaftliche Mitgestaltung.

Die vorangegangenen Überlegungen implizieren eine Kombination verschiedener forschungsmethodischer Zugänge, um die unterschiedlichen Bezugnahmen (auf das ICH, auf das ES, auf das WIR und auf den GLOBE) in einer verknüpften Form in den Blick nehmen zu können – und dies sowohl aus der Teilnehmer*innen- wie auch aus der Forscher*innenperspektive.

Pragmatisch besehen stellt die Gruppe (das WIR) hier einen ersten Ansatzpunkt dar und Gruppendiskussionsverfahren, wie sie etwa im Kontext der rekonstruktiven Sozialforschung (Bohnsack, 2003) Anwendung finden, beinhalten bereits auf einer methodologischen Ebene Anknüpfungspunkte für die TZI. Diskussionsgegenstand könnte hierbei die Frage nach Bildungskriterien sein, nicht zuletzt unter Bezugnahme auf die in den Ausbildungsrichtlinien genannten Merkmale (vgl. Punkt 2).

Liebig und Nentwig-Gesemann machen deutlich, dass es in Gruppendiskussionsverfahren sowohl um das (individuell-subjektive) Erleben wie auch um die »kollektive Praxis des Miteinander-Redens« geht (Liebig u. Nentwig-Gesemann, 2009, S. 104). Von Leithäuser (2009) liegt sogar bereits ein Vorschlag vor, Gruppendiskussionsverfahren explizit mit TZI zusammenzubringen, um – bei ihm in Kombination mit einer psychoanalytischen Textinterpretation – zu einer Form des *szenischen Verstehens* zu kommen (wobei er hier explizit und begrifflich an Alfred Lorenzer (1973) anschließt).

Denkt man individuelle Bildungsprozesse immer als eingebettet in kollektive Bildungsprozesse und versucht gleichzeitig, den *Unterwerfungsweg* unter rein extern vorgegebene Bildungsziele zu vermeiden, dann sind Veränderungen (Wirkungen) sowohl beim Einzelnen wie auch in der Gruppe (als Gruppe) erwartbar. Und auch hier zeigen sich deutliche Unterschiede zwischen der TZI-Perspektive und der empirischen Bildungsforschung, da letztere Gruppenprozesse meist nur als eine Addition von Individualprozessen modelliert und misst.

Jenseits einer ausschließlichen Forscher*innenperspektive, aus welcher heraus ein solches Verfahren dann auch für Vorher-Nachher-Analysen (also für eine Analyse stattgefundener Veränderungen im WIR) genutzt werden kann, lässt ein TZI-Seminar in klassischer Manier die Beteiligten bereits an den Ergebnissen dieser Form von Gruppendiskussion teilhaben. Ein TZI-Seminar ist oder ermöglicht zumindest bereits beides: einerseits den objektivierenden Blick auf das Geschehen, auf die Situation des konkreten WIR in spezifischen Bezugnahmen und gleichzeitig die subjektive Teilnahme an diesem WIR. Ob sich – und dies ist die Frage der klassischen Wirkungsanalyse – hieraus ein Mehrwert erzeugt, der von den Individuen über diese Situation hinausgetragen wird, kann jedoch letztlich nur mit Blick auf die Subjekte beantwortet werden. So könnte beispielsweise als eine Wirkung der Bildungsprozesse beobachtbar sein, dass die Teilnehmenden in der Gruppendiskussion in der Lage sind, Konflikte wahrzunehmen und adäquat anzusprechen (vgl. Ausbildungsrichtlinien in Punkt 2). Offen bleibt dann jedoch die Frage, ob sich diese Wirkung nur situativ in eben dieser Gruppe einstellt, die sich im Verlauf des Seminars vertraut geworden ist und miteinander eine bestimmte Kommunikationskultur entwickelt hat, oder ob die individuellen Entwicklungen auch im Lebensalltag der Teilnehmenden Wirkung zeigen und sich als nachhaltige Veränderungen erweisen.

Zur weiteren Erforschung dieser Frage bietet es sich etwa auf der Ebene des oder der Einzelnen an, eine Art Forschungstagebuch zu führen, wie es aus der ethnologisch orientierten Tradition der Teilnehmenden Beobachtung bekannt ist (Malinowski, 1922). Die Beteiligten sind hier Forscher*innen und Beforschte zugleich in einer Person. Damit findet nicht nur eine prozessorientierte Dokumentation des eigenen Bildungsgeschehens statt; vielmehr bildet das so Verschriftlichte das Material eines objektivierenden Blicks auf sich selbst. Perspektiven und Fragestellungen für das je eigene Forschungstagebuch lassen sich unter anderem aus den Ergebnissen der Gruppendiskussion ableiten.

Erfasst werden können auf diese Weise auch Veränderungen, die sich nicht unmittelbar in der Bildungssituation (auch nicht an deren Ende), sondern im Lebensalltag und vielleicht auch erst als eine Nachwirkung nach mehreren Wochen ereignen – sowohl beruflich als auch privat, denn das übergeordnete Ziel ist schließlich, wie bereits ausgeführt, dass gebildete Menschen zu einer menschlichen Gestaltung unseres (gesellschaftlichen) Zusammenlebens beitragen. In diesem Sinn ermöglichen Forschungstagebücher also eine zeitliche (*nach* der Bildungssituation) und eine räumliche Erweiterung (im Lebensalltag) der Forschungsperspektive. Bedeutsam ist dabei, dass die individuellen Dokumentationen wieder in einen gemeinsamen Forschungsprozess und -dialog zurückfließen, in dem die festgehaltenen Selbstbeobachtungen methodisch strukturiert weiter verarbeitet und ausgewertet werden.

Im Rahmen der forschungsmethodischen Überlegungen in diesem Abschnitt sind mit Gruppendiskussion und Forschungstagebuch zwei spezifische Methoden näher in den Fokus gerückt. Weitere Methoden – etwa bestimmte Interviewformen oder, wie in der *Grounded Theory* üblich, Memos – können die empirischen Zugangsmöglichkeiten erweitern und das entstehende Bild weiter ausdifferenzieren. Maßgabe für die Auswahl geeigneter Methoden ist und bleibt die Voraussetzung, dass sie Wirkungen Themenzentrierter Interaktion in einer Weise sichtbar machen, bei der die Beteiligten selbst in den Gesamtprozess der Forschung involviert sind und dieser sowohl individuell als auch gesellschaftlich emanzipatorisch ausgerichtet ist.

5 Bildungsforschung als Resonanzerfahrung?!

Begreift man den beim Einzelnen ansetzenden Prozess von Bildung als Emanzipation nicht nur als eine Art höchsten Ausdruck von Individualismus, dann wird deutlich, dass auch der forschende Blick auf sich selbst immer schon unter der Leitidee stehen sollte, fähig zu sein, Anderen Auskunft über sich zu geben. Damit zeigt sich nicht nur eine hohe Anschlussfähigkeit an die in der TZI angelegte Verknüpfung des ICHs mit einem WIR, sondern das ICH hätte dann, wenn man nochmals Dahrendorfs Konzept von Bildung als Bürgerrecht aufgreift, nicht nur das Recht auf Bildung, sondern vor allem auch auf einen diese ermöglichenden Beziehungsraum, der durch entsprechende gesellschaftliche Strukturen gerahmt ist (GLOBE).

Ein solches Verständnis von Bildung sowie des dafür notwendigen, gesellschaftlich verankerten Beziehungsraums ist nicht nur der TZI sehr nahe, sondern lässt sich darüber hinaus auch in Richtung der Resonanztheorie von Hartmut Rosa weiterdenken. Mit Rosa können Bildungsprozesse als Resonanzerfahrung verstanden und beschrieben werden (2019, S. 79). Sie ereignen sich in »kulturell etablierten *Resonanzräumen*« (2016, S. 296, Herv. i. O.), die ihrerseits entsprechende gesellschaftliche Rahmenbedingungen voraussetzen. Anknüpfend an die oben ausgeführten Überlegungen ließe sich pointiert als Ausblick festhalten: Gegenstand der Bildungsforschung sind Resonanzerfahrungen. Forschungsprozesse sind konsequenterweise so zu gestalten, dass sie selbst Resonanzräume eröffnen.

Literatur

Aktionsrat Bildung (2015). Bildung. Mehr als Fachlichkeit. München: Waxmann.
Allmendinger, J. (2003). Soziale Herkunft, Schule und Kompetenzen. Politische Studien: Zweimonatszeitschrift für Politik und Zeitgeschehen, 54(3), 79–90.
Autorengruppe Bildungsberichterstattung (2020). Bildung in Deutschland 2020. Bielefeld: wbv.
Bohnsack, R. (2003). Rekonstruktive Sozialforschung. Opladen: Leske u. Budrich.
Bourdieu, P. (2010). Algerische Skizzen. Berlin: Suhrkamp.
Bourdieu, P. & Wacquant, L. (1996). Reflexive Anthropologie. Frankfurt a. M.: Suhrkamp.
Buchhaas-Birkholz, D. (2009). Die »empirische Wende« in der Bildungspolitik und in der Bildungsforschung. Zum Paradigmenwechsel des BMBF im Bereich der Forschungsförderung. Erziehungswissenschaft, 39, 27–33.
Cohn, R. C. (1975). Von der Psychoanalyse zur themenzentrierten Interaktion. Von der Behandlung einzelner zu einer Pädagogik für alle. Stuttgart: Klett-Cotta.
Cohn, R. C. (1993). Es geht ums Anteilnehmen. Die Begründerin der TZI zur Persönlichkeitsentfaltung. Freiburg im Breisgau: Herder.

Dahrendorf, R. (1965). Bildung ist Bürgerrecht. Plädoyer für eine aktive Bildungspolitik. Bramsche/Osnabrück: Nannen Verlag.

Ditton H. (2011). Entwicklungslinien der Bildungsforschung. In H. Reinders, H. Ditton, C. Gräsel, B. Gniewosz (Hrsg.), Empirische Bildungsforschung (S. 29–42). Wiesbaden: VS Verlag für Sozialwissenschaften.

Ehrenspeck-Kolasa Y. (2018) Philosophische Bildungsforschung: Bildungstheorie. In R. Tippelt, B. Schmidt-Hertha (Hrsg.), Handbuch Bildungsforschung (S. 187–212). Wiesbaden: Springer VS.

Elvin, H. L. (1961). Education and Economic Growth: O.E.C.D. conference, Washington, October 1961. International review of education, 7(4), 484–486.

Ewert, F. (2008). Themenzentrierte Interaktion (TZI) und pädagogische Professionalität von Lehrerinnen und Lehrern. Erfahrungen und Reflexionen. Wiesbaden: Deutscher Universitäts-Verlag und VS Verlag für Sozialwissenschaften.

Farau, A.; Cohn, R. C. (1984). Gelebte Geschichte der Psychotherapie. Zwei Perspektiven. Stuttgart: Klett-Cotta.

Frederking, V., Heller, H., Scheunpflug, A. (Hrsg.) (2005). Nach PISA: Konsequenzen für Schule und Lehrerbildung nach zwei Studien. Wiesbaden: VS Verlag für Sozialwissenschaften.

Fricke, W. (2014). Aktionsforschung in schwierigen Zeiten. In M. Jostmeier, A. Georg, H. Jacobsen (Hrsg.), Sozialen Wandel gestalten (S. 213–236). Wiesbaden: Springer VS.

Grunert, C. (2012). Bildung und Kompetenz. Theoretische und empirische Perspektiven auf außerschulische Handlungsfelder. Wiesbaden: Springer VS.

Habermas, J. (1971). Erkenntnis und Interesse. In H. Albert, E. Topitsch (Hrsg.), Werturteilsstreit (S. 334–352). Darmstadt: Wissenschaftliche Buchgesellschaft.

Lederer, B. (Hrsg.) (2011). »Bildung«: was sie war, ist, sein sollte: zur Bestimmung eines strittigen Begriffs. Baltmannsweiler: Schneider-Verl. Hohengehren.

Lederer, B. (Hrsg.) (2013). »Bildung«: was sie war, ist, sein sollte: zur Bestimmung eines strittigen Begriffs, Fortführung der Diskussion. Baltmannsweiler: Schneider-Verl. Hohengehren.

Lederer, B. (2014). Kompetenz oder Bildung: eine Analyse jüngerer Konnotationsverschiebungen des Bildungsbegriffs und Plädoyer für eine Rück- und Neubesinnung auf ein transinstrumentelles Bildungsverständnis. Innsbruck: innsbruck univ. press.

Leithäuser, T. (2009). Auf gemeinsamen und eigenen Wegen zu einem szenischen Verstehen in der Sozialforschung. In T. Leithäuser, S. Meyerhuber, M. Schottmeyer (Hrsg.), Sozialpsychologisches Organisationsverstehen (S. 357–372). Wiesbaden: VS Verlag.

Lewin, K. (1946). Action Research and Minority Problems. Journal of social issues, 2(4), 34–46.

Lorenzer, A. (1973). Sprachzerstörung und Rekonstruktion. Frankfurt a. M.: Suhrkamp.

Malinowski, B. (1922). Argonauts of the Western Pacific: An Account of Native Enterprise and Adventure in the Archipelagoes of Melanesian New Guinea. London: Routledge.

Maschke, S., Stecher, L. (2018). Non-formale und informelle Bildung. In A. Lange, H. Reiter, S. Schutter, Ch. Steiner (Hrsg.), Handbuch Kindheits- und Jugendsoziologie (S. 149–163). Wiesbaden: Springer VS.

Moser, H. (1975). Aktionsforschung als kritische Theorie der Sozialwissenschaften. München: Kösel.

Münch, R. (2018). Der bildungsindustrielle Komplex. Frankfurt a.M.: Beltz Juventa.

Nuissl, E., Schiersmann, Ch., Siebert, H. (Hrsg.) (2002). Literatur- und Forschungsreport Weiterbildung, Nr. 49, Juni 2002.

OECD (2005). Die Definition und Auswahl von Schlüsselkompetenzen. Zusammenfassung. Paris. https://www.oecd.org/pisa/35693281.pdf (Zugriff am 15.02.2022).

RCI (2016). Ausbildungsrichtlinien. https://www.ruth-cohn-institute.org/files/content/zentraleinhalte/dokumente/Ausbildung%20in%20TZI/00_D_Allgemein/Ausbildungsrichtlinien_RCI-int_2016.pdf (Zugriff am 22.02.2022).

Rohlfs, C., Harring, M., Palentien, C. (Hrsg.) (2014). Kompetenz-Bildung. Wiesbaden: Springer VS.

Rosa, H. (2016). Resonanz. Eine Soziologie der Weltbeziehung. Berlin: Suhrkamp.

Rosa, H. (2019). Unverfügbarkeit (5. Aufl.). Wien, Salzburg: Residenz Verlag.

Rürup, M. (2018). Berichtet Bildungsberichterstattung über Bildung? Eine Auseinandersetzung mit KritikerInnen. In I. Bormann, S. Hartong, T. Höhne (Hrsg.). Bildung unter Beobachtung. Kritische Perspektiven der Bildungsberichterstattung (S. 16–42). Weinheim: Beltz Juventa.

Scharer, M. (2022). Forschen an und mit TZI. In J. Spielmann, A. Röckemann, W. Zitterbarth (Hrsg.), Handbuch Themenzentrierte Interaktion (TZI). Neuauflage. Göttingen: Vandenhoeck & Rupprecht. Im Druck.

Schleicher, A. (2019). Weltklasse. Schule für das 21. Jahrhundert gestalten. Bielefeld: wbv.

Tippelt, R., Schmidt-Herta, B. (Hrsg.) (2018). Handbuch Bildungsforschung. Wiesbaden: Springer VS.

Tscheke, J. (2013). »Bis dann, meine Helden!«: Themenzentrierte Interaktion im Unterricht mit Schülerinnen und Schülern mit Beeinträchtigung der körperlichen und motorischen Entwicklung. Bad Heilbrunn: Klinkhardt.

3

Themenzentrierte Interaktion
in wissenschaftlichen und
gesellschaftlichen Diskursen

KRISTINA BERGLER
Lebenslanges Lernen wird lebendig
Begründung einer ethischen Erweiterung Lebenslangen Lernens auf Basis der Themenzentrierten Interaktion[1]

Zusammenfassung: Lebenslanges Lernen wurde als bildungspolitisches Konzept durch die Idee geprägt, dass durch eine Ausweitung von Lernangeboten und -aktivitäten den globalen technologischen, wirtschaftlichen sowie gesellschaftlichen Entwicklungen und Herausforderungen standgehalten werden kann. Lebenslanges Lernen zielt deshalb gleichermaßen auf eine Verbesserung von Wettbewerbs- und Beschäftigungsfähigkeit sowie Teilhabe und staatsbürgerlichem Engagement ab. Strategisch verfolgt werden durch die Politik jedoch vorrangig beschäftigungspolitische und ökonomische Zielsetzungen. Hiermit gehen die Funktionalisierung von Lern- und Bildungsprozessen und die Aushöhlung der Selbstbestimmung in der Erwachsenenbildung einher. Dem entgegenwirken kann die Themenzentrierte Interaktion (TZI). Aufgrund ihres ganzheitlichen Ansatzes, ihrem Verständnis vom sogenannten Lebendigen Lernen sowie ihrer humanistischen und axiomatischen Grundlegung kann diese ein hilfreicher Schlüssel für eine ethische Korrektur eines einseitig wirtschaftsorientierten Verständnisses von Lebenslangem Lernen darstellen und die Verwirklichung von demokratiefördernden Zielsetzungen Lebenslangen Lernens stärken.

---

1 Dieser Beitrag baut auf Gedanken aus der Masterarbeit der Autorin auf. Kristina Bergler (2019): »Lebendiges Lernen«. Themenzentrierte Interaktion als Basis einer ethischen Erweiterung des »Lebenslangen Lernens« in der Erwachsenenbildung.

1 Zur Notwendigkeit einer ethischen Erweiterung Lebenslangen Lernens

In der Erwachsenenbildung ist Lebenslanges Lernen nicht nur ein Schlagwort oder eine Debatte, sondern längst Standard. Dabei wurde der Begriff Lebenslanges Lernen geprägt durch ein Konglomerat aus arbeitsmarkt-, wirtschafts- und bildungspolitischen Strategien und Konzepten. Deren Zielsetzungen reichen von der Verbesserung der Beschäftigungsfähigkeit und des ökonomischen Erfolgs bis hin zur Stärkung von Chancengleichheit und Demokratisierung. Werden wirtschaftliche und sozialpolitische Ziele hierbei auch als gleichwertig benannt, so scheinen sie doch nicht immer vereinbar und vor allem auch nicht immer als gleichwertig *bewertet* zu werden. Entsprechend hat sich in den letzten Jahrzehnten für das Erwachsenenalter eine einseitig arbeitsmarkt- und wirtschaftsorientierte Lesart Lebenslangen Lernens durchgesetzt. Anderslautende Zielsetzungen von Lernen und Bildung werden in den Strategien zur Verwirklichung Lebenslangen Lernens vernachlässigt. In Anbetracht des fortschreitenden globalen Wandels scheint die Verfolgung human(itär)er sozialpolitischer – kurz: ethischer – Zielsetzungen jedoch nicht nur empfehlenswert, sondern eine Notwendigkeit.

Die TZI bietet auf Grund ihrer Verankerung in der humanistischen Psychologie und Pädagogik sowie ihrer ethischen Wertebasis einen Ansatzpunkt, solidarische, humanisierende und demokratiefördernde Zielsetzungen Lebenslangen Lernens zu stärken. Zielsetzung dieses Beitrags ist es deshalb, die Notwendigkeit wie Möglichkeit einer ethischen Erweiterung Lebenslangen Lernens auf Basis der TZI aufzuzeigen.

In einem ersten Schritt wird hierfür der Frage nachgegangen, was unter Lebenslangem Lernen zu verstehen ist und welche Ziele mit der Realisierung von Lebenslangem Lernen durch die Politik (vorwiegend) verfolgt werden (Abschnitt 2). Anschließend erfolgt eine kritische Auseinandersetzung mit den wirtschaftspolitischen Zielen Lebenslangen Lernens, wobei besonderes Augenmerk auf mögliche negative Konsequenzen aus einer einseitigen Konzentration auf ökonomische Ziele gelegt wird (Abschnitt 3). In einem weiteren Schritt wird – quasi als Gegenentwurf – das Lern- und Bildungsverständnis in der TZI skizziert (Abschnitt 4.1) und aufgezeigt, wie bestehende demokratiefördernde Zielsetzungen Lebenslangen Lernens durch eine TZI-gemäße Umsetzung nicht nur gestärkt werden, sondern Lebenslanges Lernen grundsätzlich eine ethische Grundlegung und Neuausrichtung erfährt (Abschnitt 4.2). Abschießend verweist die Autorin nochmals auf die Notwendigkeit einer Neuausrichtung Lebenslangen Lernens und die Bedeutung, die die TZI hierfür haben kann (Abschnitt 5).

2 Lebenslanges Lernen als politische Strategie

Wir leben in einer Zeit der Globalisierung und des grundlegenden wirtschaftlichen wie gesellschaftlichen Wandels. Ersichtlich wird dies an den jüngsten globalen Entwicklungen, die Anpassungsleistungen auf nationaler wie internationaler Ebene gleichermaßen erforderlich machen. Beispielhaft genannt seien hier die drohende weltweite Klimakatastrophe, die globalen Fluchtbewegungen infolge von Verfolgung und Benachteiligung oder die fortgesetzte Digitalisierung von Bildungs-, Kommunikations- und Arbeitsprozessen. Dieser Wandel, für den die oben genannten Beispiele symptomatisch sind, zeichnet sich bereits seit den 1970er Jahren ab.

Das bildungspolitische Konzept des Lebenslangen Lernens wurde im ausgehenden 20. Jahrhundert von der Europäischen Union und anderen supranationalen Organisationen dazu auserkoren, Antwort und Lösung auf diesen Wandel und die mit ihm verbundenen Herausforderungen zu sein (Hof, 2009, S. 16). Als Herausforderungen identifiziert wurden dabei insbesondere die Technologisierung, die Globalisierung und die Individualisierung, die Entstehung einer Informations- und Wissensgesellschaft, der demographische Wandel sowie die Herstellung von Chancengleichheit bezüglich Teilhabe und Bildung. In der Konsequenz führt dies zu einem Verständnis von Lebenslangem Lernen als Strategie, die die Ausweitung und Verbesserung von Lernangeboten und -aktivitäten über die gesamte Lebensspanne hinweg im Blick hat, um auf diese Weise den Menschen fit zu machen für die Bewältigung der genannten Herausforderungen (Kommission der Europäischen Gemeinschaften, 2000, S. 5 ff.). Insbesondere die Sicherstellung lebenslanger Beschäftigungsfähigkeit und wirtschaftlichen Erfolgs sowie die Herstellung von Chancengleichheit, Teilhabe und aktivem Staatsbürgertum für jede*n Einzelne*n sollten so gestärkt werden. Alle diese Aspekte – insbesondere aber ökonomische und beschäftigungspolitische – gelten darüber hinaus als Basis für den ökonomischen Erfolg und die Wettbewerbsfähigkeit der Europäischen Union und deren Mitgliedsstaaten (Kommission der Europäischen Gemeinschaften, 2000, S. 6).

Die Implementierung und Umsetzung des Konzepts des Lebenslangen Lernens wurde auf nationalstaatlicher Ebene durch konkrete Strategien verfolgt. Hierbei setzte Deutschland Schwerpunkte in den Bereichen der Frühförderung, der Benachteiligtenförderung, der hochschulischen und beruflichen Bildung sowie der beruflichen Fort- und Weiterbildung (Bundesministerium für Bildung und Forschung, 2008, S. 3). Der konkrete Maßnahmenkatalog der »Konzeption der Bundesregierung zum Lernen im Lebenslauf« weist dabei erkennbar eine Konzentration auf berufs- und beschäftigungsrelevante Aspekte auf. So repräsentieren allein sieben von elf Maßnahmen die berufliche Fort- und Weiterbildung und damit den Bereich der (institutionalisierten) Erwachsenenbildung.[2]

Welche Konsequenzen diese einseitige Fokussierung auf vorwiegend beschäftigungspolitische Aspekte Lebenslangen Lernens mit sich bringen kann und wie die TZI den damit verbundenen Risiken entgegenwirken könnte, wird im Folgenden dargestellt.

3 Fokussierung Lebenslangen Lernens auf wirtschafts- und beschäftigungspolitische Aspekte

Das bildungspolitische Konzept des Lebenslangen Lernens zielt gleichermaßen auf eine Stärkung von Demokratisierung und Teilhabe sowie Beschäftigungs-, Wettbewerbsfähigkeit und öko-

---

2 Konkret handelt es sich dabei um die Einführung der sogenannten Bildungsprämie, die Bewerbung der Teilnahme am Lebenslangen Lernen, die Fortführung der Qualitätssicherung in der Weiterbildung, die Bildung einer Weiterbildungsallianz, die zielgruppenspezifische berufliche Förderung, die (finanzielle) Förderung des beruflichen Aufstiegs und der Weiterqualifizierung und die Verbesserung der Transparenz zur wissenschaftlichen Weiterbildung (Bundesministerium für Bildung und Forschung, 2008, S. 4 ff.).

nomischen Erfolg ab (Kommission der Europäischen Gemeinschaften, 2000, S. 6). Obwohl alle Ziele als gleichwertig und verwoben dargestellt werden, scheint gerade auf das Erwachsenenalter bezogen eine stärkere Konzentration auf wirtschaftspolitische und ökonomische Interessen vorzuliegen (s. o.).

Einige Konsequenzen einer einseitigen Ausrichtung Lebenslangen Lernens auf ökonomische und beschäftigungspolitische Ziele werden im Folgenden aufgezeigt: So wird die Instrumentalisierung und Funktionalisierung sowohl von Lern- und Bildungsprozessen als auch des Menschen im Sinne des Humankapital-Modells problematisiert (Abschnitt 3.1). Ergänzend wird Lebenslanges Lernen als Strategie der Vergesellschaftung im Spannungsfeld aus Selbstführungstechniken, Fremd- und Selbstbestimmung betrachtet (Abschnitt 3.2).

3.1 Funktionalisierung und Instrumentalisierung im Zusammenhang lebenslanger Lernprozesse

Unter Lebenslangem Lernen wird »jede zielgerichtete Lerntätigkeit, die einer kontinuierlichen Verbesserung von Kenntnissen, Fähigkeiten und Kompetenzen dient« (Kommission der Europäischen Gemeinschaften, 2000, S. 3) verstanden. Lebenslanges Lernen wird somit zu einer funktionalen Strategie der Optimierung der *Ressource Mensch*. Gleichzeitig werden Bildungs- und Lernaktivitäten von Erwachsenen im Konzept des Lebenslangen Lernens erkennbar einseitig unter den Aspekten der Beschäftigungsfähigkeit, des Wettbewerbs, der wirtschaftlichen Stabilität und somit letztlich der Verwertbarkeit betrachtet. Andere, bspw. persönliche Lernbegründungen, treten in den Hintergrund (Dewe u. Weber, 2009, S. 23 f.). Bildungs- und Lernprozesse werden somit instrumentalisiert.

Dies widerspricht einem klassischen, (neu-)humanistischen Bildungsverständnis, welches Bildung vor allem als Selbstzweck begreift und einer Funktionalisierung und Instrumentalisierung entgegensteht. Es zielt vielmehr auf die »Entfaltung aller dem Individuum immanenten Begabungen und Potentiale« (Lederer, 2015, S. 13) ab. »Bildung umschreibt folglich nicht weniger als die Menschwerdung des Menschen selbst« (S. 118).

Doch die Menschwerdung des Menschen im Sinne von Selbstenfaltung ist im Konzept des Lebenslangen Lernens nicht gemeint.

Statt dessen wird der Mensch selbst instrumentalisiert und auf seinen Wert als sogenanntes Humankapital reduziert. Dies wird z. B. in den »Schlussfolgerungen des Vorsitzes« des Europäischen Rates deutlich, wenn in Ziffer 24 von den Menschen als »Europas wichtigstes Gut« gesprochen wird und in Ziffer 26 die Steigerung der Investitionen in Humankapital gefordert wird (2000).

Im Humankapital-Ansatz wird der Mensch als Lernender funktionalisiert und in erster Linie als »Träger und Optimierer der Ressource Wissen« (Böhnisch, 2013, S. 134) betrachtet. Wenn Menschen jedoch auf diese Weise begriffen werden, werden nicht nur deren Lern- und Bildungserfahrungen unter dem Aspekt ihrer Nützlichkeit bewertet, sondern es droht der ganze Mensch mit all seinen Facetten auf ökonomische Verwertbarkeit reduziert zu werden. Die Selbstzweckhaftigkeit des Menschen geht so verloren.

Dies ist auch insofern bedeutungsvoll, da sich der Mensch diesem Vorgang kaum entziehen kann, weil das Konzept des Lebenslangen Lernens zusätzlich als Vergesellschaftungsstrategie verstanden werden kann, die auf Selbstführungstechniken zurückgreift.

3.2 Vergesellschaftungsfunktion und Selbstführungstechniken Lebenslangen Lernens

Bereits Alheit hat herausgearbeitet, dass im bildungspolitischen Konzept des Lebenslangen Lernens das Gouvernementalitäts-Prinzip nach Foucault verwirklicht wird (2009, S. 8 ff.). Auf gouvernementale Strategien und die Bedeutung von Selbstbestimmung und Verantwortung als Selbstregierungstechniken im deutschen Bildungssystem hat darüber hinaus auch Pongratz (2010) eindringlich hingewiesen. So merkt er an, dass das Rollenverständnis als Kund*in von Bildungsveranstaltungen von selbigem/selbiger ein »marktgängiges Verhalten« (2010, S. 129) einfordert. Dies beinhaltet auch, Lernprozesse als Investitionen in die eigene Person zu betrachten und den damit verbundenen Druck, immer mehr in das eigene Humankapital zu investieren und mit anderen Personen – quasi als weitere*r Anbieter*in von Humankapital – zu konkurrieren (S. 129 f.). Auch das bildungspolitische Konzept des Lebenslangen Lernens kann ebendiese Selbstführungstechniken nutzen, indem Weiterlernen als Basis für den Erhalt und die Erweiterung von Beschäftigungsfähigkeit betont wird. Dem/der Einzelnen wird so vermittelt, dass für eine dauerhafte und lohnende Erwerbstätigkeit stetiger Kompetenzerwerb unabdingbar ist. Die Verantwortung hierfür – und auch die vermeintliche Entscheidungsfreiheit über Lerninhalte und Lernbeteiligung – liegen jedoch bei dem oder der Lernenden. Der Mensch kommt selbst der Forderung nach Lebenslangem Lernen nach, um konkurrenzfähig zu bleiben und seine Arbeitsmarktchancen zu verbessern. So wird »funktionsgerechtes, effektives Verhalten« (Pongratz, 2010, S. 130) erzeugt, aber durch die vermeintliche Selbstbestimmung und Entscheidungsfreiheit des Menschen überdeckt.

Diese Aushöhlung echter Entscheidungsfreiheit und Selbstbestimmung bezüglich der Lernbeteiligung im Lebensverlauf nimmt Pongratz darüber hinaus in den Blick, indem er herausarbeitet, wie sich ab den 1970er Jahren ein Wandel vom Lernen dürfen zum Lernen müssen vollzog: Lernen werde, so Pongratz, zur lebenslangen Verpflichtung, um auf dem Arbeitsmarkt konkurrenzfähig zu bleiben und sich selbst vermarkten zu können. Dies steht im direkten Gegensatz zum Prinzip der Freiwilligkeit, das bisher für den Bereich der Erwachsenenbildung galt (S. 155 ff.).

Die lebenslange Lernverpflichtung soll von dem/der Einzelnen jedoch nicht als solche wahrgenommen werden, sondern es soll sich im Rahmen des Lebenslangen Lernens ein Einstellungswandel gegenüber dem Lernen selbst vollziehen und Lernen als Chance begriffen werden. Ersichtlich wird dies z. B. im »Memorandum über Lebenslanges Lernen« der Europäischen Kommission, wenn gefordert wird, dass im Rahmen einer Grund- und beruflichen Erstausbildung sichergestellt werden soll, dass alle Heranwachsenden »eine positive Einstellung gegenüber dem Lernen haben« (Kommission der Europäischen Gemeinschaften, 2000, S. 9). Weiter heißt es: »Die Menschen werden nur dann ständige Lernaktivitäten während ihres ganzen Lebens einplanen, wenn sie lernen *wollen*.« (S. 9, Herv. i. O.) In Pongratz Worten ausgedrückt: »Die Menschen sollen wollen, was sie müssen« (2010, S. 163). Dies führt die Selbstbestimmung des erwachsenen Menschen ad absurdum.

4 Lebenslanges Lernen lebendig werden lassen: TZI als Grundlage einer ethischen Umsetzung Lebenslangen Lernens

Oben wurde beispielhaft aufgezeigt, welche Konsequenzen ein einseitig ökonomieorientiertes Verständnis und Umsetzen Lebenslangen Lernens mit sich bringen kann. Die Europäische Kommission selbst aber hebt hervor, dass Lebenslanges Lernen von den Mitgliedsstaaten der EU nicht nur unter wirtschaftlichen Aspekten verfolgt wird, sondern auch die Bedeutung Lebenslangen Lernens für soziale Belange erkannt wurde und sich wirtschaftliche und soziale Argumente verknüpfen (Kommission der Europäischen Gemeinschaften, 2000, S. 11). Lebenslanges Lernen soll alle Menschen dazu ermutigen und befähigen, sich politisch wie sozial zu engagieren und am öffentlichen Leben teilzunehmen (S. 5).

Das Bestreben durch Lebenslanges Lernen nicht nur ökonomische Ziele zu verfolgen, sondern auch soziale Gerechtigkeit, Teilhabe und Demokratie zu fördern, wirft die Frage auf, wie entsprechende Prozesse im Kontext der Erwachsenenbildung hilfreich realisiert und verstärkt werden können. Hierfür bietet sich ein pädagogisches Konzept an, das die Demokratisierung und Humanisierung der Gesellschaft auf der individuellen wie globalen Ebene verankert: die Themenzentrierte Interaktion (TZI) nach Ruth C. Cohn (siehe Ostertag, Teil 1 in diesem Band).

Die Begründung hierfür liegt sowohl im TZI-spezifischen Lernverständnis, als auch in ihrer Wertebasis: Denn die TZI ermöglicht ganzheitliches *Lebendiges Lernen*. Damit weist sie Züge eines (neu-)humanistischen Bildungsideals auf. Lernen im Rahmen der TZI geht damit über funktionales und fremdbestimmtes Lernen weit hinaus (Abschnitt 4.1). Gleichzeitig werden auf Grund der Wertebasis, Zielsetzung und Ausrichtung der TZI ethische, humanisierende und demokratiefördernde Aspekte des Lernens gefördert und verwirklicht (Abschnitt 4.2).

4.1 Ermöglichung ganzheitlicher, lebendiger Lern- und Bildungsprozesse

Lebendiges Lernen[3] als »zentrales Anliegen der TZI« (Löhmer u. Standhardt, 2015, S. 27) entsteht durch die gleichzeitige Begegnung und Auseinandersetzung mit anderen sowie dem Sachinhalt. Die ›Lebendigkeit‹ im Lernprozess kann dabei durch die dynamische Balance im Vier-Faktoren-Modell und den Austausch, die Begegnung und die Interaktion zwischen allen Beteiligten – Lehrenden wie Lernenden – hergestellt werden (Schneider-Landolf u. Stollberg, 2014, S. 147f.). Dies ermöglicht eine ganzheitliche Form des Lernens, die soziales, emotionales und Identitätslernen ebenso beinhalten kann, wie Wissenserwerb, -erweiterung und -reflexion.

Ganzheitlichkeit stellt für Ruth C. Cohn ein Grundprinzip Lebendigen Lernens dar und macht Lebendiges Lernen maßgeblich aus (Matzdorf u. Cohn, 1993, S. 39): Im Sinne des holistischen Menschenbildes der TZI bedarf Lebendiges Lernen der integrierten Ansprache aller Anteile des Menschen. Hierauf verweist Cohn, indem sie anführt, dass »*Lernstunden [...] den Köper [übersehen]*, Turnstunden den Geist« (2013, S. 156, Herv. i. O.).

Die TZI bildet durch dieses ganzheitliche Verständnis vom Lebendigen Lernen eine Alternative zu rein output- und kompetenzorientierten Formen des Lernens. Mehr noch scheinen Prozesse Lebendigen Lernens eine hohe Nähe aufzuweisen zu einem (neu-)humanistischen Bildungsverständnis, das die Förderung und Entwicklung von Identitäts- und Persönlichkeitsbildung, Solidarität, Selbst- und Weltverständnis sowie Partizipation als Bildungsziele benennt (Gudjons, 2012, S. 208).

Auch Ostertag (siehe Teil 2 in diesem Band) verweist auf diese Parallelen zwischen bestehenden Bildungstheorien und TZI. Dabei arbeitet sie das Potenzial der TZI zur Ermächtigung des Einzelnen zur Selbst- und Mitverantwortung, und damit die politische Dimension von TZI wie Bildung heraus. Übertragen auf die ganzheitlichen Prozesse Lebendigen Lernens zeigt sich die Wirkkraft von Chairperson-Postulat, Vier-Faktoren-Modell und Axiomen der TZI folgen-

---

3 Der Begriff Lebendiges Lernen geht zurück auf Norman Liberman, einen Wegbegleiter Ruth C. Cohns (Cohn u. Farau, 2008, S. 345).

dermaßen: Die mündige, selbstverantwortliche wie selbstbestimmte Entscheidung unter Beachtung innerer wie äußerer Realitäten wird gefördert. Der reflektierte und mehrdimensionale Wissenserwerb wird im mehrdimensionalen Lernprozess ebenso ermöglicht, wie die Selbstwerdung und Selbstverwirklichung des/der Einzelnen. Der Verweis auf die Allverbundenheit des Menschen eröffnet Verantwortung über die eigene Person und das eigene Leben hinaus. Insofern kann das TZI-eigene Verständnis vom Lebendigen Lernen nicht nur als Lernprozess, sondern vielmehr als Bildungsprozess aufgefasst werden.

Damit wird ein rein funktionaler Kompetenzerwerb oder die einseitige Fokussierung auf die berufliche oder wirtschaftliche Verwertbarkeit von Lerninhalten im Rahmen lebendiger, ganzheitlicher Bildungsprozesse im Sinne der TZI ebenso verhindert, wie die bloße Instrumentalisierung oder Fremdbestimmung von Lernprozessen. Stattdessen werden auch andere Anliegen und Lernbegründungen, wie die persönliche Weiterentwicklung oder die Demokratisierung und Erweiterung gesellschaftlicher Teilhabe, repräsentiert.

4.2 Stärkung ethischer und demokratiefördernder Anteile Lebenslangen Lernens

Ethische und demokratiefördernde Zielsetzungen Lebenslangen Lernens werden bei einer TZI-gemäßen Umsetzung fest verankert. Basis hierfür sind die Axiome und das Chairperson-Postulat der TZI.

4.2.1 Allverbundenheit stärkt interpersonelle wie globale Solidarität

Das existentiell-anthropologische Axiom verdeutlicht, dass Eigenständigkeit und Autonomie nur partiell, nämlich im Rahmen von wechselseitiger Allverbundenheit mit den Mitmenschen, dem Kosmos und der inneren wie der äußeren Natur bestehen. Dies verweist auf die Freiheit des Menschen, verantwortungsvoll, solidarisch und zukunftsfähig zu handeln: Indem der Mensch sich seiner Allverbundenheit bewusst ist, offenbart sich ihm die Bedeutung der Zusammengehörigkeit und Untrennbarkeit seiner eigenen positiven Entwicklung und der der Gemeinschaft (siehe Ostertag, Teil 1 in diesem Band). Auf das bildungspolitische Konzept des Lebenslangen Lernens übertragen, wird dabei folgendes deutlich: Das grundlegende

Ziel, durch Lebenslanges Lernen dauerhaftes Wirtschaftswachstum und ökonomischen Erfolg auf nationaler Ebene zu fördern, erscheint in Anbetracht der weltweiten politischen, ökologischen wie ökonomischen Interdependenz als weder erreichbar noch sinnvoll. Gerade in einer sich rasch verändernden, technologischen, globalisierten Welt, in der Wirtschaftsunternehmen nicht an politische Grenzen gebunden sind, stellen Lernen und Weiterbildung nur einen Faktor dar, der die Stabilität und Entwicklung von Wirtschaftsstandorten und Staaten prägt. Entsprechend widerlegt der Verweis auf das Spannungsfeld aus Autonomie und Interdependenz auf der Makroebene wie auf der Mikroebene die Theorie, dass lebenslanges Weiterlernen in Konkurrenz zu anderen dauerhaften ökonomischen Erfolg und soziale Sicherheit gleichermaßen herstellen könnte. Auf der Mikroebene verweist das Bewusstsein über das Spannungsfeld aus Autonomie und Interdependenz jedoch nicht nur auf die Grenzen der Autonomie, sondern eröffnet dem Menschen Entscheidungs- und Handlungsfreiheit im Rahmen der Interdependenz. Im Sinne des ethisch-sozialen Axioms trifft der Mensch dabei wertorientierte Entscheidungen, die Humanität fördern und Inhumanität reduzieren.

4.2.2 Ausrichtung am Humanen und humanitären Werten

Die axiomatische Verpflichtung auf das Humane gibt dabei auch einen Fokus vor für die Ausrichtung und Ausgestaltung der Lehr-Lern-Situation sowie das Leben und Handeln selbst. Damit kann die TZI sicherstellen, dass wichtige Ziele des Lebenslangen Lernens, wie die Demokratisierung, Chancengleichheit, soziale Gerechtigkeit, Teilhabe und Solidarität, nicht durch eine einseitige Fixierung auf Ökonomie und Beschäftigungsfähigkeit verloren gehen. Lebenslanges Lernen kann infolgedessen ein humanisierendes, wertschöpfendes und zukunftsträchtiges Konzept sein, das nicht nur die Belange Einzelner oder einzelner Staaten vertritt, sondern die positive Entwicklung des Planeten, der Natur und aller Menschen über Grenzen und Nationalitäten hinweg im Blick hat.

4.2.3 Emanzipation und Entscheidungsfreiheit in Anbetracht der Grenzen

Unabhängig davon räumt das pragmatisch-politische Axiom dem Menschen in Verbindung mit dem Chairperson-Postulat Handlungsspielräume ein: Auch innerhalb der bestehenden Strukturen Lebenslangen Lernens in der Erwachsenenbildung kann die TZI humanisierend wirken und Solidarität und soziale Gerechtigkeit sowie die Emanzipation des/der Einzelnen fördern.

Während das pragmatisch-politische Axiom auf die Möglichkeit verweist, die eigenen Entscheidungs- und Handlungsmöglichkeiten zu erweitern und Teilhabe- und Partizipationsoptionen zu entdecken, unterstützt das Chairperson-Postulat diesen emanzipatorischen Prozess, indem es die Selbstleitung des oder der Einzelnen anregt und damit die Gefahr der Fremdbestimmtheit im Entscheiden und Handeln reduziert. So formuliert Röhling entsprechend, dass das Chairperson-Postulat die »humanistische Forderung [darstellt], sich selbstbestimmt, selbstverantwortlich, selbstbewusst zu verhalten und sich nicht von [...] Autoritäten bestimmen zu lassen« (2014, S. 95).

4.2.4 Sorge für die Welt als gemeinsame Aufgabe

Der Blick der TZI endet jedoch nicht beim Menschen und ihrem Zusammenleben, sondern richtet sich auch auf Aspekte, die für die Zukunft der Menschheit von zentraler Bedeutung scheinen: Ganz im Sinne Ruth C. Cohns wird die Welt selbst, die noch »nicht unseren Erwartungen« (2013, S. 101) entspricht, zur gemeinsamen Aufgabe. Die im ethisch-sozialen Axiom benannte Ehrfurcht vor dem Lebendigen und dessen Wachstum bezieht nicht nur die Sorgen um den Menschen ein, sondern auch um die Natur und die Welt. Beides gehört in der TZI untrennbar zusammen.

Durch all diese Aspekte scheint die TZI bestens geeignet, um eine ethische Umsetzung Lebenslangen Lernens möglich zu machen und Lebenslanges Lernen lebendig werden zu lassen, um dem Wandel zu begegnen.

5 Lebendiges Lebenslanges Lernen – eine Hoffnung

Auf Grund der oben dargestellten Begründungen wird eine Erweiterung des Lebenslangen Lernens auf Basis der TZI vorgeschlagen, so dass lebenslanges Lernen zu lebendigem Lernen und damit zu lebenslanger Bildung werden kann.

Dass Lebenslanges Lernen lebenslange Bildung sein sollte und muss, hat 2009 bereits Meilhammer signalisiert, indem sie betonte, dass die komplexen Problemlagen und Herausforderungen, vor denen Europa und die Welt heute stehen, eine Neubewertung der Rolle und Stellung des Menschen einerseits sowie ein umfassenderes Bildungsverständnis andererseits erfordert. Eine Instrumentalisierung von Lernprozessen im Lebenslauf zugunsten von Ökonomie und Wirtschaftswachstum kann Teilhabe, Demokratisierung und soziale Sicherheit nicht ermöglichen (2009, S. 37). Diese Sichtweise geht konform mit dem Delors-Bericht im Auftrag der UNESCO, der betont, dass Bildung nicht einseitig ausgerichtet sein soll, sondern grundsätzlich »zur allumfassenden Entwicklung jedes Individuums beitragen muß, also Körper und Geist, Intelligenz, Sensibilität, ästhetisches Empfinden, persönliche Verantwortung und geistige Werte. Jeder Mensch muß befähigt werden, eigenständiges, kritisches Denken zu entwickeln und zu einem eigenen Urteil zu gelangen, um für sich selbst zu bestimmen, was er oder sie in verschiedenen Lebensumständen tun sollte« (1997, S. 81, zit. nach Hof, 2009, S. 41).

Die TZI bietet durch ihren Fokus auf die dynamische Balance zwischen Personen, Gruppeninteraktion, Arbeitsinhalt und Kontext eine Herangehensweise, die nicht nur ganzheitlich ist, sondern auch Raum für kritisches Denken, Reflexion und persönliche Entwicklung eröffnet und damit als Bildungsprozess verstanden werden kann. Wird die TZI zur Basis Lebenslangen Lernens, so kann dies lebenslange Bildung ermöglichen. In Verbindung mit den Axiomen und Postulaten der TZI wird Lebenslanges Lernen jedoch nicht nur zum Bildungsprozess, sondern auch zu einem ethischen und lebendigen Lernprozess für jede*n Lernende*n. So kann Lebenslanges Lernen ein ethisches, lebendiges und zukunftsträchtiges Konzept sein, das den Menschen durch die Herausforderungen des Wandels begleitet.

Literatur

Alheit, P. (2009). »Diskursive Politiken« – Lebenslanges Lernen als Surrogat? In C. Hof, J. Ludwig, C. Zeuner (Hrsg.), Strukturen Lebenslangen Lernens (S. 4–14). Baltmannsweiler: Schneider Verlag Hohengehren.

Bergler, K. (2019). »Lebendiges Lernen«. Themenzentrierte Interaktion als Basis einer ethischen Erweiterung des »Lebenslangen Lernens« in der Erwachsenenbildung. Masterarbeit an der Evangelischen Hochschule Nürnberg.

Böhnisch, L. (2013). Bildung als Humankapital. In B. Lederer (Hrsg.), »Bildung«: was sie war, ist, sein sollte. Zur Bestimmung eines strittigen Begriffs. Fortführung der Diskussion (S. 133–144). Baltmannsweiler: Schneider Verlag Hohengehren.

Bundesministerium für Bildung und Forschung (2001). Deutsche Stellungnahme zum Memorandum der EU-Kommission über lebenslanges Lernen.

Bundesministerium für Bildung und Forschung (2008). Konzeption der Bundesregierung zum Lernen im Lebenslauf.

Cohn, R. C., Farau, A. (2008). Gelebte Geschichte der Psychotherapie. Zwei Perspektiven (4. Aufl.). Stuttgart: Klett-Cotta.

Cohn, R. C. (2013). Von der Psychoanalyse zur themenzentrierten Interaktion. Von der Behandlung einzelner zu einer Pädagogik für alle (17. Aufl.). Stuttgart: Klett-Cotta.

Dewe, B., Weber, P. (2009). Der Einfluss inter- und transnationaler Organisationen auf das Bildungskonzept »Lebenslanges Lernen«. In C. Hof, J. Ludwig, C. Zeuner (Hrsg.), Strukturen Lebenslangen Lernens (S. 16–26). Baltmannsweiler: Schneider Verlag Hohengehren.

Dörpinghaus, A., Poenitsch, A., Wigger, L. (2013). Einführung in die Theorie der Bildung (5. Aufl.). Darmstadt: WBG.

Europäische Kommission (1994). Weißbuch. Wachstum, Wettbewerbsfähigkeit, Beschäftigung. Herausforderungen der Gegenwart und Wege ins 21. Jahrhundert. Brüssel.

Europäischer Rat (2000). Schlussfolgerungen des Vorsitzes. Lissabon.

Gudjons, H. (2012). Pädagogisches Grundwissen. 11. Aufl.). Bad Heilbrunn: Klinkhardt.

Hof, C. (2009). Lebenslanges Lernen. Eine Einführung. Stuttgart: Kohlhammer.

Kommission der Europäischen Gemeinschaften (2000). Memorandum über Lebenslanges Lernen. Brüssel.

Kroeger, M. (1993). Anthropologische Grundannahmen der Themenzentrierten Interaktion. In C. Löhmer, R. Standhardt (Hrsg.), TZI. Pädagogisch-therapeutische Gruppenarbeit nach Ruth C. Cohn (2. Aufl., S. 93–124). Stuttgart: Klett-Cotta.

Lederer, B. (2015). Bildung. Eine Sammlung von Definitionen und Charakterisierungen eines schillernden Begriffs. Baltmannsweiler: Schneider Verlag Hohengehren.

Löhmer, C., Standhardt, R. (2015). TZI. Die Kunst, sich selbst und eine Gruppe zu leiten. Einführung in die Themenzentrierte Interaktion. Stuttgart: Klett-Cotta.

Matzdorf, P., Cohn, R. C. (1993). Das Konzept der Themenzentrierten Interaktion. In C. Löhmer, R. Standhardt (Hrsg.), TZI. Pädagogisch-therapeutische Gruppenarbeit nach Ruth C. Cohn (2. Aufl., S. 39–92). Stuttgart: Klett-Cotta.

Meilhammer, E. (2009). Europäische Bildungspolitik und lebenslanges Lernen: Probleme der Steuerung und Legitimation. In C. Hof, J. Ludwig, C. Zeuner (Hrsg.), Strukturen Lebenslangen Lernens (S. 27–38). Baltmannsweiler: Schneider Verlag Hohengehren.

Pongratz, L. A. (2010). Kritische Erwachsenenbildung. Analysen und Anstöße. Wiesbaden: VS Verlag.

Röhling, J. G. (2014). Chairperson-Postulat. In M. Schneider-Landolf, J. Spielmann, W. Zitterbarth (Hrsg.), Handbuch Themenzentrierte Interaktion (TZI) (3. Aufl., S. 95–100). Göttingen: Vandenhoeck & Ruprecht.

Schneider-Landolf, M., Stollberg, D. (2014). Lebendiges Lernen. In M. Schneider-Landolf, J. Spielmann, W. Zitterbarth (Hrsg.), Handbuch Themenzentrierte Interaktion (TZI) (3. Aufl., S. 147–153). Göttingen: Vandenhoeck & Ruprecht.

Siebert, H. (2011). Theorien für die Praxis (3. Aufl.) Bielefeld: Bertelsmann.

ANDREA NICKEL-SCHWÄBISCH
Die Themenzentrierte Interaktion im Gespräch mit der anthropologischen Grundlegung Martin Bubers

Impulse für eine von Entfremdung und Resonanzarmut geprägte Zeit

»Zum erstenmal in der Geschichte hängt das

physische Überleben der Menschheit von einer radikalen seelischen Veränderung des Menschen ab.

Dieser Wandel im ›Herzen‹ des Menschen ist jedoch nur in dem Maße möglich, in dem drastische ökonomische und soziale Veränderungen eintreten, die ihm die Chance geben, sich zu wandeln, und den Mut und die Vorstellungskraft, die er braucht, um diese Veränderung zu erreichen.«

(Erich Fromm)

> *Zusammenfassung:* Bereits vor über 40 Jahren hat der Psychoanalytiker und Sozialphilosoph Erich Fromm (2001, S. 21, Herv. i. O.) die gegenwärtige Gefährdung von Mensch-Sein treffsicher analysiert. In einer in dieser Weise von Entfremdung und Resonanzarmut geprägten Zeit, kommt dem anthropologischen Ansatz Martin Bubers große Bedeutung zu. Schon früh hat er erkannt, wohin es führt, wenn wahre Begegnung in einem technisch und monetär vermittelten Weltumgang immer mehr zurückgedrängt wird. Zwischen seinem Ansatz und der Themenzentrierten Interaktion (TZI) Ruth C. Cohns gibt es weitreichende Parallelen. Beide erkennen einen Ausverkauf der Menschlichkeit und stellen sich den ökologischen, politischen und gesellschaftlichen Herausforderungen. Dieser Beitrag vertieft die theoretische Grundlegung der TZI im Rückgriff auf die Dialogphilosophie Martin Bubers und unterstreicht zugleich ihre Relevanz in einer Zeit, die das Humane in Frage stellt.

1 Mensch-Sein in Zeiten von Resonanzverlust

»Bin so ausgeworfen aus dem Garten der Natur« (1944, S. 10), so drückt Hölderlin im Hyperion das Empfinden einer tiefen Entfremdung zwischen ihm und der Natur aus. Die Natur ist ihm stumm geworden. Und er kann auch den Grund hierfür angeben: »Ich [...] habe gründlich mich unterscheiden gelernt von dem, was mich umgibt, bin nun vereinzelt in der schönen Welt« (Hölderlin, 1944, S. 10). Der beschriebene Resonanzverlust zwischen Mensch und Natur scheint heute Weltbeziehung im Allgemeinen zu bestimmen. Auch die Beziehungen der Menschen untereinander scheinen zu verstummen. Dies hat weitreichende Folgen für das menschliche Selbstverständnis.

Der folgende Beitrag geht davon aus, dass aus der Verbindung von Martin Bubers Dialogphilosophie und Ruth C. Cohns Themenzentrierter Interaktion (TZI) wesentliche Impulse für die aktuelle menschliche und gesellschaftliche Situation ausgehen können. Zunächst wird in einem ersten Schritt das Menschenbild Martin Bubers entfaltet, dem sich Ruth C. Cohn im Rückblick tief verbunden fühlte. In einem zweiten Schritt wird die Entfremdung und Resonanzarmut der Gegenwart betrachtet, um zuletzt zu fragen, wie sich diese mit Hilfe der TZI begrenzen lassen kann.

2 »Alles wirkliche Leben ist Begegnung« – eine Annäherung an das Menschenbild Martin Bubers

Menschen leben in Beziehungen. Sie sind angewiesen auf ein Du, das sie liebevoll ansieht. Zu Beginn ist es der Glanz in den Augen der Mutter, des Vaters. Ein Kind kann sich nicht entwickeln, wenn es sich nicht zuerst im strahlenden Glanz der fremden Augen geborgen weiß. Letztendlich bleibt der Mensch ein Leben lang auf ein Du angewiesen, das ihm ermöglicht »Ja« zu sich zu sagen. Für Martin Buber wurde diese Erkenntnis zum Ausgangspunkt seines dialogischen Prinzips. Der Mensch wird für ihn nur zum Menschen in der Bezogenheit auf ein Du. Indem er so am Du des anderen zu sich selbst kommt, kann er Du zum anderen sagen. Der Mensch hat keine Beziehung, er ist Bezogen-Sein auf einen anderen hin.

»Ich werde am Du; ich werdend spreche ich Du. Alles wirkliche Leben ist Begegnung« (Buber, 1962, S. 18).

Poetisch kommt diese Erfahrung in einem Gedicht der Nobelpreisträgerin Gabriela Mistral mit dem Titel »Scham« zum Ausdruck. (Mistral, 1991, S. 31) In diesem Gedicht geht es nicht nur um die Liebesbeziehung zwischen Mann und Frau. Mistral formuliert darin die anthropologische Grundkonstante, dass sich jeder Mensch von einem anderen Menschen her empfängt:

Wenn du mich anblickst, werd' ich schön,
schön wie das Riedgras unterm Tau.
Wenn ich zum Fluss hinuntersteige,
erkennt das hohe Schilf mein sel'ges Angesicht nicht mehr.

Ich schäme mich des tristen Munds,
der Stimme, der zerrissnen, meiner rauen Knie.
Jetzt, da du mich, herbeigeeilt, betrachtest,
fand ich mich arm, fühlt' ich mich bloß.

Am Wege trafst du keinen Stein,
der nackter wäre in der Morgenröte
als ich, die Frau, auf die du deinen Blick geworfen,
da du sie singen hörtest.

Ich werde schweigen. Keiner soll mein Glück
erschaun, der durch das Flachland schreitet,
den Glanz auf meiner plumpen Stirn nicht einer sehen,
das Zittern nicht von meiner Hand ...

Die Nacht ist da. Aufs Riedgras fällt der Tau.
Senk lange deinen Blick auf mich. Umhüll mich zärtlich
  durch dein Wort.
Schon morgen wird, wenn sie zum Fluss hinuntersteigt,
die du geküsst, von Schönheit strahlen.

In ihrem Gedicht beschreibt Gabriela Mistral das Wunder der Liebe. Die Geliebte fühlt sich geborgen im »fremden« Blick ihres Freundes. Er verleiht ihr im Glanz seiner Augen eine Schönheit, die nicht in ihr selbst liegt. Die Schönheit wird in sie hineingesehen. Sie empfängt sich und ihre Schönheit vom geliebten Du her. Dass diese Schönheit keine Eigenschaft ihrer selbst ist – einfach vorhanden und sicher verfügbar – wird deutlich, als sie mit sich allein ist.

Ich schäme mich des tristen Munds,
der Stimme, der zerrissnen, meiner rauen Knie.

Mit sich allein, fällt es ihr schwer sich schön zu finden. Und doch weiß und hofft sie, dass ihr Freund sie wieder anblicken wird, dass sich sein Blick wieder auf sie senkt und dass sie zart umhüllt wird durch sein Wort. So angeblickt wird sie wieder vor Schönheit strahlen.

Für Martin Buber ist wirkliche Begegnung nicht nur in der Begegnung mit einem anderen Menschen erfahrbar. Auch die Natur ist ein Lebensraum, der eine solche Begegnung möglich macht. Es scheint zunächst ungewöhnlich, dass Buber auch im Verhältnis zur Natur eine Ich-Du-Relation für möglich, ja für geboten hält. Buber entfaltet diesen Gedanken anhand der Wahrnehmung eines Baumes. Einerseits kann ein*e Naturwissenschaftler*in die Eigenschaften des Baumes benennen und die naturwissenschaftlichen Vorgänge erklären. Der Baum kann dann sogar »zur Zahl, zum reinen Zahlenverhältnis« verflüchtigt und verewigt werden (Buber, 1962, S. 13). Verewigung und Verflüchtigung gehen dann ineinander über. In der Ich-Es-Relation ist der Baum nicht mehr vorhanden in seiner sinnlichen Präsenz. Er ist ein Gegenstand der Vergangenheit und somit auch »ewig«. Als solcher wird er eingereiht als Exemplar einer Gattung.

In der Ich-Du-Relation steht der Mensch hingegen mit seinem ganzen Wesen in einer Beziehung zu ihm. »Es kann [...] geschehen, aus Willen und Gnade in einem, daß ich, den Baum betrachtend, in die Beziehung zu ihm eingefaßt werde, und nun ist er kein Es mehr. Die Macht der Ausschließlichkeit hat mich ergriffen« (Buber, 1962, S. 13). Die Eigenschaften, die die Ich-Es-Relation feststellen konnte, bleiben, aber sie erscheinen als Phänomen der Unzerlegbarkeit. In der Ich-Du-Relation zeigt sich der Baum in seiner präsenten Ganzheit und in einem großen Verweisungszusammenhang. »Alles, was dem Baum zugehört, ist mit darin, seine Form und seine Mechanik, seine Farben und seine Chemie, seine Unterredung mit den Elementen und seine Unterredung mit den Gestirnen, und alles in einer Ganzheit« (S. 14). Alles ist miteinander verbunden. Weil die Ich-Du-Relation nicht grenzt, verweist der Baum auf das Ganze.

Und auch das gesellschaftliche Zusammenleben kann nach Buber Räume für eine Ich-Du-Begegnung ermöglichen. Zwar ist wie auch bei der Beziehung zwischen Mensch und Natur beim Zusammenleben der Menschen eine ausschließliche Ich-Du-Relation nicht möglich. Es muss einen bürokratischen Staatsapparat geben, wenn das Leben von vielen Menschen organisiert werden soll: »Einrichtungen sind das ›Draußen‹, in dem man sich zu allerlei Zwecken aufhält, in dem man arbeitet, verhandelt, beeinflußt, unternimmt, konkurriert, organisiert, wirtschaftet, atmet, predigt; das halbwegs geordnete und einigermaßen stimmende Gefüge, in dem sich unter vielfältigem Anteil von Menschenköpfen und Menschengliedern der Ablauf der Angelegenheiten vollzieht« (Buber, 1962, S. 54).

So wichtig eine »mechanisch organisierte Gesellschaft« auch immer ist, um das Zusammenleben von vielen Menschen zu gewährleisten, der Mensch kommt darin nicht als Individuum vor. Er ist einer unter vielen – ein Exemplar der Gattung. Ökonomie und Politik stehen der Vergemeinschaftung des Menschen der Ich-Es-Relation als »Zwingmächte« entgegen.

Bubers Gesellschaftsbild in der Ich-Es-Relation ähnelt damit der Theorie von Hobbes in seinem Buch »Leviathan« (1651/1976). Menschen kooperieren aus dem Gefühl eines Furchtfriedens heraus. Diese Gesellschaft mag befriedet sein, sie ist aber auch leblos und steril. »Daß Einrichtungen kein öffentliches Leben ergeben, verspüren Menschen in wachsender Zahl, verspüren es mit wachsendem Leid; dies ist der Ort, von dem die suchende Not des Zeitalters ausgeht« (Buber, 1962, S. 55).

Die Utopie lebensfördernder Gemeinschaft braucht Topoi im wahrsten Sinne des Wortes, um wahres Zusammenleben zu ermöglichen. Das sind Orte, an denen Gemeinschaft erfahren werden kann. In der Gemeinschaft kooperiert der Einzelne nicht aus Furcht, sondern aus freien Stücken. Es geschieht, dass in der Begegnung mit anderen der Mensch seine Einzigartigkeit entwickelt. Die freie Entfaltung der Persönlichkeit führt zu einer innigen Gemeinschaftlichkeit und diese wiederum zu einer immer umfangreicheren Entfaltung der Persönlichkeit. Für Buber ereignet sich dies konkret vor Ort. Menschliches Miteinander bewegt sich »nicht in dem Abstraktum des Staates […], sondern wesentlich da, wo eine Vitalität des räumlichen, funktionellen, gefühlhaften und geistigen Miteinander besteht: in der Gemeinde; der Dorf- und Stadtgemeinde, der Arbeits- und Werkgenossenschaft, der Kameradschaft, der religiösen Einung« (Buber, 1985, S. 270).

Buber stehen dabei die in Palästina gegründeten Kibbuzim vor Augen. Alle Mitbewohner*innen regeln gemeinsam ihre Belange, produzieren und konsumieren nach Bedarf. Erst wenn es in einer Gesellschaft Orte gibt, wo Ich-Du-Relationen gelebt werden können, werden die Gesellschaften lebendig. Die Gesellschaft ist dann nicht mehr »bloß die machina machinarum, die alles, was ihr angehört, zu mechanischen Bestandteilen eines Mechanismus macht, sondern auch die communitas communitatum, den [sic!] Zusammenschluss der Gemeinschaften zur Gemeinschaft« (Buber, 1985, S. 80). In dieser Vergemeinschaftung der Ich-Du-Relationen werden alle auf eine Mitte ausgerichtet. Im Bereich des Zwischen – zwischen Ich und Du – wird dann »Geist« erfahrbar. So verweist wahrhaftige Vergemeinschaftung auf eine transzendente Mitte.

3 Entfremdung und Resonanzarmut – zur Krise der Humanität in der Gegenwart

Buber sah schon in der Entstehungszeit seines zwischen 1919 und 1923 fertiggestellten Hauptwerks »Ich und Du«, dass wahre Begegnung in einem technischen und monetär vermittelten Weltumgang immer mehr zurückgedrängt wird. Er sieht, dass schon in seiner Gegenwart die Menschen immer mehr als »Leistungs- und Strebezentren« angesehen werden, »die es in ihrer besonderen Befähigung zu berechnen und zu verwenden gilt« (Buber, 1962, S. 58). Wenn der Mensch aber nur noch als Verrechenbarer in den Blick gerät, verliert er seine Humanität. Er wird zum Es oder zum Sie und Er – austauschbar und auf seine Eigenschaften reduziert. Buber hat auch den Eindruck, dass er mit seiner Mahnung zur Humanität eigentlich schon zu spät kommt. Der Mensch steht vor einem Ausverkauf der Humanität.

»Redender, du redest zu spät. Eben noch hättest du deiner Rede glauben können, jetzt kannst du es nicht mehr. Denn vor einem Nu hast du es wie ich gesehen, daß der Staat nicht mehr gelenkt wird; die Heizer häufen noch die Kohlen, aber die Führer regieren nur zum Schein die dahinrasenden Maschinen. Und in diesem Nu, während du redest, kannst du es wie ich hören, daß das Hebelwerk der Wirtschaft in einer ungewohnten Weise zu surren beginnt; die Werkmeister lächeln dich überlegen an, aber der Tod sitzt in ihren Herzen. Sie sagen dir, sie paßten den Apparat den Verhältnissen an; aber du merkst, sie können fortan nur noch sich dem Apparat anpassen, solange er es eben erlaubt. Ihre Sprecher belehren dich, daß die Wirtschaft das Erbe des Staates antrete; du weißt, daß es nichts andres zu erben gibt, als die Zwingherrschaft des wuchernden Es, unter der das Ich, der Bewältigung immer unmächtiger, immer noch träumt, es sei der Gebieter.« (Buber, 1962, S. 59 f.)

Es scheint, als ob der Mensch in der Ökonomie und Technik Kräfte erweckt habe, die sich jetzt gegen den Menschen stellen – Kräfte, die er nicht mehr bewältigen kann, sondern die ihn überwältigen und an der Entfaltung seiner Humanität hindern. Nicht länger steht der Mensch in Ich-Du-Relationen, die ihn zu wahrhafter Humanität befähigen, sondern in Ich-Es-Relationen, die ihn selbst zum Gegenstand unter Gegenständen verkommen lassen.

Der Soziologe Hartmut Rosa spricht in diesem Zusammenhang von Resonanzverlust (Rosa, 2019, S. 299 ff.). Wenn der Mensch zum Gegenstand mutiert und sich nur noch in eine Welt der Gegenstände gestellt erfährt, wird die Welt stumm. Letztendlich erreicht der Mensch den Anderen und das Andere nicht mehr und wird auch nicht erreicht.

Dennoch bleibt auch in gesellschaftlichen Strukturen, die uns einen verdinglichten Modus der Welt gegenüber aufzwingen, die Sehnsucht mit Menschen und Dingen in Kontakt zu kommen. Wo dies nicht mehr resonant möglich ist, entsteht die dynamische Stabilisierung im Hinblick auf das kulturelle Programm der Weltreichweitenvergrößung. Wenn keine Resonanz erfahren und keine ausgelöst wird, müssen mehr Weltausschnitte verfügbar gemacht werden. Der Erfolg des Geldes, der Smartphones und der gesteigerten Mobilität liegt gerade darin begründet, dass sie scheinbar mehr Optionen für Resonanzbeziehungen eröffnen. Aber dieses Mehr, Schneller, Weiter macht Resonanzbeziehung unmöglich, braucht doch alles, was den Menschen wahrhaft ansprechen soll und was er ansprechen will, Zeit. Hartmut Rosa zeigt damit eine erschöpfte Gesellschaft, die beim Versuch Resonanzbeziehungen erfahrbar zu machen, diese gerade unmöglich macht. »*Spätmoderne Subjekte verlieren in demselben Maße die Welt als sprechendes und antwortendes Gegenüber, wie sie ihre instrumentelle Reichweite vergrößern. Sie erfahren Selbstwirksamkeit nicht im Sinne resonanzsensiblen Erreichens, sondern im Sinne verdinglichenden Beherrschens*« (Rosa, 2019, S. 712, Herv. i. O.). Gerade dieses verdinglichte Beherrschen in der Ich-Es-Relation kann den Hunger nach wahrhaftiger Begegnung mit dem Anderen nicht stillen. Für Hartmut Rosa sollte dieses Leiden, dass der Mensch das Grundwort Ich-Du immer seltener im zwischenmenschlichen, naturnahen und religiösen Bereich erfahren kann, nicht dem Einzelnen zugeschrieben werden. Es sind kollektive Phänomene, die der Einzelne zwar mitprägt, in die er aber auch gestellt ist. Am Phänomen des Überwachungskapitalismus soll dies exemplarisch dargestellt werden.

Der Begriff Überwachungskapitalismus wurde von Shoshana Zuboff geprägt. Er bezeichnet die Überführung von privaten Erfahrungen in kapitalistisches Eigentum. Durch die Anwendung von Algorithmen werden diese Erfahrungen messbar, so dass es grundsätzlich möglich wird, Verhalten vorherzusagen.

Dieser Verhaltensüberschuss (behavioral surplus) ist lukrativ. Es »rechnet« sich, wenn Kalkulationen möglich sind, die vorhersehen, was wir irgendwann einmal tun werden.[1] Es »rechnet« sich noch

---

[1] Wie problematisch die Auslagerung von Entscheidungen auf Ergebnisse quantitativer Statistik ist, zeigt Viktor Mayer-Schönberger in seinen Überlegungen zu Big Data (2015, S. 19): »Wenn Strafe nicht mehr mit tatsäch-

mehr, wenn Menschen manipuliert werden können, irgendwann einmal zu tun, was ökonomisch nützt. »Der Gedanke dahinter ist längst nicht mehr, alles über unser Verhalten in Erfahrung zu bringen; vielmehr geht es darum, es in Richtung eines garantierten kommerziellen Erfolgs zu manipulieren. Dieser neue Grad an Wettbewerbsintensität führt zu etwas, was ich [Shoshana Zuboff] als ›Handlungsvorteile‹ (economies of action) bezeichne. Es genügt nicht länger, den Informationsfluss *über uns* zu automatisieren, das Ziel besteht nun darin *uns* zu automatisieren« (Zuboff, 2019, S. 7, Herv. i. O.). Menschliche Erfahrung und menschliches Denken sind dann nur noch der Rohstoff für quantitatives ökonomisches Wachstum. Oder mit den Worten von Frank Schirrmacher: »Unsere neue technische Welt reproduziert bis ins Detail das ökonomische Weltbild, das neoklassische und neoliberale Ökonomen seit den Fünfzigerjahren entwickelt haben. Denn was jetzt geschieht, ist keine technisch-physikalische Revolution. Jedes iPhone, jede Datenbrille, jeder geniale Finanz- oder Werbe- oder Suchalgorithmus ist in erster Linie ein Ereignis der sozialen Physik und dient der Installation des Menschen in ein neues ökonomisches System« (Schirrmacher, 2013, S. 198).

Der Mensch wird vergleichgültigt zum »Preis-Werten« und so berechenbar, dann auch beherrschbar. Hier zeigt sich eine »selbstverschuldete Unmündigkeit«. Dies wird in der Nudgetheorie reflektiert. Das Entscheidungssetting wird so präpariert, dass Menschen gern tun, was sie tun sollen, also »affektives priming« (Han, 2014, S. 24 f.). »Wir können den Kontext um ein bestimmtes Verhalten herum konstruieren und so eine Veränderung erzwingen […]. Wir lernen, die Musik zu schreiben, und sorgen dann dafür, dass sie die Leute zum Tanzen bringt« (Zuboff, 2019, S. 7). Auch im Bildungsbereich wird immer stärker auf »automatisierte, potenziell entdemokratisierte Handlungslogiken« gesetzt (Pongratz, 2018, S. 61 f.). Für Shoshana Zuboff zeigt sich in dieser Nudgetheorie eine konsequente

---

lichem, sondern schon mit bloß vorhergesagtem Verhalten verknüpft wird, dann ist das im Kern auch das Ende des gesellschaftlichen Respekts gegenüber dem freien Willen. So wird etwa in dreißig US-Bundesstaaten für die Entscheidung, ob jemand auf Bewährung freikommt oder nicht, eine Big-Data-Vorhersage herangezogen, die prognostizieren soll, wie wahrscheinlich die Person künftig in einen Mord verwickelt sein wird.«

Herabwürdigung des Menschen. Der Mensch ist nicht länger das animal rationabile, sondern ein berechen- und manipulierbares außengeleitetes »Human« (Lamla, 2019, S. 49 f.). Der Mensch – so Lamla – entwickle sich zunehmend zum »Typus des außengeleiteten Charakters […]. Halt und Orientierung gewinne er nicht mehr aus verinnerlichten ethischen Prinzipien, die im turbulenten Leben wie ein in sich stabilisierter Kreiselkompass die Richtung anzeigen, sondern er suche die Umwelt wie mit einer Radaranlage permanent nach Hinweisen auf Hindernisse und Möglichkeiten ab, um seinen Kurs durchs Leben daran immer wieder neu auszurichten« (S. 62).

Es scheint dann nur konsequent, dass wir uns dann auch nicht länger an demokratischer Meinungsbildung beteiligen müssen, ist diese doch längst bekannt oder gesteuert. So geht in der Broschüre »Smart City Charta« der Bundesregierung Roope Mokka, der Gründer des finnischen Think Tanks Demos Helsinki, auf die Auswirkungen der nächsten Phase der Digitalisierung ein und beschreibt unter anderem eine post-voting society. »Da wir genau wissen, was Leute tun und möchten, gibt es weniger Bedarf an Wahlen, Mehrheitsfindungen oder Abstimmungen. Verhaltensbezogene Daten können Demokratie als das gesellschaftliche Feedbacksystem ersetzen« (Bundesministerium für Umwelt, Naturschutz, Bau und Reaktorsicherheit, 2017, S. 43).

Die Steigerungslogik der neoliberalen Ökonomie korreliert mit dem Verlust der Freiheit. Im Grunde wird der Mensch nicht länger an dem Du des Anderen, der Natur oder der Gesellschaft zum Menschen. Die Es-Welt macht ihn zu einem austauschbaren Es, zu einem Ding unter Dingen und raubt ihm so auch die Möglichkeit auf die Es-Welt einzuwirken. Im Grunde führt dies zur Aufgabe der Humanität.

4 Die Einhegung von Entfremdungserfahrungen durch die TZI

In einer Welt, in der Entfremdungserfahrungen häufiger werden und wir die Folgen dieses Resonanzverlustes spüren, ist es notwendig Resonanzräume zu schaffen. TZI eröffnet hier personenzentrierte Entwicklungsräume, indem sie themenzentrierte Verständigungsprozesse ermöglicht (siehe Ostertag, Teil 1 in diesem

Band). Ruth C. Cohn hat im Rückblick gesehen, wie verwandt ihr Anliegen mit der Philosophie Martin Bubers war.[2] Und so wundert es nicht, dass die der TZI zu Grunde liegenden drei Axiome der Buber'schen Anthropologie nahekommen:

»1. *Der Mensch ist eine psycho-biologische Einheit und ein Teil des Universums. Er ist darum gleicherweise autonom und interdependent.* Die Autonomie des einzelnen ist um so größer, je mehr er sich seiner Interdependenz mit allen und allem bewußt wird. [...]
2. *Ehrfurcht gebührt allem Lebendigen und seinem Wachstum.* Respekt vor dem Wachstum bedingt bewertende Entscheidungen. Das Humane ist wertvoll, Inhumanes ist wertbedrohend. [...]
3. *Freie Entscheidung geschieht innerhalb bedingender innerer und äußerer Grenzen; Erweiterung dieser Grenzen ist möglich.*« (Farau u. Cohn, 1984, S. 357, Herv. i. O.)

Diese drei Axiome lassen sich als Gegenprogramm zu den geschilderten Entfremdungstendenzen lesen.

Der Mensch als psycho-biologische Einheit kann nicht verstanden werden, wenn er nicht als Teil des Universums gesehen wird. Wie der Baum bei Buber in der Ich-Du-Relation auf das Ganze verweist, verweist auch jeder einzelne Mensch auf den Kosmos, den GLOBE, der ihn umgibt. Letztendlich steht alles in einem großen Verweisungszusammenhang.

Es ist bezeichnend, dass TZI dabei von einem Zugleich der Autonomie und der Interdependenz ausgeht. Gerade beim Phänomen des Überwachungskapitalismus haben wir gesehen, wie eine mathesis universalis (Universalmathematik) die Lebenswelt zu erfassen sucht. Immer mehr wird die Gesellschaft und das Denken des Menschen vermessen und damit kontrollierbar. Am Ende geht es um eine Auflösung personaler Autonomie. Dagegen steht das Axiom, dass Autonomie nur in Interdependenzrelationen möglich wird. Im dritten

---

[2] Ruth C. Cohn sah diese Parallelen als Synchronizität des Denkens, die darin begründet ist, dass geistesgeschichtliche Fragen und Herausforderungen sich nicht beliebig beantworten lassen. Insofern basiert die Parallelität der TZI und der Buber'schen existentialistischen Philosophie auf einer ähnlichen Problemanalyse (Reiser, 1987, S. 39).

Axiom wird dies exemplifiziert am Beispiel der Freiheit. Freiheit ist nur erfahrbar in bedingenden inneren und äußeren Grenzen.

Dass allem Lebendigen Ehrfurcht zukommt, hebt die Zentrierung der Welt auf den Menschen hin auf. Es steht dem Menschen nicht zu, Natur einzig und allein auf ihn hin zu verzwecken. Eine einseitige Ich-Es-Relation zur Natur macht diese ausbeutbar und führt am Ende zu ihrer Zerstörung. Der Mensch ist hingegen »Leben, das leben will, inmitten von Leben, das leben will« (Schweizer, 1966, S. 21) und damit gilt es auch diesem nicht-humanen Leben Würde zuzusprechen.

Wie wir gesehen haben, wird dem Menschen nicht nur Welt fremd. In Entfremdungsrelationen schwindet das Leben schlechthin. Nicht nur Katastrophen als Folge eines einseitig mathematisch-technischen und ökonomischen Weltumgangs in der Ich-Es-Relation kommen hier in den Blick. Letztendlich greift dieser Weltumgang auch auf den Menschen und seine Vergesellschaftung über. Auch das Denken und das soziale Leben werden zunehmend quantifizierend erfasst mit der Folge, dass die Lebendigkeit des Denkens und Zusammenlebens immer weiter zurückgedrängt wird. Oder mit den Worten von Horkheimer und Adorno: »Denken verdinglicht sich zu einem selbständig ablaufenden, automatischen Prozess, der Maschine nacheifernd, die er selbst hervorbringt, damit sie ihn schließlich ersetzen kann [...]. Die mathematische Verfahrensweise wurde gleichsam zum Ritual des Gedankens« (Horkheimer u. Adorno, 1969, S. 26). Statt der humanen Lebendigkeit wird technischer und ökonomischer Kontrolle und Sicherung mehr Raum gegeben. Die drei Axiome stehen damit in einem grundlegenden Widerspruch zu einem zunehmend entfremdeten und resonanzarmen Weltumgang. Ruth C. Cohn ist aber noch einen Schritt weiter gegangen. Nicht nur die kritische Analyse ihrer Gegenwart lag ihr am Herzen. Sie wollte diese Welt auch aktiv verändern. Sie war auf der Suche nach »etwas [...], was wir mitten im Grauen der Welt tun können, ihm etwas entgegenzusetzen – kleine Schritte, kleine winzige Richtungsänderungen« (Ockel u. Cohn, 1992, S. 178).

Es ging ihr nicht nur um eine Änderung im individuellen Bereich. Wichtig war ihr auch eine gesellschaftliche Transformation. »Die Couch war zu klein« (Cohn, 1975, S. 7). Die individuelle Therapie sollte auf die Gesellschaft ausgeweitet werden. Sie ließ sich stören »von der großen Störung im Weltbereich von Not und Inhumanität« (Ockel u. Cohn, 1992, S. 205) und entwickelte eine Methode, um Menschen in Resonanzbeziehungen zu bringen und zu befähigen, an den großen Menschheitsfragen zu arbeiten.

Dies wird sehr schön am Vier-Faktoren-Modell deutlich. Nach Ruth C. Cohn ist jede Gruppe durch vier Faktoren bestimmt: die Person (ICH), die Gruppeninteraktion (WIR), die Aufgabe (ES), das Umfeld (GLOBE). Letztlich geht es immer um ein relevantes Sachanliegen. Im Gespräch darüber verschmelzen weder die einzelnen Akteur*innen noch bleiben sie getrennt. Es entsteht ein Resonanzraum im Buber'schen Sinne. Die Autonomie wächst dabei mit der Interdependenz. In diesem Prozess wachsen die einzelnen Menschen zu ihrer wirklichen Bestimmung und gerade dadurch, dass sie sie selbst werden, wächst auch das Wir der Bezogenheit. In einem solchen Resonanzraum ist es möglich, sich dem Sachthema sachdienlich zuzuwenden.[3] Gleichzeitig wird erfahrbar, dass dieses Setting von der Welt nicht abgeschlossen ist. Es verweist über sich hinaus auf die Welt schlechthin, beziehungsweise wirkt der bedingende Kontext als GLOBE auf das Setting. Entfremdungserfahrungen werden aufgehoben in Verweisungsbezügen. Es geht nicht länger darum »über die Welt zu verfügen und sie besitzen zu wollen, sondern sich von ihr ansprechen zu lassen, in lebendigen Bezügen zu ihr zu stehen und in humaner Verantwortlichkeit in ihr zu leben« (Ostertag, Teil 1 in diesem Band, S. 30).

---

3 Auf dem ersten Blick scheint es, dass Ruth C. Cohn der Ich-Es Beziehung eine größere Bedeutung beimisst als Martin Buber, hat doch für sie das Sachanliegen immer mit »gegenständlichen Herausforderungen zu tun« (Scharer, 2017, S. 105). Scharer selbst relativiert aber diesen Eindruck, da für Ruth C. Cohn das Verhältnis zum Sachanliegen nur dann adäquat erschlossen ist, wenn es als ‚generatives Thema« aufgefasst wird. Nur wenn Sachthemen den Menschen existentiell betreffen sind sie relevant. Für Ruth C. Cohn sind daher Ich-Du-Relationen zu Sachthemen möglich und notwendig.

5 Resonanzbeziehungen leben

Gerade in Zeiten, in denen Mensch, Gesellschaft und Natur immer mehr »zur Zahl, zum reinen Zahlenverhältnis verflüchtigt werden« (Buber, 1962, S. 13) und der Mensch in dieser bezifferten Welt immer öfter Entfremdungserfahrungen ausgesetzt ist, ist die TZI ein elementarer Resonanzraum, der personenzentrierte Entwicklungsräume eröffnet und themenzentrierte Verständigungsprozesse ermöglicht, indem er den Menschen als psycho-biologische Einheit auf den GLOBE bezieht. TZI ist damit zugleich auch ein Hoffnungsraum, dass neue Resonanzbeziehungen möglich werden. Während in der Gegenwart das gesellschaftliche Zusammenleben in einem immer stärkeren Maß über Sozialkontrolle sichergestellt werden soll, ermöglicht TZI einen Verständigungsprozess, der die Lebendigkeit der Akteur*innen wahrt.

Oder mit den Worten Merleau-Pontys (2003, S. 63, Herv. i. O.):

»Von dem Augenblick an, an dem ich erkannt habe, daß meine Erfahrung, gerade insofern sie die meine ist, mich dem öffnet, was ich nicht bin, daß ich für die Welt und die Anderen *empfindsam* bin, nähern sich mir in einzigartiger Weise alle Wesen, die das objektive Denken auf Distanz hielt. Oder umgekehrt: Ich erkenne meine Verwandtschaft mit ihnen, ich bin nichts als ein Vermögen ihnen Widerhall zu geben, sie zu verstehen, ihnen zu antworten.«

Literatur

Buber, M. (1962). Ich und Du. Köln: Jakob Hegner.
Buber, M. (1985). Pfade in Utopia. Über Gemeinschaft und deren Verwirklichung. (3. Aufl.). Heidelberg: Lambert-Schneider.
Bundesministerium für Umwelt, Naturschutz, Bau und Reaktorsicherheit (2017). Smart City Charta. Digitale Transformation in den Kommunen nachhaltig gestalten. Berlin: Rautenberg.
Cohn, R. C. (1975). Von der Psychoanalyse zur themenzentrierten Interaktion. Von der Behandlung einzelner zu einer Pädagogik für alle. Stuttgart: Klett-Cotta.
Christl, W. (2019). Microtargeting. Persönliche Daten als politische Währung. APUZ, 69, (24–26), 42–48.
Farau, A.; Cohn, R. C. (1984). Gelebte Geschichte der Psychotherapie. Zwei Perspektiven. Stuttgart: Klett-Cotta.

Fromm, E. (2001). Haben oder Sein. Die seelischen Grundlagen einer neuen Gesellschaft (30. Aufl.). München: Deutscher Taschenbuch Verlag.

Han, B.-C. (2014). Psychopolitik. Neoliberalismus und die neuen Machttechniken. Frankfurt am Main: Fischer.

Hobbes, Th. (1651/1976). Leviathan oder Stoff, Form und Gewalt eines kirchlichen und bürgerlichen Staates. Frankfurt am Main: Suhrkamp.

Hölderlin, F. (1944). Werke in zwei Bänden. Zürich: Atlantis.

Horkheimer, M., Adorno, T. W. (1969). Dialektik der Aufklärung. Frankfurt am Main: Fischer.

Lamla, J. (2019). Selbstbestimmung und Verbraucherschutz in der Datenökonomie. APuZ, 69 (24–26), 49–54.

Matzdorf, P., Cohn, R. C. (1992). Das Konzept der Themenzentrierten Interaktion. In C. Löhmer, R. Standhardt (Hrsg.), TZI. Pädagogisch-therapeutische Gruppenarbeit nach Ruth C. Cohn (S. 39–92). Stuttgart: Klett-Cotta.

Mayer-Schönberger, V. (2015). Was ist Big Data? Zur Beschleunigung des menschlichen Erkenntnisprozesses. APuZ 65, J 11–12, 14–19.

Merleau-Ponty, M. (2003). Das Metaphysische im Menschen. In M. Merleau-Ponty (Hrsg.). Das Auge und der Geist. Philosophische Essays (S. 47–70). Hamburg: Meiner.

Mistral, G. (1991). Wenn du mich anblickst, werd' ich schön. Gedichte (Spanisch/Deutsch), ausgewählt von Wolfgang Eitel. München: Piper.

Ockel, A., Cohn R. C. (1992). Das Konzept des Widerstands in der Themenzentrierten Interaktion. Vom psychoanalytischen Konzept des Widerstands über das TZI-Konzept der Störung zum Ansatz einer Gesellschaftstherapie. In C. Löhmer, R. Standhardt (Hrsg.), TZI. Pädagogisch-therapeutische Gruppenarbeit nach Ruth C. Cohn (S. 177–206). Stuttgart: Klett-Cotta.

Pongratz, L. A. (2018). Vom Kybernetik-Hype zum Neuro-Hype. Ein Blick zurück nach vorn. In S. Schenk, M. Karcher (Hrsg.), Überschreitungslogiken und die Grenzen des Humanen (S. 53-78). Wittenberg: epubli.

Reiser, H. (1987). Ruth Cohn und Martin Buber. Anmerkungen zu den axiomatischen Grundlagen der TZI. In K. Hahn, K. Schütz, M. Schraut-Birmelin, C. Wagner (Hrsg.), Gruppenarbeit: themenzentriert. Entwicklungsgeschichte, Kritik und Methodenreflexion (S. 38–46). Mainz: Matthias Grünewald.

Rosa, H. (2019). Resonanz. Eine Soziologie der Weltbeziehung. Berlin: Suhrkamp.

Scharer, M. (2017). Ruth C. Cohns Themenzentrierte Interaktion (TZI) in der interreligiösen Begegnung. In T. Krobath, A. Shakir, P. Stöger (Hrsg.), Buber begegnen. Interdisziplinäre Zugänge zu Martin Bubers Dialogphilosophie (S. 101–118). Wuppertal: Arco.

Schirrmacher, F. (2013). Ego. Das Spiel des Lebens. München: Blessing.

Schweitzer, A. (1966). Die Ehrfurcht vor dem Leben. Grundtexte aus fünf Jahrzehnten. München: Beck.

Zuboff, S. (2019). Surveillance Capitalism – Überwachungskapitalismus. APuZ, 69 (24–26), 4–9.

INA VON SECKENDORFF
»Ich sehe was, was Du nicht siehst!«
Was ein antidiskriminierender Sprachgebrauch mit der
Themenzentrierten Interaktion zu tun hat

*»I realized quickly when I knew I should,
that the world was made up of this brotherhood of man –
for whatever that means.«*
(Whats up, 4 Non Blondes)

Zusammenfassung: Ein Hauptziel der Themenzentrierten Interaktion (TZI) ist es, die Sichtbarkeit, das gegenseitige Sehen und Gesehen-Werden, der Menschen zu erhöhen. Diese gilt als Basis, um Menschlichkeit zu fördern und zu erhalten. Dazu beitragen kann die bewusste Entscheidung zur Nutzung eines antidiskriminierenden Sprachgebrauchs. Betroffene von Diskriminierung beklagen, dass sie sich durch die (deutsche) Sprache nicht repräsentiert fühlen. Sie empfinden sich als unsichtbar. Grund genug zu überlegen, inwiefern die TZI das theoretische Fundament dafür liefert, eine gerechte Sprache zur Unterstützung gesellschaftlich gerechterer Strukturen zu fordern, um so den Bick auch sprachlich auf mehr Menschlichkeit zu richten.

1 Bewegung in bewegten Zeiten

Wir leben in bewegten Zeiten. Von einer gesellschaftlichen Spaltung ist die Rede, von marginalisierten Gruppen, die sich Gehör verschaffen wollen, vom Aufbäumen der urbanen Bildungsschicht, die – aus Sicht mancher (politischer) Gruppierungen – vor den wahren Problemen die Augen verschließt und stattdessen eine neue sprachliche Unart zu etablieren versucht: das Gendern.[1]

Kritiker*innen gibt es viele. So bemängelt zum Beispiel der Kolumnist Jan Fleischhauer: »Was als Ausweis fortschrittlichen Denkens gilt, ist in Wahrheit nichts anderes als die Zementierung der Klassengesellschaft [...] Früher war der Gebrauch von Messer und Gabel ein Merkmal, an dem man unwillkürlich erkannte, ob jemand zur Elite zählte [...] Heute ist es der mühelose Gebrauch der Sprache der Vielfalt, die Dazugehörige und Außenstehende trennt. [...] Wie bei jeder Revolution geht es auch darum, sich in ein vorteilhaftes Licht zu setzen, indem man den weniger Gebildeten und Erleuchteten demonstriert, wie sehr sie der Entwicklung hinterherhinken. Deshalb durchzieht alle Proklamationen ein Ton der Herablassung und augenverdrehenden Indigniertheit« (Fleischhauer, 2020). Sein Argument ist nicht neu: Um etwas zu verhindern, hilft es oft, verschiedene Gesellschaftsgruppen gegeneinander auszuspielen. Hier die gebildeten Besserwisser*innen, dort das arme Proletariat. Aber funktioniert das in Bezug auf ein Thema, das gerade nicht den Ausschluss, sondern umgekehrt das bewusste Einschließen verschiedener Bevölkerungsgruppen im Fokus hat? So schreibt der DUDEN: »Gendern, also die Anwendung geschlechtergerechter Sprache im Sprachgebrauch, ist ein wichtiges Gleichstellungsinstrument« (Duden, 2020, S. 8). Wie sollte so ein Instrument eine Gesellschaft spalten?

Ein Merkmal von Revolutionen ist, dass sie immer erst durch sogenannte Minderheiten angestoßen werden. Diese Minderheiten sind nicht quantitativ zu verstehen; die Revolution des *dritten Standes* zur Zeit des Absolutismus zum Beispiel betraf das Gros der Gesellschaft, das sich grundsätzlich dem König unterzuordnen hatte. Die Unabhängigkeitskriege der USA und insbesondere die Französische Revolution stürzten dann diese Gesellschaftsordnung; es entstanden Bürgerrechte, aus denen die Menschenrechte wurden, die heute als Basis der Charta der Grundrechte der Europäischen Union gelten (von Schirach, 2021). »Gesellschaftliche Fortschritte wie etwa

---

[1] Im vorliegenden Text wird unter diesem Begriff die sprachliche Beachtung aller Geschlechter durch die Verwendung des Gendersterns verstanden: Freund*innen.

Demokratie, Freiheit, Gleichheit, Emanzipation, politische Teilhabe der Ausgeschlossenen werden anfangs immer von Minderheiten ersonnen und in die Gesellschaft getragen. Die Mehrheitsgesellschaft in ihrem Beharrungsvermögen wehrt sich stets dagegen und sagt: Warum sollen wir etwas ändern, was sich seit Jahrhunderten oder gar Jahrtausenden bewährt hat« (Gerster u. Nürnberger, 2021, S. 176). Bewegung? – Nein danke, mir geht es doch gut! – ist ein häufiges Argument regressiver Kräfte. Aber was für einen Nutzen hat es, die Augen vor Veränderungen zu verschließen? Zukunft findet statt, immer, und gerade die Errungenschaften der Revolutionen der Vergangenheit können Menschen dazu ermutigen, weiter zu gehen, darauf aufzubauen und Neues zu wagen.

Die ersten Züge feministischer Bewegungen beispielsweise lassen sich in Europa, den USA und Australien auf die Mitte des 19. Jahrhunderts datieren (Rupp, 2011). Ihr großes Thema: Die Abschaffung von Diskriminierung. Das ist jetzt über 150 Jahre her. Die Idee einer politisch korrekten Sprache entstand in den 1980er Jahren in Amerika: An den Universitäten hatte sich eine Bewegung gebildet, die dazu aufrief, Menschen nicht aufgrund ihres Hauttons, ihrer Behinderung, ihrer sexuellen Orientierung oder ihres Geschlechts zu benachteiligen (Klein, 2010, S. 12). Ihr großes Thema: Die Abschaffung von Diskriminierung. Das ist jetzt 40 Jahre her. Der eingangs zitierte Song der Band *4 Non Blondes* stammt aus dem Jahr 1992. Und auch hier das Thema: Die Abschaffung von Diskriminierung. Das ist jetzt 30 Jahre her. Die Jahre vergehen, das Thema bleibt bestehen – und die Verbindung gesellschaftlich diskriminierender Strukturen und ihrer Abbildung durch Sprache ist aktuell wie eh und je. Fake News, Asyl-Tourismus, Rapefugees sind nur einige der Wortschöpfungen, derer sich vor allem Populist*innen neuerdings bedienen, um gegen Bevölkerungsgruppen zu mobilisieren. Menschenverachtendes Gedankengut drückt sich immer auch in der Sprache aus und die große Frage dahinter ist: Beeinflusst die Sprache das Denken? Und konkret: Falls die Sprache das Denken beeinflusst, wäre es dann nicht umso wichtiger, einen antidiskriminierenden Sprachgebrauch zu fordern, um mehr Gerechtigkeit und somit Menschlichkeit zu fördern?

Schon seit Aristoteles befasst sich die Wissenschaft mit dem Phänomen von Sprache, das in seiner Abstraktionsfähigkeit und

Symbolfunktion dem Menschen einzigartig ist. Mindestens ebenso alt und grundlegend ist die Frage nach ethischen oder moralischen Prinzipien des Zusammenlebens – sprich: nach Werten. Durch die Sozialität des Menschen bedingt, ist er nicht nur ein sprachliches, sondern gleichermaßen ein moralisches Wesen (Herrmann u. Kuch, 2007b, S. 181). Moralische Verhaltensregeln müssen in einer Gemeinschaft sprachlich thematisiert und ausgehandelt werden. »Moralische Aussagen besitzen eine intersubjektive Gültigkeit für einen begrenzten Zeitraum innerhalb einer bestimmten Kultur, da sie Wertewandlungsprozessen unterworfen sind« (Schicha, 2019, S. 16). Braucht es nicht aber auch zusätzlich moralische Grundsätze, die permanent feststehen, wenn wir freiheitliche Gemeinschaften wie Demokratien erhalten wollen? Bei dieser Frage punktet die TZI durch die Bindung ihres Ansatzes an drei Axiome, die für ihre Werte stehen (siehe Ostertag, Teil 1 in diesem Band). Diese beschreiben, wie Menschlichkeit gelebt wird. Die TZI sieht als Handlungstheorie ihren Schwerpunkt darin, zu ermöglichen, dass Menschen sich als Gruppe gemeinschaftlich einem Thema zuwenden und dabei einander wahrnehmen. So werden die Beteiligten einer Gemeinschaft (wieder) füreinander sichtbar. »Wenn ich mich selbst ernst nehme und Ernstgenommenwerden auch allen anderen Menschen, Lebewesen und der Erde zubillige, dann kann ich den tieferen allgemeinen Lebenswert des TZI-Signets als Kompaß für mich als Einzelne und als Gesellschaftsmitglied erleben« (Cohn, 1994, S. 345).

Genau dieses Ernstgenommenwerden ist es, das die Vertreter*innen eines antidiskriminierenden Sprachgebrauchs proklamieren: Nicht mehr die Mehrheitsgesellschaft soll die Richtung bestimmen, sondern die Tendenz muss dahin gehen, endlich den Betroffenen von Diskriminierung zuzuhören. Auch wenn es sich um sprachliche Phänomene handelt. Betroffene wollen ernst genommen und gesehen (sichtbar) werden. »Das Gefühl von Unsichtbarkeit bringt einen oft dazu, an der eigenen Wahrnehmung zu zweifeln. Doch es ist eine grundlegende Diskriminierungserfahrung« (Hasters, 2020, S. 47). Daher funktioniert die »Augen zu und durch«-Parole nicht mehr. Um füreinander sichtbar zu werden, muss man die Augen öffnen – sich also bewegen. Auf welche Weise die TZI die theoretischen

Grundlagen dafür schafft und wie unter anderem das Gendern diesen Prozess unterstützt, soll dieser Beitrag zeigen.

Dazu werde ich mich zunächst dem Aufbau und der Funktion von Sprache zuwenden (Abschnitt 2). Unterschiedliche Perspektiven aus der Sprachphilosophie, die eine historisch gewachsene Weiterentwicklung des Verständnisses aufzeigen, verdeutlichen dabei ebenso den Zusammenhang zwischen Sprach- und Denkstrukturen, wie ein sehr anschauliches Beispiel aus der Moralpsychologie. Anschließend soll die Frage geklärt werden, welcher Zusammenhang zwischen ethischen Werten und ihrer sprachlichen Vermittlung besteht (Abschnitt 3). Dabei wird eine Brücke von den Axiomen der TZI zum antidiskriminierenden Sprachgebrauch gebaut, um zu verdeutlichen, wie die grundsätzlich auf Verständigung ausgerichtete TZI implizit den Gender-Diskurs unterstützt. Zum Schluss (Abschnitt 4) möchte ich die einzelnen Ansätze (Sprachwissenschaft, TZI, Debatte über antidiskriminierenden Sprachgebrauch) miteinander verweben, um auf diese Weise zu verdeutlichen, dass der grundsätzliche Wertekompass der Themenzentrierten Interaktion in seiner konsequenten Anwendung keinerlei sprachliche Diskriminierung zulässt – und somit eine theoretische Basis für den Gebrauch des Gendersternchens liefern kann.

2 Der Einfluss von Sprache auf das Denken

Wie stark sich die Sprache auf menschliche Denk- und Handlungsweisen auswirkt, verdeutlicht das folgende Beispiel: Eine psychologische Studie der Universität Pompeu Fabra in Barcelona zeigte, dass das moralische Urteilsvermögen von Menschen davon abhängt, ob sie Geschehnisse in ihrer Muttersprache oder in einer Fremdsprache bewerten müssen (Costa et al., 2014). Das Experiment war ein klassisches Beispiel aus der Moralpsychologie: Die Teilnehmenden sollten sich vorstellen, auf einer Fußgängerbrücke zu stehen und zu beobachten, wie ein Zug auf eine Gruppe von fünf Menschen zurast. Es gibt nur eine Möglichkeit zur Rettung: Sie müssen einen Mann von der Fußgängerbrücke aus auf die Gleise und somit vor den Zug stoßen. Das Dilemma ist offensichtlich: Wird ein Leben geopfert, um fünf andere zu retten oder verbietet es die dem Menschen innewohnende Moral grundsätzlich einen anderen Menschen zu töten – egal aus welchem Grund? *Die* richtige Entscheidung kann es nicht geben, ein Zwiespalt, der sich in der Ethik in den Positionen der deontologischen und teleologischen Ansätze wiederfindet. Erstere werden auch als Pflichtethiken verstanden, die die Verbindlichkeit und Qualität einer Handlung nicht von deren Folgen abhängig macht (Hügli u. Lübke, 1998, S. 138). Anders die teleologischen Ansätze (zu denen auch der Utilitarismus zählt), die das Nützlichkeitsprinzip vertreten und jene Handlungen als ethisch wertvollste beurteilen, die das größtmögliche Glück für die größtmögliche Anzahl Menschen erzielen (S. 644). Aus utilitaristischer Perspektive wäre es demnach legitim den Mann zu opfern, würden dadurch doch gleichzeitig fünf Leben gerettet werden. Die psychologische Studie lieferte dazu interessante Ergebnisse: Wurde den Teilnehmenden das Szenario in ihrer Muttersprache geschildert, sträubten sich die meisten dagegen, das eine Leben zum Wohle der fünf anderen zu opfern. Anders in der Fremdsprache: Hier entschieden sich deutlich mehr dafür, das eine Opfer zum Schutz der anderen zu erbringen. »We have shown that people's moral judgements and decisions depend on the nativeness of the language, in which a dilemma is presented, becoming more utilitarian in a foreign language« (Costa et al., 2014, S. 5). Wird also die gleiche Äußerung in unterschiedlichen Sprachen getätigt, verändert dies das moralische Urteil und somit prinzipiell auch das Denken und Handeln einer Person. In der Muttersprache wird eher intuitiv entschieden; durch sie fühlen wir uns schneller mit anderen Menschen verbunden. Eine Fremdsprache regt hingegen eher distanziertere Entscheidungsprozesse an.[2] »Wenn Sprache unsere Betrachtung der Welt so fundamental lenkt – und damit auch beeinträchtigt –, dann ist sie keine Banalität, kein Nebenschauplatz politischer Auseinandersetzungen. Wenn sie der Stoff unseres Denkens und Lebens ist, dann müsste es selbstverständlich sein, dass wir uns immer wieder fragen, ob wir einverstanden sind mit dieser Prägung« (Gümüşay, 2021, S. 23).

Im 20. Jahrhundert thematisierte vor allem die Sprachphilosophie den Ursprung, das Wesen und die Funktion der Sprache (Hügli u.

---

2 Zur weiteren Vertiefung dieses Sachverhalts siehe auch das zweite Experiment der Autor*innengruppe (Costa et al., 2014, S. 2 ff.).

Lübke, 1998, S. 591). Für den Philosophen Ludwig Wittgenstein galt am Anfang des 20. Jahrhunderts folgender Grundsatz: »Die *Grenzen meiner Sprache* bedeuten die Grenzen meiner Welt« (Wittgenstein, 1922/2018, S. 86, Herv. i. O.). Für Wittgenstein besitzen sowohl die Welt als auch die Sprache eine zugrundeliegende Struktur: Gegenstände sind die letzten Bestandteile der Welt und Namen die letzten Bestandteile der Sprache. Namen beschreiben Gegenstände. Wittgensteins Abbildtheorie geht zunächst von einem faktischen Realitätsbegriff aus. »Die einzigen sinnvollen Sätze (und damit Gedanken) sind jene, die Bilder der Wirklichkeit sind, d. h. Bilder dessen, wie die Dinge in der Welt sind; [...]« (Grayling, 1999, S. 62 f.). Er widmet sich vorerst also der Semantik, sprich der Bedeutung eines Wortes, und nicht der Pragmatik oder sprachlichen Handlungstheorie (Auer, 1999, S. 63). Das Problem der Semantik ist jedoch, dass die Beschreibung eines Gegenstandes durch ein Wort nur dann erfasst werden kann, wenn das Konzept des zu beschreibenden Gegenstandes bereits bekannt ist – wenn es also (sinnlich) eindeutig wahrgenommen wurde (S. 66). Für eher abstrakte Fragen der Ethik bedeutet das: »Sätze können nichts Höheres ausdrücken. Es ist klar, daß sich die Ethik nicht aussprechen lässt« (Wittgenstein, 1922/2018, S. 108). Wittgenstein trennt somit reine Wahrnehmungsprozesse von sprachlichen, denn für ihn ist ein Satz nur dann wahr, wenn er abbildet oder dem entspricht, was der Fall ist (Grayling, 1999, S. 72). Später wendet er sich jedoch von dieser eher radikalen Position ab und sieht die Bedeutung eines Wortes nun in seinem Gebrauch. »Aus seinem Anti-Mentalismus heraus kommt Wittgenstein also zu der Erkenntnis, daß die Bedeutung einzelner Wörter nur ein sekundäres Konstrukt aus ihrem Gebrauch in sprachlichen Handlungen ist« (Auer, 1999, S. 68 f.).

Diesen sprachlichen Handlungen widmet sich die Sprechakttheorie von John L. Austin. Austin ging es vorwiegend darum zu widerlegen, dass Sprache ausschließlich der Beschreibung der Welt diene. »Was wir brauchen ist, so scheint mir, eine neue Theorie, die vollständig und allgemein darlegt, was man tut, wenn man etwas sagt, und zwar in allen Sinnvarianten dieses mehrdeutigen Ausdrucks; [...]« (Austin, 1968, S. 153). Im Mittelpunkt seiner Untersuchungen steht der alltägliche Umgang mit Wörtern, denen er sich phänomenologisch nähert, indem er sich die Frage stellt, »[...] wie die im Zusammenhang mit einem Problem relevanten Wörter in konkreten Situationen gebraucht werden. Die Umgangssprache und der alltägliche Hintergrund von konkreten Ausdrucksvarianten werden so zu einem ausgezeichneten Medium der philosophischen Reflexion. Der phänomenologische Aspekt der Methode verdeutlicht zudem, dass es Austin nicht nur um die sprachliche Analyse, nicht allein um Worte und ihre Bedeutung geht, sondern auch um die bezeichneten Phänomene selbst« (Krallmann u. Ziemann, 2001, S. 72 f.). Seine Analyse liefert somit, neben der Erfassung sprachlicher Strukturen, auch eine vertiefte Einsicht in die Struktur unserer Wirklichkeit »Mit der Bestimmung: *jedes Sprechen ist Handeln* wird angenommen, dass alltagspraktische Äußerungen auf Seiten des Sprechers die triadische Struktur von Motivation, Ziel und Vollzug aufweisen. Jemand *will* etwas, *kann* es durch Sprechen erreichen und *macht* deswegen eine bestimmte Äußerung« (S. 71, Herv. i. O.). Im Sprechen ist somit eine Wahrnehmung von Welt inkludiert; die Welt wird durch Sprache nicht nur beschrieben, sondern gleichermaßen konstruiert. Austin betont zudem die fundamentale Bedeutung des Handlungskontextes. Erst durch seine Ausführungen wurde der situative Hintergrund philosophisch und sprachwissenschaftlich überhaupt bei der Klärung konkreter sprachlicher Äußerungen berücksichtigt.

Eine Weiterentwicklung dieses Ansatzes bietet die handlungstheoretische Semantik von H. Paul Grice. Dieser untersucht den Begriff des *Meinens,* was zu einer Unterscheidung zwischen der Bedeutung der jeweils Sprechenden und der linguistischen Bedeutung führt. Er geht von subjektiven Äußerungsbedingungen aus und dringt in den Bereich der Intention vor. »Grices Konzept der Sprecherbedeutung ist im Prinzip eine Verfeinerung der Vorstellung, dass Kommunikation als intentionaler Vorgang zur Veränderung psychologischer Zustände der Kommunikationspartner aufzufassen ist« (Krallmann u. Ziemann, 2001, S. 101). Wünsche und Überzeugungen fließen immer in sprachliche Handlungen ein, so dass die Intentionalität von Sprechhandlungen je nach Kontext neu interpretiert werden sollte. Grice gilt als Begründer der Implikatur, die die Verbindung vom Gesagten zum Gemeinten aufzeigt (Auer, 1999, S. 91). Er geht davon aus, dass sich die Gesprächsteilnehmer*innen auf ihr Wissen über sprachliche Konventionen und auf den Kontext verlassen können (S. 94). »Make your conversational contribution such as is required, at the stage at which it occurs, by the accepted purpose or direction of the talk exchange in which you are engaged« (Grice, 1975, S. 45). Seine vier Konversationsmaximen orientieren sich an der Frage nach der ›idealen Konversation‹: »1. Die Maxime der *Quantität:* Versuche, deinen Beitrag informativ adäquat zu machen! […] 2. Die Maxime der *Qualität:* Versuche, deinen Beitrag so zu machen, dass er wahr ist. […] 3. Die Maxime der *Relation:* Sei relevant! […] 4. Die Maxime der *Modalität:* Sei klar und deutlich!« (Krallmann u. Ziemann, 2001, S. 113, Herv. i. O.).

Wie lässt sich also der Einfluss von Sprache beschreiben? Die Sprache besitzt grundsätzlich eine Struktur, die die Wirklichkeit abbilden kann. Diese wird durch die jeweilige Grammatik repräsentiert, wobei Syntax (Aufbau), Semantik (Bedeutung) und Phonologie (Aussprache) eine entscheidende Rolle spielen (Lenke, Lutz u. Sprenger, 1995, S. 33 ff.). Sie drückt jedoch nicht nur Gegenständliches aus, sondern kann auch abstrakte Vorgänge beschreiben. Sprache muss zusätzlich als Sprechhandlung (Pragmatik) betrachtet werden, die sich immer innerhalb eines Handlungskontextes vollzieht und beidseitig wirkt: Sie bezieht sich also auf Sprecher*in und Hörer*in und deren mentale Vorgänge. Die Sprechenden haben eine Intention, die bei den Hörenden Gedanken (und eventuell in einem zweiten Schritt auch Handlungen) auslösen sollen – und es auch tun. Insofern lässt sich klar feststellen: Sprache beeinflusst das Denken.

3 Ethische Leitplanken – Die Bedeutung von Werten

Ethik ist »[…] die methodische Suche nach unrelativierbaren Werten, die das menschliche Handeln – trotz seiner individuellen Verschiedenheit – auf allgemeingültige Weise leiten sollen« (Gotz, 2000). Diese werden innerhalb einer Gemeinschaft durch Sprache ausgehandelt und gleichfalls konstituiert, da sie, wie schon Wittgenstein bemerkt, Dinge betreffen, die in der faktischen Welt nicht existieren. »Etymologisch stammt das Wort ›Wert‹ aus dem Germanischen ›werþa‹ = ›Wert, kostbar‹; verwandt mit germanisch ›werþan‹ = ›werden‹ (entstehen); auf althochdeutsch ›wird‹ (9. Jh.)« (Values Academy, 2021). Werte sollen nach dieser Definition also etwas Kostbares entstehen lassen.

Einen Leitfaden für diese unrelativierbaren Werte liefert die TZI indem sie ihren Ansatz an drei Axiome bindet, die Werte implizieren, die sich auf anthropologische, ethische und pragmatisch-politische Ebenen beziehen: (zur näheren Erläuterung siehe Ostertag, Teil 1 in diesem Band)

»1. *Der Mensch ist eine psycho-biologische Einheit und ein Teil des Universums. Er ist darum gleichermaßen autonom und interdependent. Die Autonomie des Einzelnen ist umso größer, je mehr er sich seiner Interdependenz mit Allen und Allem bewusst wird.* […]
2. *Ehrfurcht gebührt allem Lebendigen und seinem Wachstum. Respekt vor dem Wachstum bedingt bewertende Entscheidungen. Das Humane ist wertvoll, Inhumanes ist wertbedrohend.* […]
3. *Freie Entscheidung geschieht innerhalb bedingender innerer und äußerer Grenzen; Erweiterung dieser Grenzen ist möglich*« (Cohn, 1994, S. 354 f., Herv. i. O.).

Entscheidend ist hier die Verknüpfung der äußeren und inneren Zustände. Dies verbindet die Axiome miteinander. Der Mensch steht immer in Wechselwirkung mit der ihm umgebenden Umwelt und somit auch mit anderen Menschen. Insofern sind Verständigungsprozesse implizit vorausgesetzt. »Auf dieser Basis kann das dialogische Wesen des Menschen in seiner Bedeutung für alle drei Axiome – […] – entfaltet werden« (Ostertag, Teil 2 in diesem Band, S. 49). Beachtenswert ist zudem, dass es für die Erhaltung menschlichen Lebens existenziell ist, achtsam mit anderen umzugehen. Folglich wäre es nur sinnvoll, wenn sich menschliches Handeln daran orientieren würde, durch den Dialog bzw. einen wertschätzenden Diskurs Entwicklungsräume und gemeinsame Sinnhorizonte für alle zu ermöglichen (siehe Ostertag, Teil 2 in diesem Band). Als ersten Schritt müssen dafür jedoch alle Menschen sichtbar und somit wichtig werden und der Wille zur gegenseitigen Verständigung überhaupt vorhanden sein.

Genau an diesem Punkt setzt die Diskussion zur Verwendung eines antidiskriminierenden Sprachgebrauchs an. Viele Betroffene von Diskriminierung fühlen sich durch die Sprache nicht repräsentiert – sie werden nicht sichtbar. »In unserer Sprache gilt die Regel: 99 Sängerinnen und 1 Sänger sind zusammen 100 Sänger. Futsch sind die 99 Frauen, nicht mehr auffindbar, verschwunden in der Männerschublade« (Pusch, 1990, S. 101). Ähnlich sehen es Menschen, die sich keinem Geschlecht zugehörig fühlen; Mitglieder der *queeren Community*. Ein Jugendbuch zum Thema *LGBTIQ** verdeutlicht auf sehr anschauliche Weise, wer damit gemeint ist. »Das Wort ›queer‹ ist ein Sammelbegriff für alle, die sich anders fühlen als die meisten: zum Beispiel Jungs, die sich in andere Jungs verlieben, oder Mädchen, die sich zwar in Jungs, aber auch in Mädchen verlieben. Oder Leute, die sich nicht festlegen können oder wollen, ob sie ein ›typischer‹ Junge oder ein ›typisches‹ Mädchen sind« (Becker, Wenzel u. Jansen, 2021, S. 9). Weiter erklären sie, warum das Sternchen in der Sprache für mehr Gerechtigkeit sorgen kann. »Diese Schreibweise ist dafür da, um mit einem Wort alle anzusprechen, egal, welches Geschlecht sie haben« (S. 11). So klar – so einfach. Trotzdem ist das Gendern gesellschaftspolitisch noch immer in Verruf, wie die Feministin Margarete Stokowski schon im Jahr 2016 veranschaulichte: »Wenn etwas als Bedrohung beschrieben wird, muss es hinreichend Unsicherheit erzeugen. […] Wenn in der *Welt* erklärt wird, ›wie der Genderwahn deutsche Studenten tyrannisiert‹ und es in der *FAZ* heißt, ›Die Gender-Ideologie spaltet das Land‹, dann liest sich das nicht so, als sei hier noch eine Diskussion auf Augenhöhe möglich, sondern als arbeite hier tatsächlich ein Haufen Irrer an einer perversen Weltherrschaft« (Stokowski, 2021, S. 168, Herv. i. O.). Die Frage ist, warum ein antidiskriminierender Sprachgebrauch von manchen Gruppen so vehement bekämpft wird. Ist es vielleicht, weil diese Gruppen sehr wohl um die Wirkung von Sprache auf das Denken wissen und regelrecht Angst um ihre Privilegien haben? Sie also bewusst Sichtbarkeit verhindern wollen? »Der Witz an Privilegien ist, dass man sie nicht die ganze Zeit fühlt, sondern dass sie Voreinstellungen der Macht sind, die einigen Menschen Dinge ermöglichen, die für andere wesentlich schwieriger oder unmöglich wären. Aber daraus ergibt sich Verantwortung« (Stokowski, 2018, S. 100). Warum werden wir als Sprachgesellschaft dann nicht einfach unserer Verantwortung gerecht?

Seit Anfang der 1990er Jahre wird der Ausdruck *politisch korrekt* von seinen Kritiker*innen im Umkehrschluss »[…] zur Diskreditierung von Menschen verwendet, die sich gegen sprachliche Diskriminierung engagieren« (Stefanowitsch, 2018, S. 13). Teile des deutschsprachigen Feuilletons sehen etwa in den sprachlich überarbeiteten Neuauflagen von Kinderbuchklassikern eine »orwellsche Auslöschung unserer Vergangenheit« (S. 10). Ausgangspunkt war im Jahr 2013 die sprachliche Überarbeitung von Ottfried Preußlers *Die kleine Hexe,* der der Autor zugestimmt hatte. Aus zwei N*lein wurden zwei ethnisch unbestimmte Kinder. Kritiker*innen sahen in dieser Anpassung den »Rotstift der Political Correctness« (S. 10). Politisch korrekte Sprache stört zudem in ihren Augen die Kommunikation und das Schriftbild. Einer der Haupteinwände ist jedoch, dass die sprachlichen Veränderungen eine Art Zensur darstellen und neue Diskriminierungen schaffen würden (S. 19). So konstatiert der Kritiker Bolz: »Der Politischen Korrektheit geht es nicht darum, eine abweichende Meinung als falsch zu erweisen, sondern den abweichend Meinenden als unmoralisch zu verurteilen« (Bolz, 2017). Interessant an dieser Aussage ist der klare Bezug zur Moral und somit zu ethischen Werten: Nicht die Unsichtbarkeit wird als unmoralisch empfunden, sondern der Verweis darauf. Dieses Phänomen der *Täter*innen-Opfer-Umkehr* beschreibt die Autorin Alice Hasters, die sich für die Aufdeckung und Abschaffung rassistischer Strukturen engagiert, wie folgt: »Am Ende bin oft ich es, die sich dafür entschuldigen soll, das Thema überhaupt adressiert zu haben« (Hasters, 2020, S. 14). Auch die Autorin Kübra Gümüşay widmet sich dieser Thematik und betont, dass der Hinweis auf sprachliche Diskriminierung durchaus keiner Empfindlichkeit Einzelner geschuldet ist, sondern auf strukturelle Probleme innerhalb unserer Gesellschaft verweist: »Indem wir einen Missstand benennen, geben wir ihm einen Raum, machen ihn begreifbar. Erfahrungen bleiben nicht länger namenlos, unsagbar« (Gümüşay, 2021, S. 52). Erst durch seine Benennung wird der Mensch zum Subjekt, da »[…] das Subjektsein des Einzelnen überhaupt erst durch die Sprache hervorgebracht wird und folgerichtig durch sie auch beschädigt, negiert und zerstört werden kann« (Krämer, 2007, S. 41). Ein sehr drastisches Beispiel dafür war der Umgang mit jüdischen Menschen im Nationalsozialismus:

Ihr Menschsein wurde im Vorfeld schon allein sprachlich ausgelöscht, indem ihnen ihre Namen genommen und dafür Nummern gegeben wurden. »In allen nationalsozialistischen Konzentrationslagern erhielten die Häftlinge bei ihrer Einlieferung eine Nummer zur Registrierung. [...] Ein:e Insassin musste sich beim Wachpersonal oder der Gefängnisverwaltung mit seiner:ihrer Nummer und nicht mit seinem:ihrem Namen melden« (GRA Stiftung gegen Rassismus und Antisemitismus, 2022). Dabei haben Eigennamen eine besondere Macht. »Der Eigenname ist zugleich die konkreteste und die abstrakteste Form der Selbstheit« (Herrmann u. Kuch, 2007b, S. 187). Dies gilt in übertragener Form auch für die Benennung von Gruppen. Es reicht nicht ganze Bevölkerungsschichten im generischen Maskulinum mit zu meinen. »Durch ihre begriffliche und prädikative Struktur subsumiert Sprache den Anderen unter ihre Begriffe und verkennt damit seine Andersheit« (Herrmann u. Kuch, 2007a, S. 16). Denn genau mit dieser Verkennung der Andersheit werden Menschen unsichtbar.

Wie passt das nun mit den Axiomen der TZI zusammen, die das dialogische Wesen des Menschen anerkennen und den Weg zur Menschlichkeit auch immer in der Verständigung und somit der gegenseitigen Verbundenheit sehen? Ruth C. Cohns Haltung ist eindeutig: »Echter Fortschritt und echte Demokratien müssen Minderheiten in Verhalten und Meinungen einbeziehen können. [...] Sobald eine Minderheitsmeinung oder ein Minderheitsanspruch vorhanden ist, lohnt es sich, diesen irgendwie in die Struktur und die Arbeit einzubeziehen, [...]« (Cohn, 1994, S. 367). Genau dieser Begriff der *Minderheitsmeinung* ist es, den die Gegner*innen eines antidiskriminierenden Sprachgebrauchs ständig anführen. Ihr Credo: Meine Güte, auf welche individuellen Befindlichkeiten sollen wir denn bitteschön noch alles achten? Sie pochen auf die sogenannte *Mehrheitsgesellschaft,* die Ruth C. Cohn definitiv nicht als Anspruch zur Wahrheit begreift. »Ethische Werte sind unabdingbar, *und* sie sind prozeßabhängig. Wer sich als perspektivisch, also begrenzt erkenntnisfähigen Menschen ansieht, weiß, daß Gut und Böse von verschiedenen Perspektiven her verschieden aussehen. Ich kann nur *meine* Wahrheit sagen und nicht *deine*« (Cohn u. Farau, 1991, S. 467, Herv. i. O.). Eine Verbindung kann hier zu ihrem 3. Axiom gesehen werden, da sie mit diesem Satz indirekt die inneren Grenzen eines jeden Menschen anspricht. Weitergedacht, können diese inneren Grenzen nur dann erweitert werden, wenn ich anderen Menschen zuhöre. Und genau das fordern Betroffene von (u. a. sprachlicher) Diskriminierung: dass man ihnen zuhört. Ruth C. Cohn geht in ihren Ausführungen jedoch noch weiter, indem sie schon früh einen Grundsatz des antidiskriminierenden Sprachgebrauchs beschreibt, ohne ihn explizit als solchen zu benennen. Zur Formulierung eines Themas schreibt sie: »Ein adäquat formuliertes Thema […] ist so gefaßt, daß es niemanden ausschließt und niemandes Gefühle verletzt« (S. 365). Und genau das ist die Essenz des antidiskriminierenden Sprachgebrauchs: Niemanden auszuschließen und niemandes Gefühle zu verletzen. War Ruth C. Cohn also eine sprachwissenschaftliche Visionärin ohne es zu wissen? Eine Visionärin war sie mit Sicherheit, ihr sprachlicher Instinkt resultierte hier jedoch eher aus der konsequenten Berücksichtigung ihrer drei Axiome: Wenn ich als eigenständiger Mensch auch immer mit anderen verbunden bin (1. Axiom), zudem alles Humane schütze (2. Axiom) und mir dann noch meiner Grenzen bewusst bin (3. Axiom) – dann ist es einfach nicht möglich Menschen bewusst auszuschließen, sei es durch Sprache oder sonstige Verhaltensweisen. Insofern kann die TZI theoretisch durchaus die Grundlage dafür liefern, warum ein antidiskriminierender Sprachgebrauch nicht nur sinnvoll, sondern aus ihrer humanistischen Perspektive im menschlichen und gesellschaftlichen Zusammenleben geradezu unabdingbar ist.

4 Bewegung für eine gerechtere Zukunft

Wir stehen also vor einem Theoriengeflecht, das unmittelbar miteinander verwoben ist, das sich gegenseitig bedingt und sinnvoll ergänzt: Sprache hat als Sprechakt Auswirkungen auf die mentalen Vorgänge des Menschen (Denken) und stellt sie gleichzeitig nach außen hin dar. Nach Austin ist »*jedes Sprechen [...] Handeln*« (Krallmann u. Ziemann, 2001, S. 71, Herv. i. O.), deshalb sind diese Sprechakte immer in einen Handlungskontext einzubetten. Daher ist es wichtig jede Sprechsituation daraufhin zu prüfen, ob sie sprachlich die Realität abbildet – oder Dinge verschleiert und verfälscht. Fragen der Ethik (Werte) existieren nur mental (Wittgenstein) und konstituieren sich erst durch Sprache. Sie beziehen sich auf Gedanken, Einstellungen und Gefühle und, wie es Grice belegt, auf Intentionen. »Wenn wir uns klar machen, dass die Sprache nicht nur dazu dient, natürliche Tatsachen auszudrücken, sondern dass wir auch selbst sprachliche Wesen sind, insofern wir uns über uns selbst, über unser Leben und unser Verhältnis zu anderen sprachlich verständigen müssen, dann dürfen sprachliche und ethische Beziehungen nicht strikt voneinander getrennt werden« (Esser, 2010, S. 51).

Der Ansatz der TZI fußt auf humanistischen Werten. Ruth C. Cohn sieht in den drei Axiomen die »Voraussetzungen, auf denen TZI beruht« (Cohn u. Farau, 1991, S. 356). Ihre axiomatische Ausgangsbasis hat das Ziel, Menschlichkeit zu schützen, indem die Menschen (wieder) füreinander sichtbar werden, denn: Jeder Mensch zählt. »Ich möchte, daß jeder Mensch ganz ›Ich‹ sagen lernt, weil er nur dann seine Erfüllung finden kann; und in jedem Ich ist bereits das Du und das Wir und die Welt enthalten. Wenn ich mich tief genug in mich einlasse, meinen Augen und anderen Sinnen traue, sehe ich auch die Welt draußen – meine Nächsten, Frau, Mann, Kinder, Freund und Freundin, Menschen auf der Straße, auf dem Bildschirm, Tiere, Häuser, Berge, Meer und Himmel« (S. 372). Dieses Ich kann jedoch nur dann wahrgenommen werden, wenn es gesellschaftlich und somit auch sprachlich existent ist. »Nicht gesehen, nicht erkannt zu werden, unsichtbar zu sein für andere, ist wirklich die existentiellste Form der Missachtung. […] Die unsichtbar sind, haben keine Gefühle, keine Rechte« (Emcke, 2016, S. 24). An dieser Stelle muss sich nicht nur die deutsche Mehrheitsgesellschaft, sondern jeder Einzelne fragen, was (nach Grice) die *Intention* dahinter sein kann, Menschen systematisch sprachlich auszuschließen und ihre Anmerkungen dazu als im besten Fall ›Befindlichkeiten‹ abzutun. Wenn wir die Griceschen Kommunikationsmaximen betrachten fällt auf, dass sprachliche Handlungen vor allem *wahr* (2. Maxime), *relevant* (3. Maxime) und *klar* und *deutlich* sein sollen (4. Maxime). »Nicht jeder Mensch kann in der Sprache, die er spricht, *sein*. Nicht etwa, weil er die Sprache nicht ausreichend beherrscht, sondern weil die Sprache nicht ausreicht« (Gümüşay, 2021, S. 45, Herv. i. O.). Wenn Menschen in ihrer puren Existenz in einer Sprache gar nicht vorkommen, wie können dann solche sprachlichen Äußerungen *wahr* sein? Vor allem dann, wenn sich Handlungskontexte verändern (wie das für das Entstehen diverser Gesellschaften in der Postmoderne der Fall ist) müssen auch sprachliche Strukturen adaptiert werden. Natürlich sind diskriminierende Sprachmuster auch nicht *klar* und *deutlich,* denn sie verschleiern die Wirklichkeit, indem sie sie implizit umdeuten (Sänger sind dann alles Männer). *Relevant* sind sie lediglich in der Hinsicht zu zeigen, dass strukturelle gesellschaftliche Diskriminierungen weiterhin bestehen. »Wir können versuchen, da wo wir sind, Unterdrückung abzuschaffen – und wir können versuchen, unsere eigene Welt zu beherrschen« (Stokowski, 2021, S. 160). Dafür müssen wir jedoch die Intention haben Menschlichkeit zu fördern, so, wie es die TZI proklamiert. Unsere Ideen und Wünsche, unsere Ziele und Visionen vermitteln wir der Welt sprachlich. »Political Correctness will nichts anderes als Anstand, Höflichkeit, Respekt, Genauigkeit. […] Es ist Anteilnahme am Leben anderer, sich anzuhören, wie sie behandelt werden wollen, und ihnen entgegenzukommen« (S. 206). Ein Werk von Ruth C. Cohn hat den Titel: »Es geht ums Anteilnehmen« (Cohn, 1993). Dieses Anteilnehmen können wir durch die Abschaffung diskriminierender Sprachstrukturen zeigen. Und bevor wir uns darüber aufregen, wie kompliziert das ist, sehen wir uns noch einmal an, was das oben zitierte Jugendbuch dazu sagt: »Im Deutschen, aber auch in vielen anderen Sprachen vergisst man beim Sprechen einen großen Teil der Menschheit. Über die Hälfte der Bevölkerung sind nämlich Frauen oder intergeschlechtliche Personen, und die werden beim Sprechen einfach weggelassen. Sprache löst aber Bilder im Kopf aus: Wenn zum Beispiel von Piloten gesprochen wird, denken die meisten zuerst an Männer. […] Dadurch werden Frauen, intergeschlechtliche und nicht-binäre Personen in unserer Sprache unsichtbar. Und so sind sie auch außerhalb der Sprache benachteiligt, denn nur wer erwähnt wird, den hat man auch im Kopf. Um also in einer Welt zu leben, in der alle gleichberechtigt sind, sollten wir auch gleichberechtigt sprechen. […] Es ist zum Beispiel super, alle Geschlechter immer zu nennen oder – noch einfacher – zu gendern« (Becker et al., 2021, S. 110). Eingangs habe ich eine Textzeile des Lieds »Whats up« der Band *4 Non Blondes* zitiert. Im weiteren Verlauf des Songs wird davon gesungen, für eine Revolution zu beten. Bisher fand ich diese

Passage immer sehr stark und berührend. Mittlerweile denke ich jedoch, dass Beten nicht ausreicht. Und ich denke, dass auch Ruth C. Cohn mir zugestimmt hätte: »Und so glaube ich, daß die meisten Leute mehr tun könnten, wenn sie sich ihre Möglichkeiten bewußtmachen, auch wenn diese noch so klein sind« (Cohn, 1993, S. 109). Dazu müssen sie sich lediglich ein Stück *bewegen*. Genauer betrachtet, steckt in diesem Begriff auch das Wort *wegen,* das auf einen Grund hinweist. Es gibt viele Gründe für die Abschaffung diskriminierender Strukturen und hinter jedem steht ein Mensch! Deshalb schließe ich diesen Beitrag mit einer Frage und nutze dafür mein stärkstes Werkzeug und Ausdrucksmittel, das uns Menschen zur Verfügung steht:

»And I scream from the top of my lungs – What's going on?«
(Whats up, 4 Non Blondes)

Literatur

Auer, P. (1999). Sprachliche Interaktion. Eine Einführung anhand von 22 Klassikern. Tübingen: Niemeyer.
Austin, J. L. (1968). Performative und konstatierende Äußerung. In R. Bubner (Hrsg.), Sprache und Analysis. Texte zur englischen Philosophie der Gegenwart (S. 140–153). Göttingen: Vandenhoeck & Ruprecht.
Becker, L., Wenzel, J., Jansen, B. (2021). Was ist eigentlich dieses LGBTIQ*? Hamburg: Friedrich Oetinger.
Bolz, N. (2017). Politische Korrektheit führt zur geistigen Knechtschaft. https://causa.tagesspiegel.de/politik/haben-wir-es-mit-der-politischen-korrektheit-uebertrieben/politische-korrektheit-fuehrt-zur-geistigen-knechtschaft.html (Zugriff am 22.12.2021)
Cohn, R. C. (1993). Es geht ums Anteilnehmen. Freiburg im Breisgau: Herder.
Cohn, R. C. (1994). Gucklöcher. Zur Lebensgeschichte von TZI und Ruth C. Cohn. Gruppendynamik 25 (4), 345–370.
Cohn, R. C., Farau, A. (1991). Gelebte Geschichte der Psychotherapie. Zwei Perspektiven. Stuttgart: Klett-Cotta.
Costa, A., Foucart, A., Hayakawa, S., Aparici, M., Apesteguia, J., Heafner, J., Keysae, B. (2014). Your Morals Depend on Lanquage. PLOS ONE, 9 (4), 1–7. https://journals.plos.org/plosone/article?id=10.1371/journal.pone.0094842 (Zugriff am 22.12.2021)
Duden (2020). Handbuch geschlechtergerechte Sprache. Wie Sie angemessen und verständlich gendern. Berlin: Dudenverlag.
Emcke, C. (2016). Gegen den Hass. Frankfurt am Main: S. Fischer.

Esser, A. (2010). Schwerpunkt: Sprache und Ethik. DZPhil, 58(1), 51–54.
Fleischhauer, J. (2020). Wer weiß schon, was ein Cis-Mann ist? https://janfleischhauer.de/tag/cis/ (Zugriff am 14.01.2022).
Gerster, P., Nürnberger, C. (2021). Vermintes Gelände. Wie der Krieg um Wörter unsere Gesellschaft verändert. Die Folgen der Identitätspolitik. München: Heyne.
Gotz, G. (2000). Das Begründungsproblem in der Ethik. http://sammelpunkt.philo.at/id/eprint/2669/ (Zugriff am 22.02.2022).
GRA Stiftung gegen Rassismus und Antisemitismus (2022): KZ-Nummer. https://www.gra.ch/bildung/glossar/kz-nummer/ (Zugriff am 15.02.2022)
Grayling, A. C. (1999). Wittgenstein. Freiburg im Breisgau: Herder.
Grice, H. P. (1975). Logic and Conversation. In P. Cole, J. L. Morgan (Hrsg.), Syntax and Semantics (Vol.3 Speech Acts, S. 41–58). New York: Academic Press.
Gümüşay, K. (2021). Sprache und Sein. München: Hanser Berlin.
Hasters, A. (2020): Was weiße Menschen nicht über Rassismus hören wollen aber wissen sollten. München: hanserblau.
Herrmann, St. K., Kuch, H. (2007a). Verletzende Worte. Eine Einleitung. In St. K. Herrmann, S. Krämer, H. Kuch (Hrsg.), Verletzende Worte. Die Grammatik sprachlicher Missachtung (S. 7–30). Bielefeld: transcript.
Herrmann, St. K., Kuch, H. (2007b). Symbolische Verletzbarkeit und sprachliche Gewalt. In St. K. Herrmann, S. Krämer, H. Kuch (Hrsg.), Verletzende Worte. Die Grammatik sprachlicher Missachtung (S. 179–210). Bielefeld: transcript.
Hügli, A., Lübke, P. (Hrsg.) (1998). Philosophielexikon. Personen und Begriffe der abendländischen Philosophie von der Antike bis zur Gegenwart. Reinbek bei Hamburg: Rowohlt.
Klein, J. (2010). Sprache und Macht. Beilage zur Wochenzeitschrift Das Parlament. APuZ, 8 (2010), 7–13.
Krämer, S. (2007). Sprache als Gewalt oder: Warum verletzen Worte? In St. K. Herrmann, S. Krämer, H. Kuch (Hrsg.), Verletzende Worte. Die Grammatik sprachlicher Missachtung (S. 31–48). Bielefeld: transcript.
Krallmann, D., Ziemann, A. (2001). Grundkurs Kommunikationswissenschaft. München: UTB.
Lenke, N., Lutz, H.-D., Sprenger, M. (1995). Grundlagen sprachlicher Kommunikation. München: UTB.
Pusch, L. F. (1990): Alle Menschen werden Schwestern. Feministische Sprachkritik. Frankfurt am Main: Suhrkamp.
Rupp, L. J. (2011). Transnationale Frauenbewegungen. Europäische Geschichte Online. http://ieg-ego.eu/de/threads/transnationale-bewegungen-und-organisationen/internationale-soziale-bewegungen/leila-j-rupp-transnationale-frauenbewegungen (Zugriff am 22.12.2021).
Schicha, C. (2019). Medienethik. München: UTB.
Schirach, F.v. (2021). Jeder Mensch. München: Luchterhand.
Stefanowitsch, A. (2018). Eine Frage der Moral. Warum wir politisch korrekte Sprache brauchen. Berlin: Dudenverlag.

Stokowski, M. (2018). Runter kommt man immer. In M. Stokowski (Hrsg.), Die letzten Tage des Patriarchats (7. Aufl., S. 97–100). Reinbek bei Hamburg: Rowohlt.

Stokowski, M. (2021). Untenrum frei (17. Aufl.). Reinbek bei Hamburg: Rowohlt.

Values Academy (2021). Was sind Werte? https://www.values-academy.de/was-sind-werte (Zugriff am 22.12.2021).

Wittgenstein, L. (1922/2018). Tractatus logico-philosophicus. Logisch-philosophische Abhandlung. Frankfurt am Main: Suhrkamp.

UWE KRANENPOHL
Woran uns die Themenzentrierte Interaktion politisch erinnern kann
Möglichkeiten und Grenzen ihrer politischen Wirksamkeit

Zusammenfassung: Die Beantwortung der Frage, welche politische Qualität und Wirkung die Themenzentrierte Interaktion (TZI) hat, ist eng mit dem jeweiligen Verständnis von Politik verknüpft. Dabei kann die TZI auch einem kritischeren Blick von außen standhalten, denn sie kann wertvolle Beiträge zur Ausbildung und Verstetigung eines demokratischen Ethos leisten. Die der TZI genuin innewohnende Aufforderung zur Selbstreflexivität schafft eine der zentralen Voraussetzungen, mit den ›Zumutungen‹ einer pluralistischen Gesellschaft umzugehen, damit das friedliche Zusammenleben in einer Demokratie gelingen kann.

1 Ist TZI politisch?

Ist die Themenzentrierte Interaktion (TZI) politisch? Man könnte sich die Beantwortung dieser Frage einfach machen und schlicht auf die Aussage von Ruth C. Cohn verweisen, dass sie »von Anfang an […] pädagogisch und *politisch*« arbeiten wollte (Farau u. Cohn, 1984, S. 323, Herv. U. K.). Günter Hoppe (1994) regte in den 1990er Jahren gar die Formulierung eines dritten Postulats »Misch Dich ein! Greif ein!« an. Um die Jahrtausendwende postulierte auch Manfred Krämer nicht nur eine »politische Dimension der TZI« (Krämer, 2001, S. 24), sondern stellte einige Jahre später sogar fest: »TZI ist wesentlich politisch« (Krämer u. Zitterbarth, 2006, S. 8). Aus seiner Praxis verwies er auf positive Erfahrungen in der politischen Bildungsarbeit, während er mit Blick auf die eigentliche politische Arena konstatierte, Vertreter*innen der

TZI stünden oft in »einer starken Distanz gegenüber den hierarchischen Machtstrukturen von Parteien und ihren auf Abgrenzung von anderen Positionen basierenden Kommunikationsmustern« (Krämer, 2001, S. 27). Gleichwohl sah Krämer in der TZI jedoch das Potenzial für eine »Gesellschaftstherapie« (Krämer u. Zitterbarth, 2006, S. 11). Diese Ansicht blieb aber – möglicherweise auch wegen der von Krämer diagnostizierten unterschiedlichen Auswirkungen in der politischen Bildung und dem politischen Geschäft – in der TZI-Community nicht unwidersprochen. In einem »Kontroversgespräch« mit Krämer schrieb etwa Walter Zitterbarth der TZI lediglich die Rolle eines »anthropologisch-pädagogische[n] Konzept[s]« (Krämer u. Zitterbarth, 2006, S. 8) zu, welches sich nur im politischen Vorfeld bewege. Helmut Reiser konstatierte nach mehr als zwei Jahrzehnten, neben der Frage der Bedeutung des Religiösen sei »die Frage nach der Wichtigkeit des Politischen« (Reiser, 2017, S. 60) die kontroverse Frage in der TZI.[1]

Wie politisch kann TZI also sein? Die Frage, welche Implikationen die TZI auf die Gestaltung des Politischen haben kann, ist also auch in der Szene umstritten. Dieser Beitrag wirft – durchaus aus der Perspektive eines eher engeren Politikverständnisses – einen gleichwohl wohlwollend-kritischen Blick auf die Möglichkeiten, die sich für und mit der TZI in der Gestaltung unserer politischen Wirklichkeit heute eröffnen.

2 Was ist Politik?

Die unterschiedlichen Einschätzungen in der angesprochenen Kontroverse speisen sich unter anderem aus sehr verschiedenen Vorstellungen davon, was denn überhaupt unter Politik zu verstehen ist (Rohe, 1994). Von der Systemtheorie inspiriert, vertritt Zitterbarth die Vorstellung sich immer weiter differenzierender gesellschaftlicher Subsysteme, die jeweils »Eigenlogiken« entwickeln, die für das spezifische Subsystem sachrational sind und bei denen es »eher unglücklich [sei, sie] zu vermengen« (Krämer u. Zitterbarth, 2006, S. 10). Krämer grenzt sich zwar explizit von einem »diffusen Politik-

---

1 Vgl. zur Debatte die ausführlichen Literaturnachweise bei Scharer (2019, S. 93 f.).

begriff« ab, »der jedes Handeln für politisch erklärt«, plädiert aber trotzdem für ein Begriffsverständnis, das alle Aktivitäten als politisch apostrophiert, die »zu einer Demokratisierung der Gesellschaft« im Sinne einer »Perspektive für eine humane Gesellschaft« (Krämer u. Zitterbarth, 2006, S. 9 f.) beitragen. Zitterbarth dagegen lehnt diesen Anspruch der »Gesellschaftstherapie« explizit als »Heilsversprechen« ab (Krämer u. Zitterbarth, 2006, S. 13).

Ein sachgerechter Zugriff auf die Frage erfordert nach meiner Überzeugung die Einnahme einer Mittelposition zwischen den jeweils im Kontroversgespräch postulierten. Einerseits möchte ich einem doch recht entgrenzten Politikbegriff, wie dem von Krämer vertretenen, nicht folgen. Dieser erscheint mir trotz seiner deklaratorischen Abgrenzung von einem »diffusen Politikbegriff« doch zu nah an einem Verständnis von »Politik der ersten Person« (Haunss, 2008, S. 459 ff.), mit dem man letztlich in Gefahr läuft, unter allem irgendwie Politik zu verstehen. Vor allem erscheint mir Krämers Verständnis aber mit dem Rückgriff auf den Begriff der Demokratisierung problematisch. Er versteht darunter »ein gesellschaftspolitisches Verfahren, das auch ein Stück Humanisierung der Gesellschaft im Auge« habe (Krämer u. Zitterbarth, 2006, S. 11). So bleibt weitgehend ungeklärt, was Krämer konkret unter Demokratisierung versteht, zugleich ist der schillernde und uneindeutige Begriff durch das ihm innewohnende Bild eines Entwicklungsprozesses aber stark subjektiv-teleologisch aufgeladen. Zwar teile ich die Überzeugung, dass nicht nur jedes menschliche Handeln, sondern auch Phänomene der belebten und unbelebten Natur vielfältige politische *Implikationen* haben können und damit in Interdependenz zu Politik stehen, vertrete aber doch das Verständnis einer genuin politischen Sphäre (bzw. eines Subsystems).

Allerdings erscheint mir auch Zitterbarths Engführung von Politik auf »Dinge, die institutionell geregelt sind« (Krämer u. Zitterbarth, 2006, S. 9) ausgesprochen problematisch. Dieses Verständnis scheint sehr stark mit dem Systemtheoretiker David Easton verbunden, der unter Politik lediglich »the Authoritative Allocation of Values for a Society« verstand (Easton, 1953, S. 129). Diese Definition erscheint mir aber deutlich zu eng, da sie lediglich auf den Akt der autoritativen Entscheidung abstellt und damit alle Vorgänge der politischen Aktivierung und Willensbildung im Vorfeld und Umfeld einer politischen Entscheidung in einen vorpolitischen – aber damit nicht wirklich *politischen* – Raum verschiebt. Die Diskurse und Machtkämpfe im Vorfeld und rund um eine Entscheidung gehören aber nach meinem Verständnis ebenso in die Sphäre des Politischen, wie die sich für einzelne Fragen politisch selbstrekrutierenden Bürger*innen. Ich plädiere daher für einen gegenüber Easton deutlich geöffneten Politikbegriff: »Politik ist jenes menschliche Handeln, das auf die Herstellung allgemeiner Verbindlichkeit, v. a. von allgemein verbindlichen Regelungen und Entscheidungen, in und zwischen Gruppen von Menschen abzielt« (Patzelt, 1992, S. 14).

Unter einem solchen Verständnis von Politik erscheint mir die TZI nun nicht als genuin politisch. Sie kann aber – wie zu zeigen ist – einen Beitrag zum Erfolg der pluralistischen Demokratie leisten, indem in ihr das erforderliche demokratische Ethos für politische Verständigung (Abschnitt 3) eingeübt, entwickelt und ›trainiert‹ wird (Abschnitt 4). Insbesondere auf der Mikroebene kann sie auch in der politischen Praxis hilfreich sein, es sind aber auch Begrenzungen zu benennen (Abschnitt 5). Das Fazit lädt ein, die demokratieförderlichen Möglichkeiten der TZI zu nutzen (Abschnitt 6).

3 Das demokratische Ethos im Pluralismus

Als Ernst-Wolfgang Böckenförde Mitte der 1960er Jahre postulierte, dass »der freiheitliche, säkularisierte […] Staat von Voraussetzungen [lebe], die er selbst nicht garantieren« könne (Böckenförde, 1967, S. 93), brachte er einen wichtigen Umstand pluralistischer Demokratie auf den Punkt. Unter Pluralismus ist dabei in Anknüpfung an Ernst Fraenkel[2] ein Gesellschaftskonzept zu verstehen, welches eine deskriptive wie eine normative Komponente enthält (Brünneck, 2007, S. 25 ff.): Zum einen beschreibt es die Tatsache vielfältiger Unter-

---

2 Ernst Fraenkel hat keine geschlossene Darstellung seines Konzepts des Neopluralismus vorgelegt, sondern dieses jeweils perspektivisch in kürzeren Beiträgen skizziert, die er fast alle zwischen 1964 und 1974 in der mehrfach neu aufgelegten Aufsatzsammlung »Deutschland und die westlichen Demokratien« zusammenfasste, die den Grundstock des von Alexander v. Brünneck herausgegebenen Bandes 5 seiner »Gesammelten Schriften« bildet (Fraenkel, 2007). Vgl. daher auch Brünneck, 2007, S. 15 ff.

schiedlichkeit menschlicher Orientierungen, Befindlichkeiten und Interessen. Während aber James Madison im *Federalist Paper No. 10* diesen Pluralismus als bedauernswerte anthropologische Konstante sieht, der eine politische Ordnung allerdings Rechnung zu tragen habe (Madison, 1787/2019), bejaht der Neopluralismus diese Buntheit der *conditionis humanae* aber auch normativ ausdrücklich. Die Vielfältigkeit und Diversität der Orientierungen und Interessen in einer Gesellschaft sind also nicht Merkmale einer bedauernswerten Heterogenität, die eigentlich zu überwinden wäre, sondern ihre Ermöglichung und Absicherung werden als eigentliche Aufgabe einer menschenwürdigen politischen Ordnung verstanden.

Dies zeigt sich auch im neopluralistischen Demokratieverständnis: Pluralismus zeichnet sich gerade durch seine Streitigkeit aus. Grundsätzlich stehen alle gesellschaftlichen Fragen dem – auch konflikthaften – Streit offen, der Neopluralismus fordert nur über drei Punkte Konsens: Darüber, dass sich jede*r an diesem Streit beteiligen kann und darf; darüber, nach welchen Regeln entschieden wird, was vorläufig (!) allgemein gilt, sowie darüber, dass diese pluralistische Ordnung erhalten werden muss und Versuche sie abzuschaffen zurückzuweisen sind (Fraenkel, 1969/2007, S. 338 f.).

Aus dieser Vielfältigkeit und Konflikthaftigkeit folgt für den Pluralismus ein umfassendes Gebot der Toleranz – allerdings nicht im Sinne einer heute mitunter achtlos hingeworfenen Bemerkung, man »müsse halt auch mal tolerant sein«: Wenn eine Sache für eine Person letztlich nicht von Belang ist, verlangt sie ihr nichts ab. Dagegen bringt es die mitunter als Vorwurf in die Debatte geworfene Bemerkung Goethes, dass Toleranz »eigentlich nur eine vorübergehende Gesinnung sein [sollte]: [...] Dulden heißt beleidigen« (Goethe 1833/1981, S. 385, Nr. 151), gewendet auf den Punkt: Die Forderung nach Toleranz ist die Einforderung der Zumutung, etwas auch dann zu ertragen, wenn es für grundsätzlich falsch und vielleicht sogar verachtenswert gehalten wird. Dies folgt aus der im Zeitalter der Glaubensspaltung schmerzhaft erworbenen Erkenntnis, dass in einer Gesellschaft mitunter auch Positionen, Meinungen und Glaubenssätze ausgehalten werden müssen, die man eigentlich nicht aushalten kann, weil es für eine Gesellschaft keine Lösung ist, diese – oder gar die Menschen, die sie vertreten – auszurotten zu versuchen.

Wie das Böckenförde-Diktum richtig feststellt, befindet sich die pluralistische Demokratie dabei in einem Dilemma: Selbstverständlich kann sie vielfältige Aktivitäten entfalten, um pluralistische Gesinnung und pluralistisches Denken in der Gesellschaft und damit auch die Bereitschaft und Fähigkeit zur Toleranz zu fördern und zu befördern.[3] Sie kann ihre Existenz aber nicht aus sich selbst heraus *garantieren*, sondern ist dafür auf einen »demokratischen Ethos«, nämlich unter anderem »die Achtung des anderen in seiner politischen Überzeugung« oder »Offenheit für Argumentation und Kompromiss« durch seine Bürger*innen angewiesen (Böckenförde, 1987, S. 937). Das Böckenförde-Diktum weist nun darauf hin, dass die Vermittlung solcher Bindungskräfte durchaus religiös erfolgen *kann*, es ist aber festzuhalten, dass sie nicht unvermeidlich religiös erfolgen *muss* (Mangold, 2019).

Nun ist unsere Gesellschaft dadurch gekennzeichnet, dass sie sich einerseits zunehmend säkularisiert und zugleich religiös pluralisiert. Unter diesen Bedingungen erscheinen gesamtgesellschaftlich gesehen allerdings transzendentale Begründungen des demokratischen Ethos zunehmend prekär: So *subjektiv* akzeptabel – vielleicht sogar wünschenswert – eine transzendentale Begründung dieses Ethos sein mag, so prekär muss diese aber gesamtgesellschaftlich bleiben. Ein Ausweg aus diesem Dilemma wäre eine intersubjektiv akzeptable immanente Begründung des Ethos, wie sie möglicherweise aus der Menschenwürde entwickelt werden könnte. Hier soll aber eine andere Möglichkeit zur Lösung dieses Dilemmas erörtert werden, die in gewisser Weise die bisherigen Überlegungen umkehrt: Ist es nicht wichtiger als das demokratische Ethos zu *begründen*, dieses zu entwickeln, einzuüben und zu *trainieren?*

4 TZI als pluralismusförderliche Praxeologie

Auch die TZI ist selbstverständlich nicht transzendenzfrei – nicht umsonst entspannt sich über die Frage der Religion die zweite der von

---

3 Dies ist festzuhalten, weil immer wieder mit Verweis auf Böckenförde-Diktum präsupponiert wird, dem liberalen Staat sei letztlich jede Handlungsmöglichkeit in diesem Bereich entzogen (vgl. Mangold, 2019).

Reiser (2017, S. 60) konstatierten Kontroversen. Die Transzendenz zeigt sich etwa in den drei Axiomen der TZI (Farau u. Cohn, 1984, S. 357 ff.) oder der »Hypothese eines organismischen Werte-Sinns« (Farau u. Cohn, 1984, S. 469). Solche Vorstellungen sind nicht unwesentlich, denn sie können die Übernahme entsprechender Orientierungen *subjektiv* begründen. In gesamtgesellschaftlicher Perspektive ist für mich aber bedeutsamer, die aus diesen Prinzipien abgeleitete Praxeologie in den Blick zu nehmen, denn TZI scheint mir gerade die Entwicklung jener Kompetenzen und Einstellungen zu unterstützen, die erforderlich sind, um das Zusammenleben im gesellschaftlichen Pluralismus zu ermöglichen. Cornelia Löhmer hat diese *Trainingseffekte* der TZI instruktiv zusammengefasst:

- Förderung des Bewusstseins für Autonomie und Interdependenz;
- Entwicklung einer sensibleren und offeneren Haltung;
- Aufdeckung von gesellschaftlichen Tabus;
- Stärkung der Eigenständigkeit der Einzelnen;
- Einübung in konstruktive Problemlösung sowie
- Konfrontation mit den eigenen Allmachts- und Ohnmachtsphantasien (Löhmer, 1994, S. 27; Reihenfolge geändert).

Damit sind zentrale Kompetenzen und Haltungen benannt, über die Bürger*innen in einer pluralistischen Gesellschaft verfügen sollten. Die Erkenntnis, dass – wie es in Köln karnevalistisch so treffend formuliert wird – »jede Jeck anders is«, und diese Tatsache sowohl in Bezug auf die Einzigartigkeit der eigenen Person wie jeder anderen nicht nur zu akzeptieren, sondern grundsätzlich positiv zu bewerten ist. Dies impliziert, der jeweils individuellen Weltsicht jeder Person wertschätzend gegenüberzutreten, und zugleich die wechselseitige Eingebundenheit in gesellschaftliche Verhältnisse zu erkennen. Die TZI vermag, die Möglichkeiten und Begrenzungen der jeweils eigenen Erkenntnis- und Handlungsmöglichkeiten zu verdeutlichen und »eine selbstkritische Einstellung gegenüber Verlagerung und Projektionen eigener Schatten und Schwächen auf andere« zu gewinnen und dadurch Feindbilder abzubauen (Krämer, 2001, S. 25), was für das demokratische Ethos einer pluralistischen Gesellschaft essentiell ist. Zudem kann sie zur authentischen Vertretung eigener Positionen motivieren (siehe die Formulierung »Mut zur Stellungnahme« bei

Krämer, 2001, S. 25), ohne die generelle Berechtigung gegenläufiger Positionen in Frage zu stellen.

TZI kann daher auch als eine Art *Trainingsprogramm* verstanden werden, um das im Pluralismus erforderliche demokratische Ethos herauszubilden und themenzentrierte Verständigungsprozesse miteinander zu (er-)leben bzw. zu gestalten. Mit diesem Rüstzeug kann nicht nur die – vom Pluralismus akzeptierte – Komplexität gesellschaftlicher Realität leichter akzeptiert und trotz ihrer Zumutungen ausgehalten werden, sondern es kann auch in dieser komplexen Realität sozialverträglich agiert werden.

5 Hilft TZI in der Politik?

Wie sieht es nun aber aus, wenn sich ein Individuum gerüstet mit dem TZI-Instrumentarium in die Sphäre der eigentlichen Politik bewegt? Ist sie dabei hilfreich?

Zitterbarth war überzeugt, dass TZI »Lust und Leidenschaft [...] für ein mindestens partiell auch politisches Engagement« (Krämer u. Zitterbarth, 2006, S. 14) wecken könne. Elisabeth Miescher (1994), Kommunalpolitikerin einer Gemeinde des Kantons Basel-Stadt, schilderte, dass TZI ihr geholfen habe, sich nach ersten enttäuschenden Erfahrungen in der Parteipolitik politisch neu zu orientieren. Es sei ihr auch möglich, realistischer einzuschätzen, welche Gestaltungsmöglichkeiten sie habe, aber auch welchen Restriktionen sie unterliege. Vor allem aber bei der Setzung und Umsetzung der Prioritäten ihrer politischen Arbeit habe TZI Früchte getragen (Miescher, 1994, S. 134 ff.). Dagegen kam Krämer in Hinblick auf das Politikmachen in etablierten Organisationen zu einer eher ernüchternden Erkenntnis: »Die TZI kann zu einer verstärkten politischen Achtsamkeit führen. Diese führt oft zu einer starken Distanz gegenüber den hierarchischen Machtstrukturen von Parteien und ihren auf Abgrenzung von anderen Positionen basierenden Kommunikationsmustern« (Krämer, 2001, S. 27).[4]

---

4 Allerdings waren auch Erfahrungen eines – allerdings nicht dezidiert TZI-orientierten – Fortbildungsprogramms für »Männer und Frauen, die in Bürgerinitiativen in Dritte Welt-, Frauen-, Friedens- oder Ökologiefragen

Nach meiner Einschätzung weisen diese Bewertungen auf einige Stärken von TZI in der Politik hin. Zunächst einmal ist selbstverständlich auf das bereits angesprochene *Training* des erforderlichen demokratischen Ethos hinzuweisen. Auch scheint mir TZI ein sinnvoller Ansatz, um angemessener mit der Komplexität wie auch Konflikthaftigkeit von Politik umgehen zu können. Insbesondere Kleingruppen profitieren sicherlich hinsichtlich ihrer Kommunikation und der Ermöglichung der Partizipation aller Gruppenmitglieder von TZI (Miescher, 1994, S. 139). Dies gilt auch für den*die einzelne*n Akteur*in hinsichtlich der Fähigkeit, politische Prioritäten zu setzen und nicht »jede Aufgabe, für die ich angefragt wurde«, zu übernehmen (Miescher, 1994, S. 138). Darüber hinaus scheint das Wissen um die Möglichkeiten funktioneller Gruppenleitung ganz wesentlich (Löhmer, 1994, S. 27), handelt es sich dabei doch um ein Phänomen (Cartwright u. Zander, 1968, S. 310ff.), dass in Politik wie Politikwissenschaft tendenziell eher als Problem, denn als Lösung angesehen wird.[5]

Angesichts der vielfältigen Möglichkeiten, die TZI mit der Perspektive auf Politik bietet, sind aber trotzdem auch eine Reihe von Begrenzungen zu benennen. Insbesondere auf Makroebene sehe ich Beschränkungen, denn sicher ist es unter gewissen Umständen möglich, politische Beteiligung auch im Großformat orientiert an Leitlinien der TZI zu organisieren. Sehr skeptisch bin ich aber, ob es möglich ist, themenzentrierte Verständigungsprozesse (siehe Ostertag, Teil 1 in diesem Band) tatsächlich auf die Makroebene hoch zu skalieren – und selbst wenn dies gelänge, wäre dann vielleicht zu fragen, ob TZI dann nur noch als bloße Sozialtechnologie angewandt und ihrem Gesamtanspruch nicht mehr gerecht würde (Krämer u. Zitterbarth, 2006, S. 12). Noch etwas skeptischer ist meine Einschätzung mit Blick auf die eigentliche politische Entscheidung in einer arbeitsteiligen Gesellschaft, denn die Eigenlogik des politi-

---

engagiert sind und etwas bewegen, bewirken, verändern wollen« (Volmerg, 1994, 247f.) insgesamt ambivalent.
5 Vgl. dazu etwa die üblicherweise negative Einschätzung von Phasen dualer Führung in der CSU, die einer kritischen Überprüfung nicht standhalten (Gast u. Kranenpohl, 2010).

schen Entscheidungsprozesses (Krämer u. Zitterbarth, 2006, S. 10) erscheint mir wesentlich anders strukturiert zu sein. Es darf nicht übersehen werden, dass politische Entscheidungen letztendlich in einer Ja-Nein-Situation getroffen werden müssen – insofern wohnt gerade auch demokratischer Politik ein agonales Element inne, dass sich nicht eliminieren lässt (Mouffe, 2007, S. 29 ff.). So erscheint mir die von Krämer beklagte Zuspitzung und Abgrenzung in der Kommunikation in und über Politik (Krämer, 2001, S. 27) fast unvermeidbar.

Insbesondere aber wird wohl auch unter TZI eine Verständigung dort unmöglich, wo Akteur*innen die Basis der gegenseitigen Anerkennung verlassen und damit das demokratische Ethos gerade nicht praktizieren. Allenfalls in Kleingruppen sehe ich eine gewisse Chance, mit TZI totalitäre und extremistische Haltungen und Einstellungen aufbrechen zu können. Doch es ist eine »Gratwanderung« (Scharer, 2019, S. 215) zwischen einerseits dem Versuch, eine Basis für themenzentrierte Verständigung zu schaffen, und andererseits der Nichtakzeptanz von Ansichten und Feindbildern, die in einer pluralistischen Gesellschaft einfach nicht akzeptabel sind.

6 Mehr TZI wagen?

Dem großen Spötter George Bernhard Shaw wird die Aussage zugeschrieben, dass Demokratie ein Verfahren sei, das garantiere, dass wir nicht besser regiert werden, als wir es verdienten. Daran anschließend ist TZI vielleicht ein Instrument, um uns ein etwas besseres Regieren zu verdienen. Eine wesentliche Chance dafür sehe ich vor allem in der Möglichkeit, dass mit Hilfe von TZI Ambivalenzen offengelegt und individuelle Weltsichten entabsolutiert werden können, was zu einer Differenzierung subjektiver Weltsichten und damit zur Ausbildung des demokratischen Ethos jedes Individuums beitragen kann. Sie kann damit einen wichtigen Beitrag für die Basis des Zusammenlebens und Entscheidens in einer Demokratie leisten. Ganz entscheidend erscheint mir dabei die TZI genuin innewohnende Möglichkeit zur Selbstreflexivität, wie sie erfrischend auch in der Konklusion von Matthias Scharer zum Ausdruck kommt: »Misch' dich ein und mach' kein Postulat daraus« (Scharer, 2019, S. 89).

Nüchterner sehe ich ihre Rolle im eigentlichen politischen Prozess, die Eigenlogiken des politischen Entscheidens insbesondere in Massengesellschaften scheinen mir hier zu stark zu sein, als dass mehr als eine Optimierung des Bestehenden durch Übernahme einzelner TZI-Elemente möglich ist. Äußerst wertvoll kann die TZI aber für konkrete Politiker*innen sein: Sie kann nicht nur die eigene politische Orientierung unterstützen und dabei helfen, die Schwerpunkte der individuellen Arbeit richtig zu setzen. Sie kann auch bei der Selbstreflexion unterstützen und bietet ein wertvolles Instrumentarium zur verantwortungsvollen Führung und Leitung politischer Entscheidungsprozesse. Kurz: »TZI stärkt Menschen, die Lust haben, die Gesellschaft zu verändern« (Krämer u. Zitterbarth, 2006, S. 13) – und kann damit perspektivisch und vermittelt über die Individuen letztlich auch zur Sicherung und Weiterentwicklung demokratischer Strukturen beitragen.

Literatur

Böckenförde, E.-W. (1967). Die Entstehung des Staates als Vorgang der Säkularisation. In Säkularisation und Utopie. Ebracher Studien. Ernst Forsthoff zum 65. Geburtstag. Stuttgart: Kohlhammer (S. 75–94).
Böckenförde, E.-W. (1987). Demokratie als Verfassungsprinzip. In J. Isensee, P. Kirchhof (Hrsg.), Handbuch des Staatsrechts der Bundesrepublik Deutschland (Bd. 1, S. 887–952). Heidelberg: C. F. Müller.
Brünneck, A. v. (2007). Vorwort. In E. Fraenkel, Gesammelte Schriften (Bd. 5, S. 9–49). Baden-Baden: Nomos.
Cartwright, D., Zander, A. (1968). Leadership and Performance of Group Functions: Introduction. In D. Cartwright, A. Zander (Hrsg.). Group Dynamics. Research and Theory (3. Aufl., S. 301–317). New York: Harper & Row.
Easton, D. (1953). The Political System: An Inquiry into the State of Political Science. New York: Knopf.
Farau, A., Cohn, R. C. (1984). Gelebte Geschichte der Psychotherapie. Zwei Perspektiven. Stuttgart: Klett-Cotta.
Fraenkel, E. (1969/2007): Strukturanalyse der modernen Demokratie. In ders., Gesammelte Schriften (Bd. 5, S. 314–343). Baden-Baden: Nomos.
Fraenkel, E. (2007). Gesammelte Schriften. Bd. 5: Demokratie und Pluralismus, hrsg. v. A. v. Brünneck, Baden-Baden: Nomos.
Gast, H., Kranenpohl, U. (2010). Politische Führung in der CSU nach Strauß: Rolleninszenierung und Rollenkonflikte in Führungspositionen der Partei. In G. Hopp, M. Sebaldt, B., Zeitler (Hrsg.), Die CSU. Strukturwandel, Modernisierung und Herausforderungen einer Volkspartei (S. 419–439). Wiesbaden: VS Verlag.

Goethe, J. W. v. (1833/1981). Maximen und Reflexionen. In ders., Werke. Hamburger Ausgabe (Bd. 12, S. 365–547) München: dtv.

Haunss, S. (2008). Antiimperialismus und Autonomie – Linksradikalismus seit der Studentenbewegung. In. R. Roth, D. Rucht (Hrsg.), Die sozialen Bewegungen in Deutschland seit 1945. Ein Handbuch (S. 447–473). Frankfurt a. M.: Campus.

Hoppe, G. (1994). »Misch Dich ein! Greif ein!«. Ein drittes Postulat für die TZI? In R. Standhardt, C. Löhmer (Hrsg.), Zur Tat befreien. Gesellschaftspolitische Perspektiven der TZI-Gruppenarbeit (S. 65–76). Mainz: Matthias-Grünewald.

Krämer, M. (2001). TZI und Politik. Themenzentrierte Interaktion, 15 (2), 23–34.

Krämer, M., Zitterbarth, W. (2006). Ist TZI politisch? Ein Kontroversgespräch während einer Redaktionssitzung in Berlin am 6.11.2004. Themenzentrierte Interaktion 20 (1), 8–15.

Löhmer, C. (1994). Am Anfang war der Globe. Die Themenzentrierte Interaktion unter besonderer Berücksichtigung ihrer politischen Dimension. In R. Standhardt, C. Löhmer (Hrsg.), Zur Tat befreien. Gesellschaftspolitische Perspektiven der TZI-Gruppenarbeit (S. 17–29). Mainz: Matthias-Grünewald.

Madison, J. (1987/2019). Federalist No. 10. The Same Subject Continued: The Union as a Safeguard Against Domestic Faction and Insurrection (Library of Congress, Federalist Papers: Primary Documents in American History). https://guides.loc.gov/federalist-papers/text-1-10#s-lg-box-wrapper-25493273 (Zugriff am 11.02.2022).

Mangold, A. K. (2019). Das Böckenförde-Diktum (Verfassungsblog, 2019/5/09). https://verfassungsblog.de/das-boeckenfoerde-diktum/ (Zugriff am 11.02.2022).

Miescher, E. (1994). TZI in einer politischen Partei. In: Rüdiger Standhardt und Cornelia Löhmer (Hrsg.). Zur Tat befreien. Gesellschaftspolitische Perspektiven der TZI-Gruppenarbeit (S. 131–145). Mainz: Matthias-Grünewald.

Mouffe, C. (2007). Über das Politische. Wider die kosmopolitische Illusion. Frankfurt a. M.: Suhrkamp.

Patzelt, W. J. (1992). Einführung in die Politikwissenschaft. Grundriß des Faches und studiumbegleitende Orientierung. Passau: Wissenschaftsverlag Richard Rothe.

Reiser, H. (2017). Werte, Sinn und Glaube bei Ruth Cohn und in der TZI (Teil 2). In Themenzentrierte Interaktion, 31 (1), S. 60–65.

Rohe, K. (1994). Politik. Begriffe und Wirklichkeiten. Eine Einführung in das politische Denken (2. Aufl.). Stuttgart u. a.: Kohlhammer.

Scharer, M. (2019). Vielheit couragiert leben. Die politische Kraft der Themenzentrierten Interaktion (Ruth C. Cohn) heute. Ostfildern: Matthias Grünewald.

Volmerg, U. (1994). »Und es bewegt sich doch«: Ein Fortbildungsprojekt für politisch Engagierte. In R. Standhardt, C. Löhmer (Hrsg.), Zur Tat befreien. Gesellschaftspolitische Perspektiven der TZI-Gruppenarbeit (S. 247–263). Mainz: Matthias-Grünewald.

JULIA RAAB
Bewusstheit und Verantwortlichkeit leben
Eine Verknüpfung von Theorie und Praxis intentionaler Gemeinschaften mit der Themenzentrierten Interaktion[1]

> *Zusammenfassung:* Im vorliegenden Beitrag wird dargelegt, wie intentionale Gemeinschaften mit Hilfe der Themenzentrierten Interaktion (TZI) durch ihr gezieltes Miteinander einen bewussten und verantwortlichen Umgang mit sich selbst, anderen, allem Lebendigen sowie dem Planeten vorleben können – als eine Antwort auf die Krisen dieser Welt, wie z. B. die Corona-Pandemie oder den Klimawandel. Die TZI dient intentionalen Gemeinschaften mit ihren gemeinschaftsbildenden und persönlichkeitsentwickelnden Methoden der Entscheidungsfindung sowie mit ihren Grundlagen einer humanistischen Kommunikationskultur. Intentionale Gemeinschaften können mit ihren Erfahrungen wiederum die Praxis der TZI ergänzen und bereichern. Eine solche wechselseitige Verknüpfung und Ergänzung wird dadurch erleichtert und verstärkt, dass die grundlegenden Wertorientierungen sowie auch Visionen von intentionalen Gemeinschaften und der TZI viele Gemeinsamkeiten aufweisen.

---

[1] In diesem Beitrag werden wesentliche Gedanken aus der Masterarbeit der Verfasserin aufgegriffen und weiterentwickelt. Julia Raab (2021): Bewusstheit und Verantwortlichkeit leben. Eine Untersuchung zur Erweiterung der Handlungspraxis intentionaler Gemeinschaften durch die Themenzentrierte Interaktion (TZI).

1 Gesellschaftliche und globale Krisen als Hinweis auf notwendige Veränderungsprozesse

Aktuelle Krisen wie Klimawandel und Corona-Pandemie zeigen sehr deutlich: Wollen wir Menschen weiterhin möglichst friedlich und zufrieden auf unserem Planeten leben, muss sich der Umgang mit ihm tiefgreifend ändern. Funktionierende Lebensgrundlagen für nachfolgende Generationen erfordern einen nachhaltigen, bewussten und verantwortlichen Umgang mit allem Lebendigen unserer Welt.

Diese Kernbotschaft greift die UNO in ihren siebzehn Sustainable Development Goals (SDG) auf und formuliert so »ein gemeinsames Konzept für Frieden und Wohlstand für die Menschen und den Planeten jetzt und in Zukunft« (United Nations, 2021) mit fünf Hauptbotschaften: »1. Die Würde des Menschen im Mittelpunkt, 2. den Planeten schützen, 3. Wohlstand für alle fördern, 4. Frieden fördern und 5. Globale Partnerschaften aufbauen« (Engagement Global, 2021). Die angestrebte nachhaltige Praxis benötigt das gemeinschaftliche Handeln vieler Menschen und zugleich gesellschaftliche Strukturen, um die Individuen in der Wirksamkeit und Reichweite ihres Engagements nicht zu überfordern. Dies unterstreicht die Idee intentionaler Gemeinschaften, wie sie im folgenden Beitrag entfaltet wird.

Das Konzept der Nachhaltigkeit haben die Vereinten Nationen auf drei Ebenen (Umwelt, Soziales und Wirtschaft) für alle Länder in gemeinsamer Verantwortung festgelegt (Engagement Global, 2021). Idee ist, dass das ökonomische Handeln in das gesellschaftliche Handeln eingebettet ist und den menschlichen und sozialen Bedürfnissen dient. Diese beiden Handlungsbereiche wiederum müssen sorgsam mit den ökologischen Grundlagen umgehen und dürfen diesen keineswegs schaden (Holzbaur, 2020, S. 2 f.).

Der Begründer der sogenannten Transition-Bewegung Rob Hopkins hinterfragt, ob Wachstum um jeden Preis der richtige Weg ist, unsere Erde zu schützen. Er meint, wir brauchen stärkere und glücklichere Gemeinschaften sowie resilientere Städte und Gemeinden (Hopkins, 2016, S. 34). Er empfiehlt, durch lokales Handeln in Form eines sozialen Experiments die Welt zu verändern, indem Konsum und Konkurrenz in Beziehung und Kooperation transformiert werden (S. 34). Intentionale Gemeinschaften nehmen nachhaltige Entwicklung ernst und antworten mit einer Haltung des Teilens, Kooperierens und gegenseitiger Fürsorge auf die globalen Krisen. Die TZI bietet dazu ein Modell und Gestaltungsmöglichkeiten, die Balance zwischen Autonomie und Interdependenz zu finden. Das Individuum (ICH) kann innerhalb einer Gemeinschaft (WIR) das Ziel des bewussten und verantwortlichen Handelns praktizieren (ES) und damit zu einer Humanisierung der Welt (GLOBE) beitragen. Der Ansatz erinnert mit seinen humanistischen Werten und Postulaten, welche die Achtsamkeit und den bewussten Umgang mit sich selbst und anderen Geschöpfen fördern, an eine »Theorie der globalen Heilung« (Duhm, 2006).

Die Verknüpfung von intentionalen Gemeinschaften und TZI fördert einen bewussten und verantwortlichen Umgang mit den Ressourcen unserer Erde und zeigt im Kleinen auf, was ins Große zu übertragen nötig ist, so die These, die in diesem Beitrag untersucht wird. Dazu werden zunächst intentionale Gemeinschaften in ihrer grundsätzlichen Absicht kurz beschrieben (Abschnitt 2). Daran anknüpfend werden auf zwei Ebenen Verbindungslinien zwischen intentionalen Gemeinschaften und TZI entwickelt (Abschnitt 3). So werden zum einen Ziele und Werte in den Blick genommen (Abschnitt 3.1), zum anderen gilt die Aufmerksamkeit der methodischen Ebene (Abschnitt 3.2). In der Zusammenführung beider Argumentationsstränge zeigen sich intentionale Gemeinschaften und TZI als ein möglicher Weg für notwendige Transformationsprozesse (Abschnitt 4).

2 Intentionale Gemeinschaften als Orte nachhaltigen Zusammenlebens

Intentionale Gemeinschaften sind Beziehungsgefüge, in denen sich Menschen bewusst zusammenfinden, um auf einer gemeinsamen Wertebasis miteinander zu leben und teilweise auch miteinander zu arbeiten. Menschen, so Stengel, »die sich für ein Leben in solch einer Gemeinschaft entscheiden, gehen im Idealfall absichtlich intensivere Beziehungen mit anderen ein, lassen sich emotional aufeinander ein, stellen ihr Tun und Lassen freiwillig in den Dienst des Gemeinwohls der Gruppe und damit anderer Menschen« (Stengel, 2007, S. 11).

Nachhaltigkeitsaspekte sind von hoher Bedeutung ebenso wie Bewusstheit, Verantwortlichkeit und ein achtsamer Umgang mit allem, was den Planeten ausmacht. Ziel ist es, das eigene gemeinschaftliche Leben und damit, durch den Einfluss auf die nahräumliche Öffentlichkeit, auch die Gesellschaft emanzipativ zu gestalten (Grundmann u. Hoffmeister, 2009, S. 157 ff.). So handelt es sich um Menschen, die sich freiwillig zusammenschließen, um »sozial und ökologisch nachhaltige Kommunikations-, Produktions- und Beziehungspraktiken« (Grundmann, 2011, S. 279) zu erproben, um sich ganzheitlich in kollektiver Lebensweise entfalten zu können. Das Gemeinschaftsleben soll gefördert und einer Entfremdung entgegengewirkt werden, indem die Mitglieder sich in großem Ausmaß aufeinander beziehen. Für das Bilden und Bestehen funktionierender Gemeinschaft ist Kommunikation von größter Bedeutung. Die Akteure stellen ihre Gemeinschaftlichkeit im alltäglichen Miteinander immer wieder durch einen Prozess des konkreten Austauschs und Aushandelns her (S. 279).

Intentionale Gemeinschaften, wie beispielsweise Sieben Linden, ZEGG oder Schloss Tempelhof engagieren sich mit ihren gemeinsam entwickelten, innovativen und gesellschaftlich relevanten Fertigkeiten in Bildungsarbeit, Gesundheitswesen, Sozial- und Kommunalpolitik (S. 279). Sie gehen auf menschliche Grundbedürfnisse ein, indem sie miteinander kooperieren und gemeinschaftlich haushalten. Werte wie Gleichberechtigung, Gerechtigkeit und Solidarität dienen als Orientierung, womit sie der Gesellschaft alternative und zukunftsweisende Daseinsformen vorleben möchten (S. 281).

3 Gemeinschaft leben – mit TZI?!

Wiewohl es bislang keine intentionale Gemeinschaft gibt, die sich originär mit Rekurs auf die TZI gegründet hat, lassen sich zahlreiche innere Bezüge zwischen intentionalen Gemeinschaften und der TZI identifizieren. Sowohl auf der Ebene von Zielen und Werten als auch in der methodischen Gestaltung des Alltags finden sich vielfältige Anknüpfungspunkte, die sich zur wechselseitigen Anregung und Weiterentwicklung vertiefen und ausdifferenzieren lassen.

3.1 Ziele und Werte intentionaler Gemeinschaften

Viele Projekte verbindet die Motivation zum Wandel der Gesellschaft beizutragen, indem sie getreu dem Motto »Be the change« (Be the Change Stiftung für kulturellen Wandel, 2016) *eigenen* Wandel bewirken. Historisch gesehen, sind sie häufig aus dem Streben nach Weltfrieden entstanden. Wegweisend für die weitere Entwicklung und Ausgestaltung von intentionalen Gemeinschaften war und ist die Überzeugung, dass es für Frieden auf der Welt zunächst Frieden in Gruppen und in der einzelnen Person geben muss.

Eine möglichst geteilte innere Haltung der Mitglieder der Communities führt mit höherer Wahrscheinlichkeit zum Erfolg, jedoch stets unter Beachtung der bereichernden Unterschiedlichkeit der einzelnen Individuen. Als auffallende Parallelen zur TZI fungieren Verständigung und Kommunikation, Wahrnehmung und Wertschätzung, Achtsamkeit und Verantwortlichkeit sowie Bewustheit und lebenslanges Lernen.

Grundwerte wie beispielsweise eine Orientierung am Gemeinwohl durch eine Bedürfniserfüllung aller, d. h. auch der Ökosysteme, um Verantwortung für ihr Handeln bezüglich der globalen Auswirkungen zu übernehmen (Freundeskreis der Akademie für angewandtes Gutes Leben e. V., 2021), lassen sich unmittelbar mit der TZI verbinden. Letztere drückt diese Wertehaltung mit dem ethischen Axiom aus, allem Lebendigen und seiner Entwicklung Ehrfurcht entgegenzubringen (Cohn u. Farau, 2008, S. 357; siehe auch Ostertag, Teil 1 in diesem Band). Auch das erste Axiom, mit dem Ruth C. Cohn anhand eines holistischen Menschenbildes hervorhebt, dass der Mensch als psycho-biologische Einheit Teil des Ganzen, des Universums ist, unterstützt eine solche Wertorientierung. Es betont, dass die Handlung jeder einzelnen Person sich auf andere und den Globus auswirkt (S. 356). Das dritte Axiom legt den Fokus auf das konkrete Handeln und Entscheiden der Menschen sowie deren Einfluss auf Umwelt wie auch Strukturen und zeigt die in diesem Zusammenhang notwendige Bewustheit auf (von Kanitz, 2014, S. 90).

Ein »Miteinander in Vertrauen, Verbundenheit und Bewustheit« (Freundeskreis der Akademie für angewandtes Gutes Leben e. V., 2021) ist Grundwert und Grundlage, um Gemeinschaftskultur nachhaltig zu leben. Dieses Miteinander soll durch gegenseitige Wertschätzung und Liebe, empathisches Einfühlen sowie Ehrlichkeit und Offenheit im Umgang miteinander erreicht werden. Mit der Kraft, die in jedem Individuum steckt, kann gemeinsam Großes bewirkt und weltweit bewegt werden (Freundeskreis der Akademie für angewandtes Gutes Leben e. V., 2021). Hier ist die analysierende und reflektierende Perspektive der TZI nützlich, um ein Bewusstsein dafür zu entwickeln, dass unter dem WIR die Verbindung und Dynamik, das Dazwischen und die Interaktion, die »bewussten und unbewussten Einwirkungen aufeinander« (Schneider-Landolf, 2014, S. 120) sowie »die psychischen Prozesse, die sich zwischen den einzelnen Personen einer Gruppe ereignen« (S. 120) gemeint sind. Zu reflektieren, dass jeder Mensch »in jede Gruppensituation soziale Bedürfnisse nach Wertschätzung, nach Respektierung unserer Person, nach Zugehörigkeit und nach sozialer Anerkennung« (S. 125) einbringt, kann das Bewusstsein für das WIR der Gemeinschaft ergänzen. Die WIR-Gestaltung kann durch methodische Instrumente, wie den Einsatz von Themen und Strukturen, unterschiedlichen Feedbackformen, durch Metakommunikation oder das gemeinsame Analysieren von Vorgängen gefördert werden (S. 126). Auch die Wahrnehmung von Störungen bereichert die WIR-Entwicklung; als Ausdruck ›leidenschaftlicher Betroffenheit‹ ist es wichtig, sie zu beachten und zu verstehen, damit sie nicht zur Krise werden (S. 126 f.).

Der Begriff der Potentialentfaltung drückt aus, dass jeder Mensch »der Welt einen wertvollen Beitrag zu schenken hat« (Freundeskreis der Akademie für angewandtes Gutes Leben e. V., 2021). Zur Selbstentfaltung gehört eine intensive Auseinandersetzung mit sich selbst und den eigenen destruktiven Mustern ebenso wie mit den individuellen Ressourcen und Gaben. So können Bewusstheit und volle Verantwortung entstehen. Dazu gehören ständiges Lernen, das Hinterfragen der eigenen Sichtweisen, das Einnehmen anderer Perspektiven und die Offenheit gegenüber Neuem (Freundeskreis der Akademie für angewandtes Gutes Leben e. V., 2021). Hier zeigen sich weitreichende Überschneidungen und Gemeinsamkeiten mit zentralen Aspekten der TZI: Die Bedeutsamkeit, sich mit der eigenen Persönlichkeit im Sinn von Bewusstseins- und Verantwortlichkeitsentwicklung auseinanderzusetzen, wird unter anderem im Chairperson-Postulat, im Faktor ICH, im pragmatisch-politischen Axiom, in dem Ziel des lebendigen Lernens und schließlich auch in der Verankerung von sogenannten Persönlichkeitskursen in der TZI-Grundausbildung deutlich.

Zudem verstehen sich intentionale Gemeinschaften als Teil der Natur und wollen diese mit Behutsamkeit durch eine nachhaltige Lebensweise achten (Freundeskreis der Akademie für angewandtes Gutes Leben e. V., 2021). Die ersten beiden Axiome der TZI verdeutlichen auch hier den Zusammenhang, weil der Mensch als biopsychologische Einheit und somit Teil des Universums gesehen wird und alles Lebendige zu schützen ist.

3.2 Methodische Ebene intentionaler Gemeinschaften

Um Ziele gelingend zu verfolgen, nutzen Gemeinschaften Methoden, die durch jahrelange Erfahrung selbst entwickelt oder aus anderen Kontexten übernommen und übertragen wurden.

3.2.1 Persönlichkeitsentwicklung

Der Auseinandersetzung mit der eigenen Persönlichkeit wird in intentionalen Gemeinschaften eine ebenso grundlegende Wichtigkeit beigemessen wie in der TZI. Die Persönlichkeitsentwicklung wird teils experimentell durch Methoden wie *Possibility Management, Schattenarbeit* oder *(Co-)Counseling* ermöglicht und unterstützt. Diese Methoden helfen beim Umgang mit und der Verantwortung für die eigenen Gefühle und den Handlungen, die aus diesen resultieren (Wiesmann, 2019, S. 311).

Ruth C. Cohn spricht sich dafür aus, Erkenntnisse und Methoden der Psychotherapie für alle Menschen zugänglich zu machen (Cohn, 2018, S. 7). Eine der aus der Psychotherapie hervorgegangenen Methoden, die die Entwicklung des Einzelnen und zugleich Zusammenhalt, Vertrauen und Lebendigkeit in Gruppen fördern möchte, ist das *FORUM* (Wiesmann, 2009, S. 66). Die Gruppe bildet einen geschützten Kreis von vertrauten Menschen und jede Person ist dazu eingeladen einzeln auf das Bühnenfeld in die Mitte zu treten und sich zu zeigen, indem sie ihr Inneres zum Ausdruck bringt, anschließend Feedback bekommt und so die Wahrnehmung der anderen erfährt.

Dies trägt »zu einer Transparenz der inneren Vorgänge in einer Gemeinschaft« (Wiesmann, 2009, S. 67) bei.

3.2.2 Kommunikation

Eine überaus wichtige Dimension in intentionalen Gemeinschaften ist eine achtsame Kommunikationskultur, welche durch den Einsatz verschiedener Methoden gefördert werden kann. Als erstes Beispiel sei die *Gewaltfreie Kommunikation* nach Rosenberg genannt, in der es um eine achtsame Weise des Sprechens und Zuhörens geht (Rosenberg, 2016, S. 18 f.), die von einer wertschätzenden, inneren Einstellung und Haltung getragen ist (S. 29 ff.). Ein weiteres Kommunikationsmodell stammt aus der Gebärdensprache und nennt sich *Nonverbale Diskussionshandzeichen*. »Handzeichen ermöglichen eine zusätzliche nonverbale Kommunikation, die parallel zur verbalen Kommunikation stattfinden kann, ohne diese zu stören« (Kommunetreff, 2021). Die *Transparente Kommunikation* nach Thomas Hübl ist eine Interaktionsform, welche Empathie fördert und davon ausgeht, dass wir nicht einfach nur auf Menschen treffen, »sondern [auf] Welten, in denen sie leben« (Hübl, 2021). Ruth C. Cohn entwickelte diesbezüglich die sogenannten Kommunikations-Hilfsregeln, die dazu beitragen, eine humanistische Kommunikationskultur zu leben, durch die jede*r Einzelne mit seinen bzw. ihren Bedürfnissen wahrgenommen und zugleich die gemeinsame Aufgabe nicht aus den Augen verloren wird.

3.2.3 Entscheidungsfindung in Gemeinschaften

Eine herausgehobene Form von Kommunikation sind Prozesse der Entscheidungsfindung. Das Repertoire an Entscheidungsfindungsmodellen in intentionalen Gemeinschaften umfasst Ansätze wie das *Konsensverfahren,* das *Konsentverfahren* aus dem Organisationskonzept der *Soziokratie,* die *Soziokratie 3.0* oder auch das *Systemische Konsensieren*. Relativ neu ist die Methode *Holacracy (Holokratie),* welche hilft, Entscheidungsprozesse effektiver zu gestalten, indem Entscheidungsbefugnisse unter klar definierten Spielregeln und Verantwortlichkeiten vom Gesamtplenum an Expert*innen und Betroffene in Rollen und Kreisen delegiert werden, um Ideen schnell und wirkungsvoll umzusetzen. Wiesmann betrachtet die

Holacracy als komplexe, zukunftsweisende, ganzheitliche und effiziente Strukturierungsmöglichkeit für die Handlungsfähigkeit einer Gemeinschaft (Wiesmann, 2009, S. 68).

Die TZI stellt mit ihrer Wertorientierung, ihrem Welt- und Menschenbild sowie ihren Methoden ein hilfreiches Handlungswissen für Entscheidungsprozesse in intentionalen Gemeinschaften dar. So kann mit dem Vier-Faktoren-Modell differenziert analysiert werden, welche inneren und äußeren Aspekte Entscheidungsprozesse bzw. Entscheidungen beeinflussen. Mit der aus dem Chairperson-Postulat heraus formulierten Aufforderung »Schau nach innen, schau nach außen und entscheide Dich dann« (Langmaack, 1991, S. 82), werden sowohl äußere Faktoren, wie die Meinungen anderer Menschen, die jeweiligen ICHs in der Gemeinschaft, als auch innere Faktoren, wie die eigenen Gefühle, für Entscheidungen berücksichtigt. Außerdem bilden die Axiome eine hilfreiche ethische Basis für Entscheidungen. Je bewusster die Wechselwirkung zwischen Autonomie und Interdependenz ist, desto größer wird die »Entscheidungs- und Einflussmöglichkeit« (Löhmer u. Standhardt, 2010, S. 36). In der *Holokratie* werden Entscheidungen immer unter Berücksichtigung des ganzen Ziels, Sinns und Zwecks getroffen. Gerade vor dem Hintergrund sozialer und ökonomischer Krisen kann hier das zweite, ethische Axiom mit der Ehrfurcht vor allem Lebendigen als richtungsweisend gelten. Das dritte Axiom lädt jeden Menschen ein sowohl die eigenen inneren und äußeren Grenzen als auch deren Erweiterbarkeit bewusst wahrzunehmen (Cohn u. Farau, 2008, S. 357).

4 Intentionale Gemeinschaften und TZI als Wege für notwendige Transformationsprozesse

Die Form des intentionalen Zusammenlebens gehört nicht zu den klassischen Lebens- und Wohnformen der modernen Gesellschaft. Zwar nimmt die Lebensform Familie ab und die »Privatheitskultur« (Meyer, 2014, S. 429) zu, dennoch gehören die intentionalen Gemeinschaften (noch) nicht zu den »wichtigsten der ›neuen‹ Lebensformen« (S. 429) in Deutschland. Das könnte daran liegen, dass es vielen zu anstrengend ist, sich mit anderen zu einigen. Allein ist es einfacher, zu tun was ich möchte, ohne mich dabei Konflikten aussetzen zu müssen. Als weiteren möglichen Grund für die langsame Verbreitung nennt Würfel die großen Hürden und Herausforderungen, die ein Leben in Gemeinschaft mit sich bringt: Absprachen, Vereinbarungen und Kompromisse zu treffen, erfordert Zeit, Geduld und Nerven (S. 25). Auch wenn einige Menschen von einem Leben in Gemeinschaft träumen, scheuen sie sich in letzter Konsequenz doch oft vor den damit verbundenen Anstrengungen.

Die typischen Herausforderungen für Menschen, die gemeinschaftliches Leben wagen, sind insbesondere der Umgang mit Selbstständigkeit und Verantwortungsbewusstsein: Es gibt kein zu konsumierendes, vorgefertigtes Angebot, eher sind Selbstständigkeit und Kompromissbereitschaft gefragt. Häufig kommt es zu Überforderung im Prozess der Auseinandersetzungs- und Kooperationsbereitschaft, die in Folge von Unterschiedlichkeit und Individualität sowie unterschiedlichen Bedürfnissen trotz gleicher Wertebasis aufkommen. Sich einzubringen, Verantwortung zu übernehmen und gleichzeitig auf eigene Grenzen zu achten, ist eine weitere Herausforderung (Kommune Niederkaufungen e. V., 2021).

In Verknüpfung der Lebensform intentionaler Gemeinschaften mit den vier Faktoren der TZI entwickelte Eva Stützel, Mitbegründerin des Ökodorfes Sieben Linden, den »Gemeinschaftskompass«. Sie identifiziert sieben Aspekte einer gelingenden Praxis gemeinschaftlicher Projekte: »Individuum, Gemeinschaft, Intention, Struktur, Praxis, Ernte und Welt. Erfolgreiche gemeinschaftliche Projekte benötigen Aufmerksamkeit, Kompetenz und bewusste Fokussierung auf all diese sieben Aspekte« (Stützel, 2021, S. 11). Dabei steht das Miteinander von Individuen in Gemeinschaften im Zentrum der Orientierungshilfe. In den Aspekten sind vier Handlungsebenen erkennbar: Individuen, Gemeinschaft, Projektebene (Intention, Struktur, Praxis, Ernte) und Welt. Hier sind die vier Faktoren, ICH, WIR, ES und GLOBE der TZI wiederzufinden (S. 189). Stützel beschränkt ihre Rezeption der TZI auf das Vier-Faktoren-Modell. Die in diesem Beitrag (vgl. 3.1) herausgearbeiteten Gemeinsamkeiten hinsichtlich Wertorientierung und Vision einer humaneren Welt spielen in ihren Überlegungen bislang keine Rolle, könnten jedoch zu einer Erweiterung der Theorie und Praxis intentionaler Gemeinschaften beitragen.

Nun daraus abzuleiten, dass eine Ausbildung in TZI für Mitglieder intentionaler Gemeinschaften der einzige gangbare Weg wäre, um achtsam miteinander umzugehen und den verantwortlichen Umgang mit der Erde zu fördern, wäre eine mehr als vermessene Sichtweise. Ruth C. Cohns holistischer Ansicht würde das wohl ebenso widerstreben. Wie Ostertag in ihrem einführenden Beitrag abschließend schreibt, ist die TZI kein Heilsversprechen, mit dem sich die Probleme der Gegenwart kurzerhand lösen lassen (siehe Ostertag, Teil 1 in diesem Band). Dennoch ist erkennbar, wie die menschenwürdigen Werte der TZI samt Wertschätzung von allem Lebendigen eine wirksame Orientierung für Gemeinschaften sein können.

Corona- und Klimakrise zeigen den Bedarf an gesellschaftlichem und globalem Wandel auf. Eisenstein plädiert hinsichtlich dieses Bedarfes dafür, Herrschaft in Teilhabe, Unterwerfung in gemeinsame schöpferische Tätigkeiten, Schädigung in Heilung, Ausbeutung in Regeneration und Vereinzelung in Liebe umzuwandeln. Der Wandel soll in den Bereichen Ökologie, Ökonomie, Politik und Persönlichkeit vollzogen werden (Eisenstein, 2020, S. 8). In seinem Buch »Wut, Mut, Liebe« erläutert er, warum »Liebe […] die Revolution [ist]« (S. 8). Die Zivilisation müsse neu gestaltet werden (S. 9), indem die Herzen sich öffnen und die Menschen sich empathisch ineinander einfühlen, statt wertend zu denken (S. 14 f.).

Hier erweist sich die TZI mit ihrem humanistischen Menschenbild als anschlussfähig. Darüber hinaus umfasst sie methodisch-didaktische Elemente, die zur Verwirklichung einer solchen Vision herangezogen werden können. Diese Überlegungen lassen nun den Rückschluss zu, dass die Anwendung der TZI in intentionalen Gemeinschaften zu einem konstruktiven Beziehungsgeschehen und zur Krisenbewältigung beitragen. So kann das Leben in Gemeinschaft als gutes Beispiel dafür dienen, mit globalen Krisen umzugehen.

Dieter Duhm kommt in seinen jahrzehntelangen Forschungen darüber, wie Frieden in der Welt einkehren kann, zu dem Resultat: »Die Wiederentdeckung der Gemeinschaft, die Befähigung zu gemeinschaftlichem Leben, die Bereitschaft zur Kooperation mit allen Mitgeschöpfen – das ist die Schlüsselaufgabe unserer Zeit« (Duhm, 2006, S. 32).

Könnte also die TZI als strukturgebendes, werteweisendes und bewusstes Verständigungskonstrukt in dörfliche und urbane Gemeinschaften, z. B. in Form von generationsübergreifendem Wohnen statt Altenheimen, mit einfließen oder bleibt dies ein träumerischer Ausblick?

Auch kleine Projekte können gute und vielfältige Wirkungen für mehr Nachhaltigkeit, nach innen wie nach außen, entfachen. Die TZI entstand aus einer der größten Krise der Menschheitsgeschichte. Ruth C. Cohn entwickelte die TZI als Antwort auf die menschenverachtenden Taten der Nationalsozialisten. Eine gute Antwort, denn sie beinhaltet lebensachtende Werte und die achtsame Wahrnehmung der eigenen Entwicklung und Bedürfnisse gleichermaßen wie die der Mitmenschen. Wechselwirkungen von Aufgaben und dem die Aufgaben betreffenden Umfeld werden beachtet. Sie bietet ein hilfreiches und handfestes didaktisches und methodisches Repertoire für individuelle und gemeinschaftliche Herausforderungen sowie zur erfolgreichen Entwicklung von Haltung und Persönlichkeit, weil sie selbst schon allein durch ihre Herleitung und Entstehung Haltung und Persönlichkeit in sich birgt. Die TZI trägt dazu bei, bewusst und verantwortlich zu leben, im Umgang mit sich selbst, mit anderen, mit Themen und dem GLOBE, also im weitesten Sinn mit allem Lebendigen und unserer Erde.

Literatur

Be the Change Stiftung für kulturellen Wandel (2016). https://be-the-change.de/ (Zugriff am 28.01.2021).

Cohn, R. C. (2018). Von der Psychoanalyse zur themenzentrierten Interaktion. Von der Behandlung einzelner zu einer Pädagogik für alle (19. Aufl.). Stuttgart: Klett-Cotta.

Cohn, R. C., Farau, A. (2008). Gelebte Geschichte der Psychotherapie. Zwei Perspektiven (4. Aufl.). Stuttgart: Klett-Cotta.

Duhm, D. (2006). Zukunft ohne Krieg. Theorie der globalen Heilung. Wiesenburg: Verl. Meiga.

Eisenstein, C. (2020). Wut, Mut, Liebe! Politischer Aktivismus und die echte Rebellion. Zürich: Europa.

Engagement Global gGmbH (Hrsg.) (2021). Informationen über die Ziele für nachhaltige Entwicklung. https://17ziele.de/info/was-sind-die-17-ziele.html (Zugriff am 16.04.2021).

Freundeskreis der Akademie für angewandtes Gutes Leben e. V. (2021): Kommunikation. https://www.gutes-leben-akademie.de/kommunikation/ (Zugriff am 07.02.2021).
Grundmann, M. (2011). Lebensführungspraktiken in Intentionalen Gemeinschaften. In K. Hahn, C. Koppetsch (Hrsg.), Soziologie des Privaten (Bd. 244, S. 275–302). Wiesbaden: VS Verlag für Sozialwissenschaften.
Grundmann, M., Hoffmeister, D. (2009). Familie nach der Familie. Alternativen zur bürgerlichen Kleinfamilie. Zeitschrift für Familienforschung, 6, 157–178.
Holzbaur, U. (2020). Nachhaltige Entwicklung. Der Weg in eine lebenswerte Zukunft. Wiesbaden: Springer.
Hopkins, R. (2016). Einfach. Jetzt. Machen! Wie wir unsere Zukunft selbst in die Hand nehmen (3. Aufl.). München: oekom.
Hübl, T. (2021). Mit den Augen der anderen. https://thomashuebl.com/de/mit-den-augen-der-anderen/ (Zugriff am 08.02.2021).
Kanitz, A. v. (2014). Gefühle. In M. Schneider-Landolf, J. Spielmann, W. Zitterbarth (Hrsg.), Handbuch Themenzentrierte Interaktion (TZI). Mit 3 Tabellen (2. Aufl., S. 251–256). Göttingen: Vandenhoeck & Ruprecht.
Kommune Niederkaufungen e. V. (2021): Herausforderungen des Kommunenlebens. https://www.kommune-niederkaufungen.de/4133-2/ (Zugriff am 13.03.2021).
Kommunetreff (2021.): Diskussionshandzeichen. https://kommunetreff.wordpress.com/diskussions-handzeichen/ (Zugriff am 07.02.2021).
Langmaack, B. (1991). Themenzentrierte Interaktion. Einführende Texte rund ums Dreieck. Weinheim: Beltz.
Löhmer, C., Standhardt, R. (2010). TZI – Die Kunst, sich selbst und eine Gruppe zu leiten. Einführung in die Themenzentrierte Interaktion (3. Aufl.). Stuttgart: Klett-Cotta.
Meyer, T. (2014). Der Wandel der Familie und anderer privater Lebensformen. In R. Geißler (Hrsg.), Die Sozialstruktur Deutschlands (7. Aufl., S. 413–454). Wiesbaden: Springer VS.
Raab, J. (2021): Bewusstheit und Verantwortlichkeit leben. Eine Untersuchung zur Erweiterung der Handlungspraxis intentionaler Gemeinschaften durch die Themenzentrierte Interaktion (TZI). Masterarbeit an der Evangelischen Hochschule Nürnberg.
Rosenberg, M. B. (2016). Gewaltfreie Kommunikation. Eine Sprache des Lebens. (12. Aufl.). Paderborn: Junfermann.
Schneider-Landolf, M. (2014). Wir. In M. Schneider-Landolf, J. Spielmann, W. Zitterbarth (Hrsg.), Handbuch Themenzentrierte Interaktion (TZI). Mit 3 Tabellen (2. Aufl., S. 120–127). Göttingen: Vandenhoeck & Ruprecht.
Stengel, M. (2007). Was ist »Gemeinschaft«? Definitionssuche und Überblick. In Eurotopia Verlag (Hrsg.), Eurotopia-Verzeichnis. Gemeinschaften und Ökodörfer in Europa (S. 10–15).
Stützel, E. (2021). Der Gemeinschaftskompass. Eine Orientierungshilfe für kollektives Leben und Arbeiten. München: oekom.

United Nations (2021). Die 17 Ziele. Geschichte. https://sdgs.un.org/goals (Zugriff am 27.12.2021).
Wiesmann, F. M. (2009). Das Forum und Holocracy. Innenleben und Handlungsfähigkeit von Gemeinschaften. In Eurotopia-Verzeichnis. Gemeinschaften und Ökodörfer in Europa (2. Aufl., S. 66–71). Beetzendorf: Einfach Gut Leben.
Wiesmann, F. M. (2019). Gemeinschaft X.0 – wie sich Gemeinschaften aus der Konsensfalle hinausbewegen und ein höheres Potenzial verwirklichen. In H. Parnow, P. Schmidt (Hrsg.), Zusammen arbeiten, Zusammen wachsen, Zusammen leben. Wie wir unsere Zukunft gemeinsam gestalten (S. 301–315). Wiesbaden: Springer-Gabler.
Würfel, M. (Hrsg.) (2014). Eurotopia – Leben in Gemeinschaft. Verzeichnis von Gemeinschaften und Ökodörfern in Europa (1. Aufl.). Beetzendorf: Würfel-Verlag.

LEOPOLD WANNINGER
Störung Konsum?

Mit Themenzentrierter Interaktion vom kritischen Konsum zum lebensdienlichen Wirtschaften[1]

> *Zusammenfassung:* Ausgangspunkt des folgenden Beitrags sind die weitreichenden sozialen und ökologischen Folgen von Konsum. Mit der Theorie der Postwachstumsökonomie werden Verbindungen zum, im kapitalistischen Wirtschaftssystem eng mit Konsum verbundenen, Wachstumszwang hergestellt. Es stellt sich die Frage, wie ökonomisches Wirtschaften weltweit weniger an Profitinteressen und stattdessen mehr am Gemeinwohl orientiert werden kann. Die Integrative Wirtschaftsethik entwirft hierzu eine zukunftsweisende Vision. Mithilfe des Vier-Faktoren-Modells der Themenzentrierten Interaktion (TZI) ist zudem eine Analyse des Konsumbegriffs möglich, die einen Weg zur Vision eines gemeinwohlorientierten Wirtschaftssystems aufzeigt.

1 Mit TZI vom kritischen Konsum zum lebensdienlichen Wirtschaften

Der folgende Gedankengang konzentriert sich auf Konsum als weltgesellschaftliches Phänomen mit weitreichenden Auswirkungen. Außer Frage steht, dass menschliches Leben unweigerlich mit Konsum verbunden ist, schon allein zur Befriedigung der Grundbe-

---

1 Dieser Beitrag ist eine Weiterführung von Gedanken aus der Masterarbeit des Verfassers. Leopold Wanninger (2021): »Zuvielisationskritik«. Eine multiperspektivische Auseinandersetzung mit Konsum und Möglichkeiten der Förderung kritischen Konsumbewusstseins und -handelns auf Basis der Themenzentrierten Interaktion.

dürfnisse. Dennoch und gerade deshalb ist es notwendig, menschliches Konsumverhalten kritisch daraufhin zu überprüfen, inwiefern dessen Folgen Mitmenschen, andere Lebewesen und Umwelt schädigen bzw. bedrohen – und: welche Alternativen eines ›bewussten Konsums‹ entwickelt werden können. Vor diesem Hintergrund ist die weitere Diskussion von Konsum zu verstehen. Ziel ist es, einen möglichen Beitrag der TZI zur Lösung der Konsum-Problematik herauszuarbeiten.

Zu Beginn wird hierfür Konsum als Ausgangsproblem kritisch erörtert. Dabei wird auf die Theorie der Postwachstumsökonomie nach Niko Paech zurückgegriffen und Konsum als ökonomische Notwendigkeit im kapitalistischen Wirtschaftssystem erläutert. Ferner wird aufgezeigt, dass ein Abwälzen der Konsumproblematik auf die Verbraucher*innen zu kurz greift und es vielmehr auch Änderungen der globalen, ökonomischen und gesellschaftlichen Rahmenbedingungen bedarf.

Daran anschließend wird auf Basis der Integrativen Wirtschaftsethik nach Peter Ulrich mit der Ausrichtung des Wirtschaftens am Prinzip der Lebensdienlichkeit eine werteorientierte Konsum-Utopie entworfen. Die Sinn- wie auch die Legitimationsfrage tragen hier zur Ausgestaltung der lebensdienlichen Wirtschaft als Zielebene bei.

In einem weiteren Schritt erfolgt sodann der Brückenschlag von der Konsumproblematik und ihren Folgen hin zur Vision einer Lebensdienlichkeit-fokussierenden Ökonomie. Der TZI kommt dabei die Vermittlerrolle zu. Mithilfe der Vier-Faktoren-Analyse wird Konsum kritisch hinterfragt und auf bestehende Verbindungen zu den vier Faktoren ICH, WIR, ES, GLOBE untersucht. Im Anschluss daran findet eine kritische Auseinandersetzung mit Konsum als Störung im Sinne der TZI auf individueller wie weltgesellschaftlicher Ebene statt.

2 Konsum und seine Folgen

Im Folgenden werden zu Beginn Konsumzusammenhänge beleuchtet. Dies erfolgt im Rückgriff auf die Postwachstumstheorie nach Niko Paech, welche die Konsumproblematik im Wachstumszwang des kapitalistischen Wirtschaftssystems verwurzelt sieht (2009). Anschließend stehen die Auswirkungen von Konsum und Produktion sowie die diesbezüglichen Rahmenbedingen im Mittelpunkt.

2.1 Konsum als ökonomische Notwendigkeit

Das Zusammenspiel von globalen Märkten und Arbeitsteiligkeit ermöglicht die Wahl des (vor allem kosten-) günstigsten Produktionsstandortes und somit überhaupt erst das Erwirtschaften monetären Gewinns. Für die Konsumgüterproduktion bedarf es finanzieller Mittel. Die Refinanzierung der damit einhergehenden Fremdkapitalzinsen und die Kompensation des mit der Investition in die Produktion eingegangenen Risikos erzwingen eine Gewinnerzielung. Auf diese Weise wird mit jeder vorzufinanzierenden Produktionsphase das erforderliche Mengenwachstum angehoben (Paech, 2013, S. 268).

Den privaten Haushalten wird die Beisteuerung ihrer Arbeitskraft zum Produktionsprozess in Form von Lohn- und Gehaltszahlungen vergütet. Ihr hierauf basierender Konsum bedient die unternehmerische Notwendigkeit, die eigenen Produkte auch absetzen zu können: Die Unternehmen sind als Teil des kapitalistischen Wirtschaftssystems auf Wachstum angewiesen, da nur auf diese Weise ihr Fortbestand gesichert wird. Somit tragen sowohl privater wie unternehmerischer Konsum zum Wachstumszwang bei.

Bereits 1972 diagnostizierte der Club of Rome »Die Grenzen des Wachstums« und stellte u. a. die Endlichkeit von Ressourcen als Problem fest. Rockström et al. (2009) unternahmen mit dem Konzept der planetaren Grenzen den Versuch, einen sicheren Handlungsbereich für die Menschheit einzuschätzen. Voraussetzung hierfür ist jedoch das Respektieren der neun ökologischen Grenzen der Erde: Klimawandel, Stickstoffkreislauf, Artensterben, Partikelverschmutzung der Atmosphäre, Verschmutzung durch Chemikalien, Ozeanversauerung, Ozonloch, Süßwassernutzung, Landnutzungswandel. Gegenwärtig sind die drei zuerst genannten planetaren Grenzen bereits überschritten.

Das kapitalistische Credo des alles Maximierens münzt Heinberg (2007) mit seinem Begriff des »Peak Everything« (S. XV) auf die Wachstumsgrenzen um und versucht auf diese Weise die Dramatik des Status quo zu veranschaulichen. In Anlehnung daran spricht Paech vom »Peak Happiness« (2012a, S. 63), da sich Konsumsteigerung und vermeintlich damit einhergehende Glückssteigerung gleichfalls nicht unendlich steigern lassen. Anschlussfähig ist in diesem Zusammenhang auch die Resonanztheorie Hartmut Rosas (siehe ausführlicher Ostertag u. Bayer, Teil 2 in diesem Band), die den Kaufakt als verzweifelten und zum Scheitern verurteilten Versuch darstellt, dadurch Glück bzw. Resonanz zu erreichen.

Auch weltweit bestehende soziale Ungleichheiten werden maßgeblich durch gesellschaftliche Strukturen und die wirtschaftlichen Rahmenbedingungen von Konsum (und damit zusammenhängend auch von Wachstum) verfestigt. Begründet liegt dies in der Bevorzugung ohnehin bereits Privilegierter (z. B. durch Steuervorteile) oder der »armutserhaltende[n] Systemstruktur« (Meadows et al., 2009, S. 44). Können Wohlhabende für die eigene Lebensführung beispielsweise Zinserträge ihres angelegten Kapitals verwenden, müssen weniger solvente Menschen hierfür ihre fortlaufenden Einkünfte aufwenden. Auf diese Weise ist u. a. das Bilden finanzieller Rücklagen unmöglich und die bestehende Ungleichheit wird dementsprechend zementiert. Darüber hinaus wird durch das Konsumverhalten in den Industrieländern auch intragenerationelle Gerechtigkeit für die in Entwicklungsländern lebenden Menschen verhindert (Hauff, 1987, S. 46). Gleiches gilt für die intergenerationelle Gerechtigkeit, also den fairen Interessensausgleich für zukünftige Generationen (S. 46).

Paech (2012b, S. 463) entwirft in diesem Zusammenhang fünf Nachhaltigkeitsprinzipien (Suffizienz, Subsistenz, Regionalökonomie, Stoffliche Nullsummenspiele, Institutionelle Innovationen), die helfen sollen, Konsum zu reduzieren. Zentraler Ansatzpunkt für den Volkswirtschaftler ist dabei das Konsumverhalten (S. 63 f.).

2.2 Konsumentenstatus und wirtschaftliche Rahmenbedingungen

Die einseitige Fokussierung auf die Konsument*innen wird der Thematik jedoch nicht hinreichend gerecht. Denn diese Perspektive vernachlässigt, dass der Wirtschaftskreislauf nicht nur aus dem Kaufen und Verbrauchen von Gütern besteht. Vielmehr muss auch die Produktionsseite mit ihrem Veränderungspotenzial einbezogen werden.

Bewusster, fairer und auch verminderter Konsum würde zwar zu geringerem wirtschaftlichen Wachstum führen, gleichzeitig aber auch die planetaren Grenzen in geringerem Maße überschreiten. Die durch kapitalistisches Wirtschaften geprägte freie Marktwirtschaft, deren Ursprünge bereits im 18. Jahrhundert liegen, hat jedoch eher zu einem Peak Everything, als zur Einhaltung der planetaren Grenzen und ressourcenschonenderem Konsum geführt. Dies zeigt, dass den Steuerungsmechanismen des freien Marktes über Angebot und Nachfrage zu viel Vertrauen entgegengebracht wurde. Um die schädlichen Konsumauswirkungen zumindest einzudämmen, bedarf es eines Umdenkens.

Die im Rahmen der Güterproduktion ablaufenden Prozesse sind daher in die Überlegungen einzubeziehen. Dies kann unmittelbare Auswirkungen auf die Ressourcenlage haben: Kann von einem Produkt lediglich eine gewisse Anzahl veräußert werden, begrenzt dies automatisch auch den Ressourcenverbrauch. Einen Schritt weiter gedacht wird dadurch auch der Konsum eingeschränkt, da nicht alle Produkte in theoretisch unendlich großer Menge vorrätig gehalten werden können (und müssen).

Wachstumskritische Entscheidungen auf politischer Ebene sind zwangsläufig mit einer Konsumreduktion verbunden. Zwar versteht Paech diese eher als »Befreiung vom Überfluss« (2012c) denn als Verzicht, dennoch hält er politische Entscheidungen zugunsten einer konsumkritischen Politik für unrealistisch. Begründet wird das mit der Vermeidung des Risikos aufgrund der ›Verzichtspolitik‹ nicht wiedergewählt zu werden. Paech setzt daher auf die Konsument*innen als Avantgarde nachhaltigen Konsums, da die Politiker*innen seiner Ansicht nach erst dann aktiv werden, »wenn sie hinreichend glaubwürdige Signale für die Bereitschaft und Fähigkeit der Gesellschaft empfangen, diesen Wandel auch auszuhalten« (2012c, S. 140f.).

3 Lebensdienliches Wirtschaften – eine ethische Konsum-Utopie

An den Aufriss der Konsumproblematik schließt nun mit dem an der Lebensdienlichkeit orientierten Wirtschaften eine Vision an, die aufzeigt, wie eine betont ethische Ökonomie aussehen könnte. Als theoretischer Hintergrund dient hierfür die Integrative Wirtschaftsethik nach Peter Ulrich (2008).

Vielfach werden, um das Fehlen ethischer Grundlagen innerhalb der wissenschaftlichen Disziplinen selbst auszugleichen, dafür sogenannte »Bindestrich-Ethiken« (S. 104) herangezogen, wie z. B. die Wirtschafts-Ethik. Ulrich kritisiert bei dieser die »*Zwei-Welten-Konzeption*« (S. 109, Herv. i. O.), da die Aufteilung in die von allen normativen Ansprüchen losgelöste Ökonomik und die völlig wirtschaftsunabhängige Ethik die Wirtschaftsethik zu einem bloßen Korrekturinstrument gegen »*zu viel* ökonomische Rationalität« (S. 109, Herv. i. O.) degradiere. Ulrichs Ziel ist es also letztlich die Ethik unmittelbar in die Ökonomie zu integrieren, anstatt das ethische Denken im Sinne einer angewandten Ethik lediglich quasi nachträglich auf das Wirtschaftsleben anzuwenden (S. 13).

Zentraler Aspekt des Wirtschaftens ist für ihn die Sicherung aller zum Leben benötigten »Lebensmittel«. Der Arbeitsteiligkeit geschuldet, wandelt sich die ursprüngliche Triebkraft ökonomischen Handelns zur Lebenssicherung hin zu ihrer selbstzweckhaften Motiviertheit. Angesichts einer »immer radikaleren Verselbständigung« (S. 12) des Marktes in der globalisierten Wirtschaft steigern Zweifel an einer Selbststeuerung des Marktes den Wunsch nach ethischen Grundregeln innerhalb der Ökonomie.

Das konkrete Anliegen Ulrichs liegt demnach in der »*ethisch-vernünftigen Orientierung im politisch-ökonomischen Denken*« (S. 14, Herv. i. O.). Er betont dabei die Wichtigkeit, dies ohne einen »Reflexionsstopp« (S. 110) vor den vermeintlich unhinterfragbaren, im Sinne der Ökonomie normativ vorgeprägten »Voraussetzungen« zu tun und diese aktiv zu hinterfragen (S. 125).

Die von der Integrativen Wirtschaftsethik angestrebte Utopie besteht also darin, das selbstzweckhafte Wirtschaften mit ausschließlichem Gewinnstreben zu ersetzen durch die Ausrichtung des ökonomischen Handelns an der Lebensdienlichkeit. Aus dieser Grundausrichtung heraus werden die Sinn- und die Legitimationsfrage abgeleitet, die nachfolgend betrachtet werden. Diese sollen Hilfestellungen zur Verwirklichung lebensdienlichen Wirtschaftshandelns bieten, zu welchem auch der Bereich des Konsums zählt (S. 218 f.).

3.1 Sinnfrage

Die Sinnfrage »Ist unser Wirtschaften uns selbst *zuträglich?*« (Ulrich, 2008, S. 219, Herv. i. O.) zielt, konträr zu einer auf Nutzen- und Gewinnmaximierung ausgerichteten Wirtschaft, auf die Verwirklichung »*guten Lebens*« (S. 221, Herv. i. O.) der Menschen ab. Zwei Ebenen werden von Ulrich unterschieden: zum einen die basale ausgerichtete »*Ökonomie des Lebensnotwendigen*« (S. 223, Herv. i. O.) und zum anderen die darauf aufbauende »*Ökonomie der Lebensfülle*« (S. 223, Herv. i. O.). Dabei bildet letztere nicht die quantitative Besitzsteigerung, sondern vielmehr die »Emanzipation des Menschen aus den Notwendigkeiten der bloßen Existenzsicherung« (S. 228 f.).

Die Verwirklichung von »überwirtschaftlichen Werten« (Rüstow, 1960, S. 8) kann nur gelingen, wenn alle Menschen mit dem Lebensnotwendigsten (z. B. Unterkunft, Verpflegung etc.) versorgt sind. Ulrich (2008, S. 225) leitet daraus einen Anspruch der gesamten Menschheit auf Befriedigung der Grundbedürfnisse ab. Um dies sicherzustellen, sind die in einem von Arbeitsteiligkeit geprägten kapitalistischen System lebenden Menschen darauf angewiesen, auch auf fremdproduzierte Produkte zugreifen zu können. Die Bürger*innen bedürfen finanzieller Mittel (z. B. durch Einkommen), um diesen Teilaspekt gesellschaftlicher Partizipation realisieren zu können: In Armut lebende Menschen wären demnach von der Grundversorgung ausgeschlossen. Trotz eines gesellschaftlichen Konsenses hinsichtlich einer moralischen Verpflichtung zur Armutsvermeidung, scheitert deren Realisierung. Die fehlende Umsetzung wirksamer Armutsbekämpfung macht Ulrich an der durch die »Lebensbedingungen verursachten ›Ohnmacht‹« (Ulrich, 2008, S. 226) fest, die er in der Wachstumsfixiertheit der Wirtschaftspolitik und der auf Nachteilsausgleich ausgerichteten Sozialpolitik begründet sieht (S. 226 ff.).

Darauf aufbauend soll mittels der »ganzheitlichen Lebenskunst des *Genug-haben-Könnens*« (S. 229, Herv. i. O.) die Ökonomie der Lebensfülle das Ziel menschlicher Freiheit verwirklichen helfen. Zentral ist hierbei die Betonung des menschlichen Bedürfnisses, »anerkanntes und anerkennens*wertes* Mitglied einer moralischen Gemeinschaft zu sein« (S. 231, Herv. i. O.). Konsumscheidungen orientieren sich demnach in dieser Vision integrativer Wirtschaftsethik nicht nur am persönlichen Vorteil, sondern auch an ihrem Nutzen für die Gesellschaft. Hierfür bedarf es nach Ulrich der Emanzipation des Menschen aus den ökonomischen Wettbewerbszwängen. Erste Schritte dahingehend sieht er in neu zu entwickelnden Wirtschaftsbürgerrechten (S. 290 ff.).

3.2 Legitimationsfrage

Zielt Ulrich mit der Sinnfrage auf die »persönliche Lebensqualität« (S. 219) ab, behandelt er mit der Legitimationsfrage die Frage nach der Vertretbarkeit eigener Handlungen hinsichtlich eines gerechten Zusammenlebens.

Ökonomisches Handeln bedingt soziale Interaktion. Vorgänge in sozialen Kontexten wiederum bergen stets die Gefahr von Konflikten, z. B. unerwünschte Nebenfolgen von Produktionen, wie Abgase. Neben den Agierenden selbst können hiervon auch unbeteiligte Dritte betroffen sein. In der Frage des Umgangs mit diesen Konflikten lehnt Ulrich (2008, S. 251) eine auf dem Recht des Stärkeren basierende Konfliktlösung aus moralischen Gründen ab und befasst sich stattdessen mit dem auf Gerechtigkeit fußenden Moralprinzip. Der Gerechtigkeitsbegriff beschreibt dabei die »Qualität [...] sozialer Verhältnisse im Lichte der *moralischen Rechte* aller Personen« (S. 251, Herv. i. O.).

Ulrich konkretisiert sein Konzept von Gerechtigkeit im Entwurf seiner Legitimationsfrage durch die Verbindung beabsichtigter ökonomischer Handlungen mit der Wahrung von sämtlichen »moralischen Rechten aller [von der Handlung] Betroffenen« (S. 251). Er betont dabei insbesondere den Vorrang der moralischen Rechte aller Beteiligten vor wirtschaftlichen Einzelinteressen: »Legitimität kommt vor [wirtschaftlichem] Erfolg« (S. 252).

Ulrich (S. 48) weist in diesem Zusammenhang darauf hin, dass der moralische Anspruch auf Gerechtigkeit anderer durch eine handelnde Person nicht vorenthalten oder streitig gemacht werden kann, ohne diesen selbst auch einzubüßen. Hieraus resultiert die gegenseitige Anerkennung und Wahrung moralischer Rechte, welche schließlich in die »*prinzipielle* moralische Gleichberechtigung« (S. 48, Herv. i. O.) mündet.

Es bedarf jedoch weiterhin auch der, an Legitimität ausgerichteten, institutionellen Rahmenbedingen, um auch in wirtschaftlicher Hinsicht Gerechtigkeit zu ermöglichen. Ulrich (2008, S. 254) fordert dabei insbesondere die Unterstützung aller Menschen bei ihrer aktiven Selbstbefreiung aus den Ungerechtigkeit erzeugenden gesellschaftlichen Strukturen. Bei den Gerechtigkeitsforderungen handelt es sich um universelle Rechte, da die Gleichberechtigung aller Menschen einzig auf ihrem Menschsein, Ulrich spricht von der *conditio humana*, basiert (S. 259 f.).

4 Konsum – eine Vier-Faktoren-Analyse

Mit der TZI wird nun der Brückenschlag zwischen der Problemstellung kritischen Konsums und der Vision eines lebensdienlicheren Wirtschaftshandelns angestrebt. Anhand der vier gleichgewichteten Faktoren ICH, WIR, ES und GLOBE lässt sich nach Ruth C. Cohn (Cohn u. Farau, 2008, S. 351 f.) der prozessuale Verlauf von Gruppen beschreiben und analysieren. Die nachfolgende Konsum-Analyse geschieht auf der Basis des Vier-Faktoren-Modells der TZI (siehe ausführlicher dazu Ostertag, Teil 1 in diesem Band). Im Rahmen der Untersuchung der Verbindungen zwischen Konsum und den vier Faktoren werden dabei auch Verknüpfungen zur Resonanztheorie erörtert. Mit der Soziologie der Weltbeziehung, wie Hartmut Rosa seine Resonanztheorie auch bezeichnet, wird die gegenseitige Bezogenheit von Subjekt und Welt ins Zentrum gestellt (2016, S. 69). Der Begriff Welt steht hier als Synonym für das Gegenüber des Subjekts, was die Welt, Objekte und andere Subjekte umfasst. Gelingt die gemeinsame Beziehung von Subjekt und »Welt«, spricht Rosa (S. 9) von Resonanz, andernfalls von Entfremdung.

4.1 Resonanzverheißung und Überforderung

Der ICH-Faktor beinhaltet alle die Persönlichkeit eines Menschen ausmachenden Aspekte und fokussiert das bewusste Wahrnehmen subjektiver Emotionen, Grundhaltungen und Gedanken etc. als Grundlage für die eigene Lebensführung (Cohn u. Farau, 2008, S. 353). Die Erweiterung der Bandbreite eigener Handlungsmöglichkeiten bezeichnet Rosa als »Weltreichweitenvergrößerung« (2016, S. 430). Auf Konsum bezogen zeigt sich diese z. B. wenn ein Sportgerät mit der Erwartung erworben wird, damit positive Erlebnisse erleben zu können. Die durch Werbung vermittelte »Resonanzverheißung« (S. 431) von Produkten befeuert bei Konsument*innen also das Gefühl, dass die erhoffte Resonanz hinter dem nächsten Kauf, dem nächsten Klick, lauert. Jedoch ist das Vorhaben, das in der Persönlichkeit verortete menschliche Resonanzstreben mit Konsum verwirklichen zu wollen, zum Scheitern verurteilt. Denn aus einem bloßen Kaufakt, dessen einziger Zweck das Erwerben der Ware ist, kann sich keine Möglichkeit echter Resonanzerfahrung ergeben: Denn diese setzt die subjektive Auseinandersetzung mit dem gekauften Objekt voraus (S. 431). Die Folgen sind vielfältig: Überforderung des Ichs durch ein Überangebot resonanzversprechender Produkte, eine stets aufs Neue enttäuschte Sinnsuche im Konsum und Stress aufgrund des Drucks, die verheißene Resonanz mit diesem nächsten Kauf nun endlich zu erreichen.

4.2 Zwischenmenschliche Entfremdung

Das dynamische Prozessgeschehen der Interaktion aller an einem gemeinsamen sozialen Prozess beteiligten ICHs wird vom Begriff des WIR-Faktors beschrieben (Cohn u. Farau, 2008, S. 353 f.). In einem engeren Sinn bezieht sich der WIR-Faktor in der TZI ganz konkret auf die anwesenden Subjekte, die präsent sind und am situativen Gruppenprozess (mehr oder weniger aktiv) teilnehmen und diesen so mitgestalten. Im Rahmen unserer Vier-Faktoren-Analyse erfährt dieser WIR-Begriff eine Erweiterung: Mit dem gedanklichen Einbeziehen aller potenziell von den eigenen Konsumhandlungen betroffenen Menschen wird eine weitere Ebene eröffnet. Ergänzend zu den leicht überblickbaren Auswirkungen eigenen Konsums im unmittelbaren Nahbereich (z. B. direkte Förderung des Fortbestands eines lokalen, biologisch wirtschaftenden Landwirtschaftsbetriebs durch Einkauf in dessen Hofladen) soll darüber hinaus so die Integration von Personen erleichtert werden, die außerhalb des persönlichen Umfelds der Konsument*innen liegen. Auf diese Weise können auch dem Handelnden unbekannte Menschen, welche dennoch die Konsumfolgen zu spüren bekommen (können), im WIR-Faktor Berücksichtigung finden. In der Verbindung des WIRs zum Konsum liegt das Hauptaugenmerk auf den Auswirkungen des eigenen Konsumhandelns auf andere Menschen.

So wird bereits in der Herstellung von Produkten die WIR-Ebene angesprochen. Es besteht z. T. eine massive soziale Ungleichheit zwischen den Produzierenden und den Konsumierenden: Ausbeuterische Arbeitsverhältnisse, Kinderarbeit und damit zusammenhängende Armut sind hier zu nennen. Daneben spielt auch der Güterabsatz eine Rolle. Herrscht bei Konsumgütern Knappheit, wie z. B. auf dem Wohnungsmarkt, führt dies zum (Wett-)Kampf um die wenigen verfügbaren Objekte: Es zeigt sich die sogenannte *Ellenbogenmentalität*. Zudem kann Konsum beispielsweise als Distinktionsmerkmal zur Abgrenzung von weniger Wohlhabenden dienen. Die angestrebte Aufwertung der eigenen Person geht dabei einher mit der Abwertung anderer Menschen, welche sich das Produkt nicht leisten können. Findet gar ein *Aufholen* statt, bedarf es neuer, exklusiverer Produkte, um den Wohlstandskontrast hervorzuheben und so ein *gutes Gefühl* beim Kaufenden zu erzeugen. Eine sinnhafte Beziehung, die Resonanz potenziell erfahrbar macht, ist in keinem der geschilderten Fälle denkbar. Vielmehr zeigt sich eine Entfremdung der Konsumierenden vom jeweiligen Gegenüber, seien diese nun andere Konsument*innen oder Hersteller*innen. Das Zusammenspiel von Konsum, sozialer Ungleichheit und Teilhabe macht die Thematik noch komplexer, was einer eigenen Betrachtung an anderer Stelle wert wäre.

4.3 Verfügung statt Anverwandlung

Mit dem ES-Faktor wird in der TZI das zu bearbeitende Objekt, bzw. die Sachthematik bezeichnet (Cohn u. Farau, 2008, S. 354). Das menschliche Streben nach Vergrößerung der eigenen Weltreichweite durch den Kauf eines Objekts entfremdet die Käufer*innen eher vom erworbenen Produkt, als Resonanz hervorzurufen (Rosa, 2016, S. 430). Die Beschäftigung mit der gekauften Sache gerät ins Hintertreffen, da diese, anders als der Konsum neuer Produkte, mit zeitlichem und persönlichem Aufwand verbunden ist (Rosa, 2011, S. 127). Konsum stellt sich demnach als bloßes Verfügen über Objekte dar und verhindert damit deren Anverwandlung. Ein solcher Modus des Verfügens führt nicht nur auf der individuellen Ebene, sondern auch gesellschaftlich zu problematischen Konsequenzen. Global gesehen zeigt er sich darin, dass wir Menschen ausbeuterisch mit den Ressourcen unseres Planeten umgehen – und erst allmählich erkennen, wie sich dieses ego- bzw. anthropozentrische Handeln letztlich gegen uns selbst wendet.

4.4 Sinnverlust

Der GLOBE-Faktor umfasst die Umwelt außerhalb der Gruppe, die persönlich, nah wie fern, historisch usw. verfasst sein kann (Cohn u. Farau, 2008, S. 354 f.). Die Auswirkungen menschlichen Konsumierens auf die Umwelt ergeben sich aus allen Aspekten des Konsumprozesses: Produktion, Logistik, Verkauf, Nutzung, Entsorgung. Die, Konsum überhaupt erst ermöglichende, Produktion basiert auf der Ausbeutung von Ressourcen. Planetare Grenzen wurden dabei z. T. bereits unwiederbringlich überschritten. Globale Märkte bedingen auch eine globale Logistik, nicht zuletzt auch um den kostengünstigsten Produktions- und Absatzort auswählen zu können. Dies geht einher mit Umweltbelastungen durch den Transportverkehr. Das Vorhalten eines schier unendlich großen Sortiments an Produkten zu jedem Zeitpunkt überfordert nicht nur die Konsument*innen, sondern setzt auch eine Überproduktion voraus. Dies führt dazu, dass Teile der Produktion vernichtet werden, ohne genutzt worden zu sein (z. B. Lebensmittelverschwendung).

Konsum zerstört über den für die Güterproduktion notwendigen Ressourcenabbau und -einsatz die Erde als Lebensgrundlage des Menschen. Gleichzeitig zu dieser materiellen Vernichtung der Basis menschlichen Lebens führt Konsum darüber hinaus auch zum Verlust der natürlichen Umwelt als Resonanzort (Rosa, 2016, S. 463). Der Mensch, selbst Teilhabender an und in der Welt, beraubt sich durch sein maßloses Konsumhandeln der Natur als Sinnquelle und sägt damit unweigerlich an dem Ast, auf dem er sitzt. Begründet liegt dies in einer Grundeinstellung, die auf die maximale Ausdehnung des eigenen Verfügungsbereichs ausgerichtet ist, wie sie das kapitalistische Wirtschaftssystem fordert (denn nur dann ist *ewiges* Wachstum möglich) und fördert (z. B. Konsumanreize als Ausgleich zum Sinnverlust).

5 Umgang mit Konsum als Störung – ein Ausblick

Wie in der Vier-Faktoren-Analyse dargelegt, wirkt sich Konsum auf allen vier Ebenen negativ aus und verhindert Resonanzerfahrungen. Bei Konsum handelt es sich so gesehen um eine Störung im Sinne der TZI. Der Begriff Störung ist weit gefasst und bezeichnet alles, was sich in Situationen, in denen Menschen miteinander lernen, arbeiten oder leben, als hinderlich erweist und (scheinbar) von der ›eigentlichen‹ Aufgabe oder Thematik wegführt.

Dabei sind Störungen nicht per se als negativ anzusehen, sondern vielmehr als Hinweis auf bis dahin vernachlässigte Aspekte oder Faktoren, die nunmehr Aufmerksamkeit erfahren und so integriert werden können (Rubner, 1992, S. 16 f.). Abschließend wird daher nun ein möglicher Umgang mit Konsum als Störung auf individueller und gesellschaftlicher Ebene erörtert.

5.1 Individuelle Ebene

Der Umgang mit Konsum als Störung auf der persönlichen Ebene fußt auf dem von Ruth C. Cohn formulierten Störungspostulat: »Störungen und Betroffenheiten haben Vorrang« (Cohn u. Farau, 2008, S. 359). Anstatt Barrieren zu ignorieren, wird zum bewussten Umgang mit den einflussnehmenden Störungen aufgerufen.

Auf die Konsumproblematik angewandt bedeutet dies die Auseinandersetzung mit den zerstörerischen Auswirkungen ökonomischen Konsums. Zentral ist hierbei jedoch nicht einfach nur das Wissen um die Schädlichkeit der Konsumtätigkeiten, das beim Kaufakt im Unterbewusstsein mitschwingende schlechte Gewissen oder das bloße Nicht-Ignorieren. Vielmehr steht die aktive Vergegenwärtigung des eigenen Anteils dazu im Mittelpunkt.

Das die persönliche Haltung fokussierende Chairpersonpostulat baut auf dieser Grundlage auf und fordert zur Anstrengung einer stets bewussten Konsumentscheidung auf. Hierbei erhalten die vier Faktoren Eingang in das durch subjektive Werthaltungen geprägte Entscheidungsverhalten: Welche Auswirkungen ergeben sich durch mein Handeln auf meine eigene Person und meine Persönlichkeit, meine Mitmenschen (z. B. auch weitentfernte Produzent*innen) und die Umwelt?

Kritisch ist dabei das Phänomen des *intention behavior gap* zu erwähnen, also das Auseinanderklaffen eigener Werthaltungen und den tatsächlich ausgeführten Handlungen. Ein möglicher Schritt zur Schließung dieser Kluft könnte das Hinarbeiten auf die Verknüpfung von Emotionen und sachlich-neutralem Denken sein. Die neutrale Darstellung der Konsumproblematik könnte mit Empathie für die von negativen Konsumfolgen Betroffenen (was z. B. neben dem Handelnden selbst auch Angehörige zukünftiger Generationen oder die Ökologie umfasst) verbunden werden. Bereits im Kleinkindalter verfügen Menschen über eine feine Sensorik für auftretende Ungerechtigkeiten. Ruth C. Cohn spricht in ihren Überlegungen diesbezüglich von einem »ethischen Werte-Sinn«, den sie bei Kindern beobachtet und den es zu fördern gelte (Cohn u. Farau, 2008, S. 471 ff.) Gelingt es, rationales Denken ansprechende sachliche Informationen zu Konsumschädlichkeit mit dem im Menschen verankerten Gerechtigkeitsempfinden zu verbinden, könnte dies zur Überwindung dieser Lücke zwischen Haltung und Handlung beitragen. Auch Ulrichs Darstellung, dass der moralische Anspruch auf gerechte Behandlung stets auf Gegenseitigkeit beruhen muss (siehe Punkt 3.2), lässt sich hiermit in Verbindung bringen. Nur unter der Voraussetzung der Achtung aller moralischen Ansprüche Betroffener kann eine Person auch ihr eigenes Mensch-Sein aufrechterhalten: Wer andere durch sein ungerechtes Konsumhandeln (wenngleich auch nur mittelbar) schädigt, bedroht auf diese Weise gleichzeitig auch das eigene Selbstbild und letztlich auch das eigene Selbst.

Solch ein unterstütztes Bewusstsein für kritische Konsumauswirkungen könnte als Basis für Öffnungen, hin zu Handlungsänderungen, dienen. Ganz im Sinne der Teilmächtigkeit Ruth C. Cohns: »kleine Schritte, kleine winzige Richtungsänderungen« (Ockel u. Cohn, 1995, S. 178). Vielversprechend scheinen hier unter anderem auch Verbindungen zur im Gegensatz zur haltungsorientierten TZI tendenziell eher kognitiv orientierten Sozialpsychologie.

5.2 Gesellschaftliche Ebene

Beschäftigte sich die individuelle Ebene mit der Perspektive auf den Güterabsatz, soll mit der gesellschaftlichen, globalen Ebene stärker der Konsumaspekt der Produktion ins Zentrum gerückt werden.

In diesem Sinn betont Ruth C. Cohn die politische Dimension des Störungspostulats und stellt fest: »Eine ausgezeichnete Produktionsleistung zerstäubt in nichts, wenn die Produktionsverteilung auf der Erde zum Hunger führt und Rohstoffquellen, Schönheit und Gemeinschaftlichkeit vernichtet werden« (Cohn u. Farau, 2008, S. 361).

Die Verantwortung für die Störung Konsum einzig auf die Verbraucher*innen abzuwälzen, ist nicht zielführend. Gleiches gilt für das Zurücklehnen der politischen Entscheidungsträger*innen mit dem Verweis, die Einkaufenden würden sich die aktuelle Überflusssituation nun mal so wünschen und der freie Markt werde dieses Problem regeln.

Vielmehr bedarf es auch des aktiven Hinarbeitens auf die Änderung der Rahmenbedingungen. Es sind diesbezüglich verschiedene Unterstützungsmöglichkeiten denkbar. Von Seiten der Politik wäre z. B. die Nutzung der Steuerungsfunktion durch (höhere) Besteuerung schädlicher Güter (analog z. B. zur Tabaksteuer), Zölle oder gesetzliche Rahmenbedingungen (vgl. z. B. Lieferkettensorgfaltspflichtengesetz) möglich. Bürger*innen haben zudem die Möglichkeit ganz basaler Formen der Mitbestimmung: Wahrnehmen des aktiven wie passiven Wahlrechts, Formen von Lobbyarbeit für Konsumreduktion zur Unterstützung gesetzlicher Regelungen oder sonstige Teilhabe am Prozess der politischen Willens- und Meinungsbildung (z. B. Demonstrationen). Im Rahmen der Bildungspolitik ließe sich beispielsweise die Bildung zu kritischem Konsumverhalten und dessen Auswirkungen fördern, um so die Basis zu legen für ein Kaufverhalten, das auf einer reflektierten Konsumhaltung basiert. Zentral wäre dabei, die (Weiter-)Entwicklung von Empathie für die Leidtragenden übermäßigen Konsums – Menschheit, Tiere und Umwelt – zu unterstützen. Grundlage hierfür wäre zuallererst die mediale Sichtbarmachung eben dieser Geschädigten samt ihrer Interessen an einem gemeinwohlorientierten Wirtschaften, um so zur Vergegenwärtigung der negativen Konsumfolgen beizutragen.

Ein weiterer Schritt in diese Richtung wäre z. B. auch mit der Etablierung eines CO_2-Budgets pro Weltbewohner*in in einer Höhe, die im Hinblick auf die bestehenden planetaren Grenzen noch akzeptabel ist, getan (Paech, 2012c, S. 99). Dies wäre auch kombinierbar mit dem Entwurf von Wirtschaftsbürgerrechten, die auf das Empowerment benachteiligter Wirtschaftsteilnehmer*innen abzielen (Ulrich, 2008, S. 279 ff.).

Letztlich gilt es, wie dargelegt, die rechtlichen Rahmenbedingungen für ökonomisches Wirtschaften nicht länger an stetigem Wirtschaftswachstum, sondern an der Lebensdienlichkeit von Produktions- und Konsumhandlungen zu orientieren.

Sowohl auf der individuellen als auch auf der gesellschaftlichen Ebene kann die TZI verstanden werden als Aufforderung nicht gleichgültig weg-, sondern anteilnehmend hinzusehen: »Wenn wir uns stören lassen, von dem, was uns stört, und *Störungen als Hindernisse und als Chance* zu erkennen und zu behandeln bereit sind, sind wir im Prozeß eines Fortschritts im Humanum« (Ockel u. Cohn, 1995, S. 205, Herv. i. O.).

Literatur

Cohn, R. C.; Farau, A. (2008). Gelebte Geschichte der Psychotherapie. Zwei Perspektiven. Stuttgart: Klett-Cotta.

Hauff, V. (Hrsg.) (1987). Unsere gemeinsame Zukunft. Der Brundtland-Bericht der Weltkommission für Umwelt und Entwicklung. Greven: Eggenkamp.

Heinberg, R. (2007). Peak Everything. Waking up to the century of declines. Gabriola Island: New Society Publishers.

König, W. (2013). Kleine Geschichte der Konsumgesellschaft. Konsum als Lebensform der Moderne (2. Aufl.). Stuttgart: Franz Steiner.

Ockel, A.; Cohn, R. C. (1995). Das Konzept des Widerstands in der Themenzentrierten Interaktion. Vom psychoanalytischen Konzept des Widerstands über das TZI-Konzept der Störung zum Ansatz einer Gesellschaftstherapie. In C. Löhmer, R. Standhardt (Hrsg.), TZI. Pädagogisch-therapeutische Gruppenarbeit nach Ruth C. Cohn (S. 177–206). Stuttgart: Klett-Cotta.

Paech, N. (2009). Niko Paech: Grundzüge einer Postwachstumsökonomie. http://www.postwachstumsoekonomie.de/material/grundzuege/ (Zugriff am 02.02.2022).

Paech, N. (2012a). Auf dem Weg in die Postwachstumsökonomie. Orientierungen zur Wirtschafts- und Gesellschaftspolitik, 134, 61–67.

Paech, N. (2012b). Nachhaltiges Wirtschaften jenseits von Innovationsorientierung und Wachstum. Eine unternehmensbezogene Transformationstheorie (2. Aufl.). Marburg: Metropolis.

Paech, N. (2012c). Befreiung vom Überfluss. Auf dem Weg in die Postwachstumsökonomie. München: oekom.

Paech, N. (2013). Betriebswirtschaftslehre und Postwachstumsökonomik: Einige Anmerkungen. In W. Kersten, J. Wittmann, (Hrsg.), Kompetenz, Inter-

disziplinarität und Komplexität in der Betriebswirtschaftslehre (S. 259–278). Wiesbaden: Springer Gabler.
Rockström, J., et al. (2009). A safe operating space for humanity. Nature, 461, 472–475.
Rosa, H. (2011). Über die Verwechslung von Kauf und Konsum: Paradoxien der spätmodernen Konsumkultur. In L. Heidbrink, I. Schmidt, B. Ahaus, (Hrsg.), Die Verantwortung des Konsumenten (S. 15–132). Frankfurt: Campus.
Rosa, H. (2016). Resonanz. Eine Soziologie der Weltbeziehung. Berlin: Suhrkamp.
Rubner, E. (Hrsg.) (1992). Störung als Beitrag zum Gruppengeschehen. Zum Verständnis des Störungspostulats der TZI in Gruppen. Mainz: Matthias-Grünewald-Verlag.
Rüstow, A. (1960). Wirtschaft als Dienerin der Menschlichkeit. In Aktionsgemeinschaft Soziale Marktwirtschaft, Was wichtiger ist als Wirtschaft. Tagungsprotokoll Nr. 15. Tagung am 29. Juni 1960, Bad Godesberg (S. 7–16). Ludwigsburg: Martin Hoch.
Ulrich, P. (2008). Integrative Wirtschaftsethik. Grundlagen einer lebensdienlichen Ökonomie (4. Aufl.). Bern: Haupt Verlag.
Wanninger, L. (2021): »Zuvielisationskritik«. Eine multiperspektivische Auseinandersetzung mit Konsum und Möglichkeiten der Förderung kritischen Konsumbewusstseins und -handelns auf Basis der Themenzentrierten Interaktion. Masterarbeit an der Evangelischen Hochschule Nürnberg.

Verzeichnis der Autor*innen

Michael Bayer (Hrsg.), Dr. phil., Soziologe (M. A.), Professor für Soziologie an der Evangelischen Hochschule Nürnberg sowie Arbeitsbereichsleiter am Leibniz-Institut für Bildungsverläufe in Bamberg.

Kristina Bergler, Bildungswissenschaftlerin (M. A.), Dipl.-Sozialpädagogin (FH), berufliche Erfahrung in der sozialpädagogischen Begleitung von Jugendlichen und jungen Erwachsenen in der rehabilitationsspezifischen Berufsvorbereitung und Berufsausbildung, Fachlehrkraft einer Fachschule für Heilerziehungspflege.

Uwe Kranenpohl, Dr. phil. habil., Politikwissenschaftler (M. A.), Professor für Politik- und Verwaltungswissenschaften an der Evangelischen Hochschule Nürnberg sowie Privatdozent für Politikwissenschaft an der Universität Passau.

Andrea Nickel-Schwäbisch, Dr. theol., Professorin für Ethik und Systematische Theologie an der Evangelischen Hochschule Nürnberg.

Margit Ostertag (Hrsg.), Dr. phil., Diplom-Pädagogin (Univ.), Supervisorin und Coach (DGSv), TZI-Lehrbeauftragte (RCI), Weiterbildung im Management Sozialer Organisationen (MSO), Ausbildung im Ausdrucksmalen (OI), Professorin für Soziale Arbeit an der Evangelischen Hochschule Nürnberg und Leiterin des Masterstudiengangs Angewandte Bildungswissenschaften.

Julia Raab, Bildungswissenschaftlerin (M. A.), Sozialpädagogin (B. A.), derzeit TZI-Grundausbildung (RCI), berufliche Erfahrung in der Arbeit mit Jugendlichen und jungen Erwachsenen im Rahmen von stationärer Jugendhilfe sowie Berufsförderungsmaßnahmen, aktuell tätig in der Jugendsozialarbeit an Schulen.

Ina von Seckendorff, Kommunikationswissenschaftlerin (M. A.), Dozentin an einer Fachschule für Heilerziehungspflege, Erwachsenenbildnerin mit den Schwerpunkten Bewerbungstraining und Textproduktion, studiert zurzeit berufsbegleitend an der Evangelischen Hochschule Nürnberg den Master Angewandte Bildungswissenschaften.

Leopold Wanninger, Bildungswissenschaftler (M. A.), Sozialpädagoge (B. A.), Diplom-Verwaltungswirt (FH), derzeit TZI-Grundausbildung (RCI), berufliche Erfahrung im Bereich der inklusiven Arbeit mit Menschen mit Behinderung, Leiter einer Akademie, u. a. mit den Schwerpunkten Bildung für nachhaltige Entwicklung (BNE) und politische Bildung.